J 572.
  8.

12394

DE LA
GRÈCE MODERNE
ET DE
SES RAPPORTS AVEC L'ANTIQUITÉ.

Strasbourg, de l'imprimerie de F. G. Levrault.

DE LA
GRÈCE MODERNE

ET DE

DE SES RAPPORTS

AVEC L'ANTIQUITÉ.

PAR

EDGAR QUINET,

Membre de la commission envoyée par le Gouvernement en Morée.

A PARIS,

CHEZ F. G. LEVRAULT, LIBRAIRE,

RUE DE LA HARPE, n.° 81;

ET A STRASBOURG, RUE DES JUIFS, n.° 33.

1830.

L'auteur de cet ouvrage eut long-temps un autre projet que son livre, et qui l'explique. Durant l'oppression qui vient de finir, peut-être à cause d'elle, il s'était sérieusement proposé de s'en aller refaire une partie du voyage qu'a fait le genre humain dans ses migrations, depuis les plateaux de l'Asie centrale jusqu'à l'embranchement du Caucase. Dans ce but il avait dirigé ses recherches sur les origines, et il comptait poursuivre sa marche à peu près dans le même ordre où se sont exécutés les uns après les autres les mouvemens des peuples primitifs. Partout où se sont déposées dans l'antiquité de grandes masses de civilisation, il voulait les comparer à la figure des lieux, chercher s'il ne leur trouverait pas quelque ressemblance dans le type même de la contrée, et rassembler par là dans une seule description le caractère du monde physique et celui des races d'hommes. Au lieu d'un pittoresque d'opposition et de hasards, il se serait enquis s'il n'y en a pas un autre dans la sympathie intime de la nature et de l'histoire. Ainsi, poussant devant lui cette grande unité, montant de zônes en zônes dans les âges divers de l'humanité, il ne voulait pas moins, dans sa ferveur, que toucher ces empreintes de huit coudées que les chefs des races ont laissées de leurs pieds sur tous les sommets, depuis l'Himalaya jusqu'au Pinde; et il ne serait rentré dans ses foyers qu'après avoir ainsi vu de ses yeux le berceau de toutes les traditions épiques. Ce beau projet eut le sort qu'il méritait, et l'auteur fut réduit à la Grèce.

Mais la Grèce est aussi un univers, c'est-à-dire, du soleil et des mers, des rocs, des arbres, des montagnes, et puis avec l'histoire tout un monde qu'on ne voit pas, des bruits qu'on n'entend pas, des corps qu'on ne sent pas, et des pensées en foule qui germent, qui tarissent, qui croulent impalpables au fond des temps qui ne sont plus. D'abord, on peut séparer toutes ces choses. C'est au poète de s'en aller à l'aventure, de ravins en ravins, ou d'une fleur à l'autre, et de cheminer au jour le jour d'un nom à un autre nom que le hasard amène. Cette marche est même inévitable pour quiconque explore un sol nouveau; mais quand la route est tracée et que l'on est presque le dernier à la suivre, il convient au contraire d'unir ce qu'ils ont séparé, de rassembler ce qu'ils ont éparpillé. Ces montagnes, il faut les grouper en systèmes; ces ruisseaux, les suivre dans leurs bassins; ces plantes, les classer en espèces. De même ces peuples, il faut les faire rentrer dans leur lit, leurs idées les grouper en familles, leur vie entière la partager en zônes, plus froides et plus ternes, à mesure qu'en montant ils approchent de leur fin. Au lieu d'une confusion d'objets épars, quand une fois on a mis de cette sorte en présence deux mondes divers, chacun faisant un tout complet à sa manière, il ne reste plus qu'à chercher s'ils se sont indifférens tous deux, ou plutôt s'ils ne se conviennent pas l'un à l'autre, ainsi que l'ame à son corps.

C'est à cette dernière vue que l'auteur s'est arrêté. Afin de la mettre dans tout son jour, il est vrai qu'il n'a point procédé avec des formes dogmatiques. Au contraire, il a cru, que pour mieux approcher de la représentation vraie d'un pays tout formé de poésie, il devait demeurer lui-même dans les termes où l'art reste possible, et il a conservé la marche d'un voyage. Mais sous cette allure abandonnée il cachait un ordre nécessaire. A mesure qu'il se perdait dans les vallées, il songeait à atteindre en esprit à quelque région plus reculée de l'histoire. Plus l'impression de la nature physique s'accroissait sur ses pas, plus il pensait à pénétrer d'un degré plus avant dans un autre repli de l'antiquité. En outre, ces réflexions, il ne les amenait point de vive force; il les puisait là où elles avaient pris nécessairement un corps; il les recueillait avec des mousses et des herbes, en sorte que cet itinéraire devrait reproduire en quelque chose l'impression des idées ou des leurres d'un peuple qui de nouveau chaque matin se raniment, se pressent, se bercent sur le chemin avec les jours du voyageur, le roulis des barques vers les îles, et les pas des chevaux à l'approche des khans.

A la fin du volume ont été relégués une suite de considérations où ces aperçus saisis à la course et d'autres qui s'y rapportent, sont résumés et développés avec plus de repos.¹

Le temps du moins était propice. A travers les mouvemens de notre révolution, pendant que le présent changeait de forme, la science du passé se renouvelait à proportion. La liberté moderne se mesurait avec les siècles qui ne sont plus. Plus d'idolâtrie, plus de faux semblans. Sans peur, on approchait, on jugeait, on expliquait ces colosses par les colosses de nos jours ; si bien, que la Grèce ancienne redevenait pour nous sans comparaison plus nouvelle et plus originale que la Grèce moderne. Un peu avant que nos philhellènes ne s'armassent pour elle, d'autres hommes s'étaient insurgés à leur manière contre l'abâtardissement des traditions qui nous voilaient et pâlissaient l'antiquité. C'est Gœrres qui, avec la richesse de végétation d'une forêt du nouveau monde, où tout croît, où tout vit, où tout s'ébranle à la fois, dispersait son génie sur les chemins perdus de l'Orient, et s'y livrait si bien que de vou-

---

1. Dans l'expédition l'auteur était chargé des recherches de philologie. Ses travaux particuliers sur ce sujet ont été mis à la disposition du Gouvernement.

loir reconstruire parmi nous une cité asiatique. C'est Creuzer qui élevait lentement un monument cyclopéen, nu, large, aux bases de granit, et qu'il dorait au sommet des gracieuses lueurs de l'anthologie. C'est Müller qui mettait à débrouiller les commencemens des races de Xuthus la sagacité et le sérieux que d'autres ont mis parmi nous à suivre les phases du long parlement et de la convention. L'auteur a profité de ces lumières, et il le déclare avec d'autant plus d'empressement, qu'il espère que ces écrivains reconnaîtront eux-mêmes qu'il ne s'est fait l'esclave d'aucun d'eux, et que, bonnes ou mauvaises, c'est à lui de répondre de ces vues.

Enfin, ces faits lointains, dont on entendrait peut-être encore un reste de retentissement dans les faits actuels, si l'on prêtait l'oreille, ne lui ont point fait oublier les détails de la révolution qui s'achève. Cette rencontre, tant souhaitée de la science, de l'art et des luttes de liberté sur un même sol, était une trop bonne fortune pour la laisser échapper. Il s'est appliqué là aux détails individuels, n'y ayant plus que ce moyen désormais d'établir un jugement sur ce pays tant de fois méconnu ; et puis cette portion de vie réelle devait réjaillir sur les considérations d'une autre nature dont il les accompagnait. Sans doute, ce lent relevé de décombres, ces journées de voyage à travers un champ de carnage, ont leur inévitable monotonie. Mais dans des jours où tant de peuples font effort pour regagner avec leurs droits la part de dignité qui commençait à leur manquer, ce ne saurait être complétement inutile que de mesurer d'un coup tout ce qu'un peuple est en état de perdre et de donner sans regret pour une cause semblable. Si notre civilisation nous pèse par quelques points, il faut montrer quel sujet de merveille elle est à des nations sorties à peine du seuil des époques primitives. A une société parvenue à son faîte et qui, si loin de ses origines, ne comprend plus comment elle a pu commencer, il est bon, pour savoir le chemin qu'elle a fait, de regarder en bas une société qui se débrouille à peine, et s'essaie déjà à se former à son image. D'ailleurs, quand les guerres de races et d'extermination disparaissent et s'enfoncent toujours plus dans le passé, et que celle-ci est peut-être la dernière que l'Europe contemple, il était nécessaire d'en constater avec soin les effets. Aujourd'hui, c'est avec la vîtesse d'une intelligence sans corps que se décident nos guerres d'idées. En quelques jours une nation se renouvelle. Le voyageur qui a quitté son pays dans le deuil, le retrouve dans la joie. Il s'en va pour ne plus voir dans sa ville la rougeur sur le front de chaque homme qui passe. Et voilà qu'en revenant, tout chagrin qu'il ait pu être au départ, mieux que des rayons d'or sur un golfe d'azur, mieux que les cimes empourprées du Taygète, mieux qu'une tour penchée sur le bord de l'Iri, ou qu'une femme endormie sous un bois d'orangers, mieux qu'une nuit en mer, ou qu'au matin une avenue aux troncs de marbre, il aime nos fleuves embourbés et leur pâle soleil, le peuple dans ses carrefours, les tombes sur les places, et nos tours gothiques qui, comme les siècles passés de notre histoire, le saluent au retour du drapeau de Jemmapes.

Paris, 24 Septembre 1830.

DE LA
GRÈCE MODERNE
ET DE
SES RAPPORTS AVEC L'ANTIQUITÉ.

Après un long calme dans le golfe de Salerne, un soir toutes les voiles s'arrondirent autour des mâts en coupoles vivantes, qui respiraient sous la brise de l'Italie. Le tambour avait interrompu un chœur de matelots corses; l'équipage était descendu sur ses hamacs, et le croissant de la lune commençait à poindre à demi sur les flots comme la barque égarée de quelque pêcheur qui rejoint sa cabane. Des promontoires un troupeau de marsouins s'élançaient par bonds, et se suspendaient aux pavillons d'écume que la frégate traînait à la remorque. A l'arrière, une corvette qu'à peine il y a un moment on hélait du porte-voix, s'enfuyait déjà au bout de l'horizon. Qu'ils sont loin, ces îlots décharnés de Palmaria, de Ponce, de Monte-Christo, et les goëlands qui les habitent; et par-delà les déchiremens de leurs murailles, ce long nuage des Apennins, et le Vésuve qui versait sa conque de fumée sur les sommets de Caprée et d'Ischia! Maintenant, à minuit, la sentinelle n'aperçoit plus que le volcan de Stromboli, qui de temps en temps jaillit du milieu des vagues, et rougit la mer, et l'écueil, et le ciel, et les agrès, de la lumière sanglante d'un incendie.

Le lendemain, dès le point du jour, nous étions en face du canal de Messine, cette triomphale entrée du monde homérique. Un coup de canon de notre bord appela un pilote côtier; il vint nous gouverner au milieu des courans, qui changent là selon les heures, et je remarquai qu'en serrant de près les côtes de la Calabre, il nous fit faire la même route que Circé recommandait à Ulysse. A la place du monstre aux trois gueules, quelques barques étaient échouées sur la rive, et le petit village de Scylla, de la couleur d'une avenue de nopals, grimpait et retombait autour d'un rocher à pic. Le gouffre de Charybde est comblé par un banc de sable, d'où s'élève le phare. Sur cette plage, la longue et blanche façade de Messine ressemble à une nappe d'écume roulée sur la grève. Au-dessus des mâts du port s'amoncellent de fraîches collines, avec des pastèques et des oliviers; puis plus haut des flancs plus rudes et une végétation plus foncée, de noirs pins avec quelques sillons de neige; encore plus haut un long bandeau de glace; puis de lourds nuages où se perd la fumée de l'Etna; en sorte que, depuis le bleu de la mer jusqu'aux crêtes argentées des montagnes, l'intervalle est rempli par une continuelle dégradation de couleurs et de climats. Sur l'autre bord, à une demi-lieue, les côtes sont plus âpres, les versans moins ombragés, les sommets plus blancs et plus sauvages ; mais les terrains s'y succèdent de la même manière; pour peu qu'on s'éloigne, ils se confondent; et, tant que je les vis, je distinguai sur les deux rives, aux mêmes élévations, ou une mer azurée avec des vaisseaux qui montaient ou descendaient, ou des rocs scintillans, ou des bouquets de forêts, ou des neiges désertes, de la même manière qu'en Calabre et en Sicile se retrouvent dans l'histoire un génie analogue, les colonies de Tarente et de Messine, de Métaponte et d'Agrigente, la pensée de Pythagore à Crotone, et celle de Platon dans Syracuse.

Au sortir du détroit, un vent frais d'ouest souffla pendant trois jours, et le 2 Mars 1829 au soir, nous étions en vue des côtes de Navarin. Les bruits sinistres depuis peu répandus, l'image encore vivante de la bataille, donnaient alors à cette arrivée une solennité qu'elle n'aura bientôt plus, et dont je voudrais volontiers, à cause de cela, conserver le souvenir. La discipline d'un vaisseau de guerre, le silence subit de l'équipage, quelquefois seulement une voile carguée, ou le bruit de la sonde jetée à l'avant, puis le vaisseau amiral qui arrivait précisément à notre droite, y ajoutaient aussi. Tant que, monté sur les haubans, je ne fis qu'apercevoir une pâle bande de vapeurs, des souvenirs confus, le long désir de ma jeunesse enfin près de s'accomplir, Ibrahim, Thucydide, l'Odyssée, tout cela se remuait indistinctement en moi avec les vagues qui nous berçaient et nous faisaient lentement dériver vers les côtes. Mais une fois que je distinguai nettement les deux îles de Prodano et de Sphactérie, nues et étendues comme deux cadavres flottans, et de l'autre côté des cônes de sable entassés les uns sur les autres, au loin des murailles de rochers calcinés sans un brin d'herbe, ni un village, ni un sentier, des baies désertes et sans ombre, je sentis, je l'avoue, une invincible pitié pour cette terre; et tout ce que je pus faire, fut de retenir mes larmes, quand le contre-maître me dit à voix basse, en hissant son signal, qu'allez-vous faire dans cet effroyable pays?

A travers plusieurs lignes de vaisseaux, nous laissâmes tomber notre ancre à portée de voix de l'amiral Miaulis, survenu depuis peu pour fêter l'armée française. Bientôt les tambours qui battaient aux champs, les salves d'artillerie, l'écho traînant des trompettes dans les montagnes, puis les cris des déserteurs que les bâtimens se renvoyaient l'un à l'autre, et qu'à leur arrivée l'on fouettait jusqu'au sang, se confondirent, et en moins de rien le port se remplit de fumée, de canots, de banderolles de fête, et des longs hurlemens d'un bagne. A l'entrée de la rade, sur le penchant d'un roc vif, vous auriez dit des murs de Navarin, avec leurs meurtrières, leurs petites portes sombres et les décombres qu'elles enfermaient, d'un cimetière de campagne dont toutes les tombes auraient été ouvertes et labourées ; au sommet le blanc minaret d'une mosquée écroulée et couchée sous un palmier, ressemblait à un pacha assis à mi-côte, qui regarde de là sur la mer et sur les îles. Dans cet amphithéâtre de près d'une demi-lieue, qui se creuse pour former le port, rien ne repose la vue que toujours un sol usé, que çà et là une flaque d'eau corrompue crève d'une espèce d'ulcère, toujours des cimes dentelées, l'îlot blanc où les prisonniers mouraient de faim, et, au fond de la baie, une barque qui, après quinze mois, cherchait encore dans la vase les débris de la bataille. A l'autre extrémité de cet arc, le dernier des pics était armé de la carcasse d'un donjon que les croisés français ont jeté là sur les fondemens encore visibles de la Pylos de Thucydide. Sur sa plus grande longueur serpente l'île de Sphactérie, blanche, nue, étroite; elle le clôt, et refoule au fond de l'anse les souvenirs de tous les âges qui débordent incessamment et à grands flots de cette enceinte. Avec cela, les contours en sont si proéminens, qu'ils forment un grand nombre d'échos, et que la moindre explosion dans l'air, un rumb de vent, une rafale subite, le clapotement des grèves, le cri des hommes, et chaque pensée que chacun de ces bruits réveille, s'y enflent et y grossissent indéfiniment, comme le son dans un porte-voix. Soit cette circonstance, soit la nature même de ces rivages, encore à présent je ne connais aucun lieu qui joigne à tant de majesté réelle une si vague et si hideuse terreur. La grandeur d'une scène homérique, la nudité d'un bagne, l'horreur d'un campement d'Arabes, moitié un désert, moitié un lac ; partout des rocs qui recèlent des histoires de famine et quelque mort fameuse ; et maintenant que les uns après les autres, les Hoplites de Sparte, les Moréotes de Tzamados, les Égyptiens d'Ibrahim, ont été lentement et à plaisir égorgés et étouffés dans cette baie, je ne sais encore si ces longs meurtres égalent la funèbre et inextinguible tristesse de ces rivages.

Le lendemain, vers dix heures, nous touchâmes terre à côté de la baraque d'un hôpital, au milieu d'un cercle de malades qui tremblaient là au soleil blaffard du mois de Mars. Dans un labyrinthe de murs renversés par les boulets et par le feu, je ne distinguai rien d'abord qu'un vieillard turc croupissant dans une marre, l'odeur cadavéreuse des ruines, et le son d'une musique toujours plus sépulcrale, à mesure qu'elle traversait ces décombres. Blottis sous les maisons écroulées des cadis, des agas et des derviches, ces mêmes hommes qui avaient apporté là, il y avait quelques mois, l'ardeur et l'éclat de la France, ne sortaient plus qu'à regret de leurs casemates souterraines, où ils se mouraient du mal du pays. Quant aux habitans, il n'en paraissait pas un seul dans l'intérieur des murs. Mais au sortir de la porte du Sud, environ trois cents hommes, à demi nus, efflanqués, haletans, de longs cheveux bouclés sur les épaules, à la ceinture des pistolets et des poignards, chariaient des terres vers un glacis. Les plus vieux, appuyés sur leurs bâtons recourbés, ne semblaient, non plus que les travailleurs, s'intéresser en aucune manière à l'œuvre qu'ils devaient surveiller. Là où la chaîne finissait, des femmes entassaient en cercle des pierres et des monceaux de boue, qu'elles recouvraient ensuite de lambeaux de manteaux et de draps, pour s'abriter, elles et leurs enfans, sous cette toiture. Il y en avait quelques-unes auxquelles on avait prêté des tentes; mais le plus grand nombre étaient debout autour de grandes chaudières, sous des cavernes creusées à mi-côte dans la montagne. Ces feux à l'entrée des grottes, disséminés dans les ravins à diverses hauteurs, et qui se réfléchissaient sur quelques bouquets flétris de glayeuls et d'euphorbes; ces figures blanches qui s'agitaient à l'entour, mêlaient à cette première vue de la Grèce l'idée d'une migration de sauvages. Si l'on en approchait, on s'apercevait que toute cette population, dont une partie était des esclaves nouvellement délivrés, était encore sous un joug de terreur, qui la rendait presque incrédule au bien qu'on voulait lui faire; le nom et l'image d'Ibrahim, se grossissant incessamment de tous les maux ou publics ou privés qui l'avaient atteinte, continuaient de la poursuivre des angoisses d'une frayeur surnaturelle. Or, il faut ajouter que cette scène d'angoisse, qui peut-être a déjà changé et disparu, se passait sur le fond immortel et béni des scènes de l'Odyssée, en face des grèves où s'étendaient les festins, les vases d'or, les tapis paresseux, et les discours sans fin de Nestor à son hôte. Quand je fus un peu remis du premier étonnement, je finis par comparer ce hasard de la nature au procédé du peintre, qui, sur des groupes tourmentés, et sur un tableau de deuil, ouvre au loin une perspective enchantée de repos et de lumière.[1]

---

1. Nous suivons ici l'opinion générale. Sans reprendre la discussion des trois Pylos il est difficile à celui qui jette l'ancre devant le vieux Navarin, de douter que ce soit là la Pylos sablonneuse, inaccessible, d'Homère, ἠμαθόεις, πτολίεθρον. Dans ces derniers temps on l'a cherchée de nouveau d'après Strabon, et malgré Pausanias, dans le marais d'Arcadia. La persistance des noms de la Pylos de Thucydide et encore à présent du village de Pyla, semblerait indiquer que la tradition épique s'est perpétuée là le plus long-temps, sans compter que la plus magnifique rade de tout le Péloponèse a dû être le centre principal du culte de Neptune, qui était celui de la ville des Néléides. Je ne dirai rien de la grotte que l'on montre encore sous le nom de l'étable de Nestor. Dans le port même j'ai lu à plusieurs reprises le commencement du

Un soir, monté sans selle sur l'un de ces chevaux affamés que les Égyptiens ont abandonnés sur le rivage, et qu'on traîne ainsi chaque jour à la voirie, je pris la chaussée vénitienne de Modon, à travers les couches de cendre et les charbons des oliviers dont la vallée était autrefois ombra-

---

quatrième livre de Thucydide; et si la beauté attique de ce langage ne rend peut-être pas au vif l'entière et repoussante nudité de ces parages, il n'est cependant pas un trait qu'on ne puisse reconnaître : ἐν χωρίῳ ἐρήμῳ, τὸ δυσέμβατον .... ξύμμαχον γίγνεται, il n'y a à changer que le bois qui couvrait l'île de Sphactérie, et qui à ce qu'il paraît n'a pas repoussé depuis la nuit où il a été consumé. Il est d'ailleurs permis d'admirer que les commentateurs rendent sans nul étonnement ces mots καὶ τῶν νεῶν οὐκ ἐχουσῶν ὅρμον par ceux-ci: il n'y avait pas de rade capable de contenir la flotte, quand chacun sait que toute la marine de la Méditerranée mouillerait là à l'aise sur un excellent fond de quinze à vingt brasses.

THUCYD., IV, 3, 26; STRAB., *lib.* 8, *c.* 3; PAUSAN., *edid. Siebelis*, vol. 2, p. 302, adnot. 175; OT. MÜLLER, *Orchom.*, 363; MANNERT, *Geographie*, p. 528, 8*ter Theil*; *Odyss. lib.* 3, *v.* 4, 8, 22, 23. W. NITZSCH, *Erklärende Anmerkungen zu Homers Odyssee*, I, p. 132 — 136.

gée. Quelques cavernes s'ouvrent tristement sur le chemin. A la place des villages, des kiosques et des tours qui pendaient à mi-côte, on ne voit plus que de longues murailles calcinées, et les huttes des troupes du pacha en forme de barques d'argile, amarrées au pied des montagnes. Une fois je me dirigeai vers les restes d'une église byzantine, où je croyais voir des marbres écroulés; mais il se trouva que le porche et le circuit étaient jonchés de blancs squelettes. En arrivant à la porte de la ville moderne, j'allai chercher à environ dix minutes au sud l'emplacement de l'ancienne Méthone, qu'il est facile de reconnaître sur un petit promontoire. On distinguait, il est vrai, quelques murailles en briques, et des terres arrondies en stade; mais tout cela embarrassé par les fours des Arabes, et par les manteaux des pestiférés qui pourrissaient au loin sur l'herbe. Je descendis vers la mer pour y chercher le port, et là encore je ne vis sous une nuée de corbeaux que des ossemens d'hommes et de chevaux, des débris d'armes et de vêtemens que la vague, qui était alors très-forte, rejetait avec les pierres, et entassait en poussière jusque vers les piliers de l'aqueduc.

De la colline d'Homère le génie maritime de Venise a fait descendre la ville moderne au milieu de la rade, et l'a poussée sur une étroite langue de terre, comme une longue carène sur le chantier. L'écueil qui autrefois fermait le port, est plus qu'à demi rongé, et laisse ce mouillage ouvert à tous les vents. Dans ce paysage découpé et varié, en face de l'île Sapienza, c'est là qu'une armée d'Europe donnait le paisible spectacle de la fondation d'une colonie agricole : dans la plaine, des bœufs de Calabre, gardés par des soldats ou prêtés aux laboureurs; des cavaliers démontés, et leurs chevaux et leurs armes donnés aux klephtes de Napoli; des terres incessamment remuées et portées à bras; et puis, quand on avait maudit toute la semaine le climat et les fièvres, des danses avec les misérables Messéniennes au pied de leurs murailles qu'on relevait. Je ne sais si l'on reverra de sitôt rien qui vaille la familiarité des vieux officiers de la Moskwa et de Waterloo, et des capitaines d'Hydra et de Londari. Déjà l'on faisait monter les pertes de l'armée à plus de quinze cents hommes. Aussi l'ennui était-il profond ; mais les plaintes ne passaient guère le seuil. Une foule d'ingénieuses précautions les déguisaient au dehors, et, soit le lieu, soit les hôtes, nulle part nous n'avions trouvé la France plus aimable et plus belle qu'à travers ces décombres de mosquées, de môles et de plafonds écrasés.

De douze cents qu'ils étaient [1], réduits alors

---

1. La haute Messénie compte quatre places principales ; le dénombrement de la population n'a plus été fait depuis 1821. Le cercle d'Arcadia (ancienne Cyparissie) renfermait alors 96 villages, 3500 familles ; il est encore gouverné par 46 démogérontes, une démogérontie provinciale, et 15 préfets ou

à moins de la moitié, les habitans vivaient encore tout entier sous le joug de leurs souvenirs ; c'est à peine s'ils avaient l'air de remarquer ce qui se passait autour d'eux. Dans un lieu peu fameux, déjà décrit, et par des pluies continuelles, il ne restait guères qu'à profiter de cette disposition pour recueillir quelque fait de l'histoire de ces dernières guerres ; entre plusieurs, je n'en citerai qu'un seul, étranger à la Morée, mais qui résume tous les autres. Quand Missolonghi fut décidément aux abois, et que ses communications furent à demi rompues avec la flotte de Miaulis, après mille tentatives, quelqu'un de l'équipage vint à se rappeler le stratagème employé en pareille circonstance par les

---

éparques. Navarin avait dans sa banlieue 25 villages et 400 familles ; la ville même comptait 800 habitans grecs, dont 300 sont aujourd'hui réunis. Au cercle de Modon appartenaient 31 villages et 600 familles ; à Coron, 60 villages et 1500 familles. Cette population était évaluée en général à 40,000 hommes et a diminué d'un quart.

Platéens contre les Thébains, et décrit au second livre de Thucydide. L'amiral se fit apporter le volume, qui était à fond de câle; il lut à haute voix le passage en question sur le pont. L'expédient fut trouvé excellent. Un matelot se chargea de faire passer le livre dans les murs de la ville. Aussitôt les assiégés se mirent à l'œuvre, et l'on a vu de nos jours une troupe de Roméliotes, abandonnés du monde entier, chercher dans le texte d'un contemporain de Périclès un reste d'espoir et un auxiliaire imprévu, qui prolongèrent en effet leur défense de plusieurs jours et les auraient infailliblement sauvés s'ils eussent eu des vivres.[1]

Le jour même où les pluies cessèrent, le 12 Mars au matin, je partis avec deux officiers[2], un peu après le lever du soleil. Nous

---

[1]. Je tiens ce récit d'un témoin oculaire, du secrétaire même de Miaulis. Voy. THUCYD., *lib.* 2, *c.* 67.

[2]. Le lieutenant-colonel du génie Vivier, et le chef de bataillon d'artillerie Hennoque.

formions ensemble une petite caravane. Nos guides couraient à côté de nous avec leurs ceintures d'acier et leurs amulettes de pain bénit ; ils chantaient depuis le moment du départ. Pour moi, s'il faut le dire, ce que j'avais vu jusque là, m'avait rendu fort indifférent à l'antiquité, et tant de malheurs présens m'avaient presque fait oublier le passé du pays où j'étais. Mais ces souvenirs me revenant peu à peu, à mesure que nous avancions, il me sembla vraiment alors que ma pensée s'épanouissait à tout un monde de tradition et de merveilles avec les anémones qui s'ouvraient au soleil, avec les renoncules qui s'emplissaient de gouttes de rosée, avec les voiles du port que les bateliers déliaient des mâts, et qui se gonflaient aussitôt de la brise du matin. Courons vite, mes braves guides. Avant que la rosée soit tombée, avant que l'alouette soit levée, avant que les vipères soient sorties des rochers ; allons voir si vraiment ces vieilles villes sont endormies, comme on le dit, sur les sommets, ou à mi-côte, ou dans la plaine. La Grèce toute entière est une fleur du matin éclose dans la nuit. Vite, allons la cueillir sous ces broussailles, sous ces forêts que vous savez. Le soir du monde approche, son parfum va finir; et nous pressions nos chevaux des lames de nos étriers turcs, en quittant la redoute et le plateau de Sismani. De là on aperçoit déjà les sommets de neige du Taygète. Toute cette côte de la Messénie n'est qu'une suite d'âpres et fauves vallées, où pendent çà et là quelque hutte de crin, un tombeau turc, une tour blanche et ruinée. Sur les hauteurs de Gossi nous reprîmes haleine dans les décombres de la tour d'un aga. Une cascade bouillonnait dans la montagne. Les bois des environs d'Asine, où les Spartiates venaient construire leurs machines de guerre, avaient été brûlés depuis peu, et élevaient des colonnes d'ébène sur le bord d'un ruisseau.

Nos chevaux allaient chercher quelques herbes sur ces couches de cendre, sans que personne s'en inquiétât autrement, et ce fut ainsi qu'ils se nourrirent tout le reste du voyage. Au loin la mer scintillait à nos pieds, découpée par plusieurs anses et de petits promontoires, et vous auriez dit de l'île déserte de Cabrera d'une grande felouque naufragée et brisée à la pointe du cap Santo-Gallo. Toujours en suivant le chemin de l'incendie, nous arrivâmes le soir sur le mamelon de Coron, assez à temps pour voir le pavillon grec flotter au-dessus du lion de saint Marc. Des soldats achevaient là de démolir, une à une, pour se chauffer pendant la pluie, le peu de maisons qui restaient sans habitans. L'artillerie, remontée avec tant de soin par les Français, pourrissait de nouveau sur les remparts. Avec cela un démogéronte tout mutilé nous établit magnifiquement dans les galeries et les chambres peintes et dorées des femmes d'Ibrahim. Sous nos fenêtres, une feuille d'arbre promenée par le vent sur les remparts, le soupir d'une femme, un murmure suppliant, n'auraient pas fait un bruit plus léger que toute cette mer de Messénie, qui creuse là un port de plus de huit lieues jusques à Calamata. Pendant que nos palichares égorgeaient un mouton sur les galeries, je regardai le coucher du soleil. Les sommets de glace du Taygète perçaient alors une voûte de lourds nuages, et étaient tout en feu. Vis-à-vis cet éclat des neiges et ce reflet d'un incendie contrastaient fortement avec le bleu du golfe. En s'éloignant, les montagnes prenaient la même teinte azurée; puis, toujours en s'abaissant, elles allaient à la fin se perdre et s'engouffrer dans les flots vers le cap Ténare. Si les beaux lieux appellent autour d'eux les grandes choses, celui-là devrait être des plus fameux; mais les peuples de la Messénie, faits pour l'intérieur des terres, ont négligé les côtes [1],

---

1. Sur les côtes, la seule ville de Pylos qui ait eu une

et la nature est ici plus riche que l'histoire. Le moyen âge, il est vrai, a rempli aussitôt des flottes de Venise et de Gênes, des merveilles des croisés, de l'or et du sang des pachas, les baies et les endroits écartés que l'antiquité avait laissés par hasard vides et déserts; et à cette heure, que tant de civilisations ont passé là, et que la nature y semble enfin comblée et obsédée partout des pensées du genre humain, je connais encore dans cet inexplicable pays des lieux nouveaux, où le voyageur n'entend et ne

---

véritable importance, ne l'a eue que dans l'antiquité homérique, avant l'arrivée des Héraclides. Il en est de même des sept villes promises par Agamemnon à Achille, et qu'il est si difficile de retrouver sur ces parages dans les temps historiques. Même Modon, Asine, Colonides étaient des fondations tout-à-fait étrangères aux Messéniens; ce qu'il y a d'étonnant, c'est que dans les meilleures géographies de notre temps, telles que celle de Mannert, une fausse analogie de son fasse encore prendre Coron pour Coroné, au lieu du bourg de Colonides, quand d'ailleurs cette erreur est si manifeste et Pausanias si précis sur ce point.

trouve que lui dans leurs souvenirs éclos d'hier.

Au lieu de continuer son voyage par terre, si l'on s'embarque à Coron, on perd la vue des bords du golfe, qui est une des plus charmantes et des plus inattendues de la Grèce. Car le lendemain, dès que nous sortîmes des bois brûlés de Caracoupio, et que nous eûmes laissé derrière nous le campement d'Aravochorio, ou ville des Arabes, nous commençâmes à entrer sous de frais bocages de grenadiers, de lauriers, de myrtes, d'arbousiers, qui tantôt par larges masses, tantôt par de longues et nonchalantes allées, se courbent là sur un sable fin, couvert de coquillages, sur des ruisseaux murmurans, au niveau de la mer, et jusque sur les flots tout unis, dont ils font la bordure. Quelquefois les palissades d'une avenue de nopals y forment de grands enclos, où un berger est couché à côté de son long fusil. Pour peu que ces bosquets s'entr'ouvrent, on aperçoit, à travers les réseaux d'or des ébéniers sauvages, les neiges de la Laconie, un oiseau de mer posé sur un écueil, une tour blanche au haut d'un promontoire, et en face le col azuré de l'Ithôme. Tout mon regret est qu'aucun poète ne les a célébrés. Là où ils commencent à s'éclaircir près des masures de Pétalidi, nous montâmes à mi-côte du mont Thématias vers les ruines de Coroné, l'une des villes qu'Agamemnon promit à Achille. Chemin faisant, nos guides nous contaient avec chagrin comment ces belles maisons ont été renversées jadis par les Maïnottes. Ce fut là que nous vîmes les premiers fûts de colonnes : des chapiteaux que des myrtes enveloppent d'ombre, un souffle léger qui agite ces rameaux comme une ame qui s'exhale des pierres, partout l'asphodèle décoloré des morts, l'aigle planant à mi-côte, une barque échouée dans l'anse. Nous reçûmes là pour la première fois l'impression claire du pays où nous étions. Tout ardentes et désertes que soient ces grèves, non, ce ne sont pas les grèves de l'Afrique ni de l'Asie; si c'était l'Arabie il y croîtrait des arbres à encens; si c'étaient les steppes de la Perse, les ruisseaux y rouleraient des sables d'or; si c'étaient les marais de l'Égypte, je m'y reposerais contre le tronc des dattiers. Ce n'est pas l'Arabie, ni la Perse, ni l'Égypte, mais la terre où toutes ces contrées et leurs génies divers se rencontrent en quelque chose, mêlés, tempérés et changés l'un par l'autre, dans les fleurs, dans les sables, dans le limon des vallées, et dans l'histoire des hommes. Un peu après, nous descendîmes jusqu'au Bias, que nous passâmes sur deux troncs d'arbres. Un homme à cheval y pressait un troupeau de femmes pliées sous leurs bagages. A la tombée du jour, nous arrivâmes à Nissi, et avec la protection du démogéronte, que j'allai chercher à l'église, nous trouvâmes à coucher sur les planches d'un petit grenier, où nous entendîmes toute la nuit le hibou et le coassement des grenouilles.

Nous quittâmes Nissi au lever du soleil. Ses maisons basses en terre rougeâtre sont entourées d'une triple lisière de figuiers d'Inde. Cette triste plante, privée d'ombre et de mouvement, qui, à cause de ses lourds cartilages, ressemble à un arbre d'argile, est de la même couleur que le village, et donne à ce coin de la Messénie l'air de dénuement et de mort d'un campement d'Afrique. Après avoir passé ce retranchement, nous entrâmes dans le pays ouvert que les anciens appelaient la plaine heureuse. Une longue traînée de vapeurs s'élevait à environ une demi-lieue à notre droite au-dessus du cours du Pamisus, que nous suivions parallèlement. Sur des hauteurs de l'autre côté du fleuve, quelques bouquets de cyprès et des feux allumés çà et là indiquaient la place de petits villages. Au nord, le sommet de l'Ithôme et celui du mont Évan, au lieu de paraître en pic, se confondaient et formaient un trapèze tout-à-fait détaché du reste des montagnes. Le prolongement du Taygète et les dernières croupes du mont Témathias se déroulaient concentriquement à sa base; et au point où ils vont se rejoindre, ils l'enveloppaient, au bout de l'horizon, d'un arc de vapeur pareil à celui qui s'étend le soir au pied d'une île. Le sol que nous traversions était un marais presque impraticable. Il est semé de joncs, de plantes à oignons et de petites fleurs d'étangs. Quelques sillons, qui ne faisaient qu'en écorcher la surface, tracés de loin à loin, puis brusquement abandonnés, témoignaient qu'on venait pour la première fois, après de longs siècles, de prendre possession de cette terre, à la hâte et comme au hasard. Nous ne trouvâmes dans toute cette plaine, au lieu d'habitations, qu'une fontaine turque. Dans la Morée entière, ces petits édifices sont les seuls que les vainqueurs et les vaincus aient laissés debout. Leurs murs plats, terminés en arc de cercle, portent un verset du Coran, et sont le plus souvent ombragés par deux cyprès. Il est même digne de remarque, que le règne sanglant des Orientaux n'aura laissé dans ce pays que ces monumens de fraîcheur et de paix, où l'on ne peut s'empêcher de placer en passant la scène de l'une de leurs mélancoliques idylles.

Nous étions dans le chemin qu'avaient suivi pendant cinq cents ans les invasions des Lacédémoniens. Je courais de butte en butte, songeant à la richesse des traditions de la Messénie. Plus le cours de ses destinées a été promptement tari, plus elle a avidement recueilli ses souvenirs fabuleux. Sur le vaste plan de son époque héroïque, son histoire n'a pas grandi en proportion de ses commencemens. Nous la comparions au mont Ithôme, qui, large et verdissant à sa base, nous paraissait d'ici tronqué et dépouillé à son sommet.

Je m'étais un peu écarté et je venais de traverser sur des collines au couchant le village d'Anadgiari, lorsque le palichare que j'avais laissé par derrière arriva tout éperdu : il s'était persuadé que je me sauvais avec son cheval et qu'il ne le reverrait de sa vie; son étonnement et sa joie en me retrouvant me retracèrent mieux que toutes les paroles à quelles avanies lui et ceux de sa nation étaient accoutumés. Nous commençâmes à gravir le pied d'une montagne; on y voyait des restes de petites chapelles, des murs écroulés et la place d'un village rasé et abandonné; un groupe de caroubiers étendaient un peu plus haut leurs branches aussi nonchalamment que nos châtaigniers; la terre était couverte de masses de rochers détachés; vers la gauche, un ruisseau descendait en formant autour des flancs de la montagne une ceinture qui tantôt se repliait, tantôt se dénouait et tombait négligemment, avec un mélange de la couleur pourprée de la bruyère et du jaune doré de l'ébénier sauvage qui croissaient au-dessus de son eau et étaient alors tous deux en fleurs. Nous montâmes pendant environ une heure et demie par un chemin raide et tortueux; à cette hauteur, la végétation était vive et fourrée, quoique basse; des bouquets d'arbousiers enveloppaient des blocs de calcaire; on entendait sortir de ces retraites le sifflement des merles, le cri des geais, la voix nasillarde de la pie. Au-dessous de nos pieds, sur des pelouses étroites et entourées de rochers à pic, la vue tombait sur de jeunes chevaux, sans qu'on pût distinguer le sentier par où ils étaient descendus au fond de ces entonnoirs. L'air était plus subtil et plus pénétrant que nous ne l'avions trouvé dans les Alpes à une élévation de beaucoup supérieure : à mesure que l'on avançait, le caractère agreste du paysage devenait plus doux et plus champêtre; de minces filets d'eau se traînaient sous des oliviers; enfin un premier plateau était cerné par un rang de petites collines boisées qui s'entr'ouvraient à cent pas de distance et formaient l'entrée du bassin de Messène.

De l'autre côté nous trouvâmes les chaumières de Simitza, dont l'emplacement n'a pourtant jamais été compris dans les murs de la ville. Alors le spectacle s'agrandit tout à coup; pendant une demi-heure nous suivîmes au sud-est un second gradin du mont Évan. Ses flancs forment trois ravins, qui viennent se réunir et se perdre à l'endroit où la plaine commence; ils sont couverts de terre végétale et parsemés de figuiers et d'amandiers jusqu'à son sommet, où ils s'étendent sur une esplanade. A sa base, il se rattache vers le nord à l'Ithôme et seulement par une crête large au plus de trente pas; ce dernier mont contraste avec le premier par ses formes plus âpres, sa pente plus raide, son sommet plus élevé, nu et déchiré comme le col d'un vautour. Sur sa dernière pointe il porte les murailles d'un monastère qu'on pourrait prendre pour une petite forteresse; il n'a qu'un ravin, qui s'élargit perpendiculairement et dont une partie est occupée par les masures de Mavromati suspendues en terrasse, presque à mi-côte. Cet amphithéâtre est fermé au couchant par une chaîne de montagnes moins hautes, couvertes de bouquets de verdure et qui viennent en s'abaissant former au pied de l'Ithôme une pelouse concave, semblable à un vase de sacrifice; vers le nord, la partie de ces collines qui appartient au bassin, forme trois mamelons, sur lesquels on voit blanchir les murs réguliers d'Épaminondas, avec une tour sur le couronnement de chaque sommet. Ces murs, en se détachant des masses d'oliviers qui les entourent, paraissent encore plus élevés qu'ils ne sont réellement; à l'endroit où ils finissent, la petite chaîne sur laquelle ils sont assis s'abaisse vers le sud, et laisse la vue s'étendre sur des sommets ondoyans que termine au loin le cône de Navarin. Un peu plus à gauche on découvre une partie du golfe de Calamata, dont on a peine à distinguer le bleu foncé d'avec les franges azurées des terrains qui bornent l'horizon : ce point est le seul où les bords du bassin soient assez abaissés pour que les yeux aillent chercher quelque objet au-delà. Partout ailleurs, il est enclos de manière à n'avoir pas la moindre ouverture au dehors; point uni, mais coupé par des buttes, des bas-fonds, de petites collines ; une source abondante qui jaillit au pied de l'Ithôme et tombe par larges nappes de gradins en gradins, le divise en deux parts à peu près égales; l'une presque circulaire, l'autre qui va en se rétrécissant jusqu'à devenir un défilé, lequel est masqué par l'escarpement avancé de la montagne. Cette dernière circonstance, faisant qu'on ne peut nulle part l'embrasser dans son étendue, resserre encore l'impression de recueillement qu'on en reçoit. Les deux points les plus éloignés et qui semblent distans de deux milles, sont, à l'est, la base commune de l'Ithôme et de l'Évan, et à l'ouest, les trois monticules couronnés par les murs d'enceinte : sa pente est du nord au sud. Tout cet espace, qui était l'emplacement de la ville, est rempli de champs de blé encore verts, de bosquets touffus d'oliviers, d'arbousiers, de caroubiers; ces masses de verdure disséminées çà et là, croissent principalement sur les débris des anciens édifices, là où la culture a été embarrassée par des ruines. Quand un vent frais vient à se promener dans ce bassin, le mouvement qu'il produit est celui du flot lorsqu'en se soulevant il laisse voir les restes d'un naufrage oublié sur le sable de la mer; car alors on aperçoit non-seulement sous les herbes des blés, mais aussi sous ces bocages qui se courbent et s'entr'ouvrent, des fûts de colonne d'une blancheur éclatante, les uns encore debout, les autres renversés et dans mille aspects variés, qui ajoutent à leur effet. L'air, après s'être engouffré sous ces berceaux, arrive comme un soupir des temps passés, qui s'exhale des tombeaux, parfumé de l'odeur du myrte, de la vigne sauvage et des fleurs d'amandier; à cela s'ajoute un bruit mêlé du son de la clochette des brebis, du mugissement des bœufs, des aboiemens des chiens de berger. Çà et là, sur le couronnement de quelque roc isolé, une chèvre à côté d'un pâtre enveloppé de son manteau et appuyé sur son bâton recourbé, figurent des groupes de sculpture antique. A l'endroit où nous descendîmes, nous fûmes entourés par de jeunes filles, qui presque toutes portaient un collier garni de médailles et de pièces de monnaie de cuivre et d'argent; elles-mêmes nous dirent que c'était leur dot, dont elles se parent ainsi sitôt qu'elles sont fiancées. Ce lieu retiré offre un tel mélange d'objets champêtres et de souvenirs héroïques, que la pensée y est continuellement partagée entre ces deux impressions : soit extrême fertilité du sol, soit accès difficile et manque de communication avec les pays voisins, les traces de la guerre y sont rares et sont peut-être tout-à-fait effacées au moment où j'écris ces lignes. La solitude y est si profonde et l'horizon en général si borné, qu'on dirait que le peuple de Messène, toujours poursuivi et menacé, a voulu y cacher son existence à tout le genre humain. Ce rapprochement entre le silence de ces échos, l'encadrement un peu triste de ces montagnes, et l'existence muette et resserrée des rivaux de Sparte, est si naturel qu'il n'échappa à aucun de nous. Quand on pense que la ville qui reposait au fond de ce bassin n'a produit qu'un seul homme vraiment illustre, on croirait que la gloire de plusieurs a été enfouie sous ces profonds ombrages où aucun sentier ne conduit; tant il est vrai que ces lieux, à la fois doux et agrestes, semblent plutôt faits pour les rêveries et l'hospitalité d'un monastère, que pour le mouvement et l'agitation de l'histoire.

C'est précisément l'isolement de Messène qui est cause qu'elle a été si peu visitée par les voyageurs, et jusqu'ici si vaguement décrite. M. de Châteaubriand, pressé par le temps, l'a laissée à la gauche de sa route. M. Poucqueville n'en parle que par ouï-dire. Enfin, si Dodwell l'a vue, il n'a pu y passer qu'une demi-journée; encore y a-t-il été sans cesse harcelé par la crainte des Klephtes qui étaient alors aux prises avec les Turcs. On peut donc regarder ce sujet à peu près comme neuf, ce qui nous oblige d'entrer dans ses détails. Pour y mettre quelque ordre, après avoir marqué notre point de départ, nous suivrons l'enceinte des murs, puis, cette enceinte fixée, nous décrirons les ruines qu'elle enveloppe, et nous finirons par l'examen des environs de la ville.

Le village de Mavromati, qui tient aujourd'hui la place de Messène, se compose d'une vingtaine de maisons, et ne renferme que quatre-vingt-dix habitans au plus. Ces chaumières ne sont point unies entre elles, mais séparées par des espaces rocailleux, et toutes rangées à peu près sur la même ligne, ce qui les fait paraître plus nombreuses. Placées en amphithéâtre, elles dominent d'assez haut le bassin et la fontaine de Clepsydre, dont on entend distinctement les eaux jaillissantes. Aucun reste n'indique qu'il cache les soubassemens de quelque monument. On voit encore une petite église à demi détruite, où un papas du monastère voisin vient dire la messe chaque dimanche. La maison que nous habitâmes pendant notre séjour, et qui était une des meilleures, était en pierres avec un toit de roseau, non pas plat comme dans les îles, mais incliné des deux côtés, presque autant que dans les chaumières de la Provence. L'intérieur formait deux pièces partagées plutôt que séparées par une cloison aussi de roseau. Le foyer était allumé à l'un des angles, et la fumée s'échappait par les larges crevasses qui entr'ouvrent le toit en tous sens. Ce manque d'abri, qui est général aujourd'hui, est la chose à laquelle le voyageur a le plus de peine à s'accoutumer, à cause de l'humidité pénétrante et malsaine des nuits, dont il lui est impossible de se défendre. Pour en souffrir un peu moins, on s'étend par terre autour du feu, qu'on entretient chacun à son tour, jusqu'après le lever du soleil. Depuis Modon, nous n'avons pas passé une nuit en Morée, excepté quelques jours à Argos, sans voir les étoiles scintiller sur notre tête, ni sentir le vent nous frapper la figure ou s'engouffrer sous nos manteaux, et sans nous lever les nerfs et les bras enraidis par l'air fébrile du matin. La pièce que nous occupions avait deux ouvertures sur la vallée. Les pistolets et le fusil d'un palichare étaient suspendus à la muraille. L'ameublement consistait en un baril d'olives salées, où chacun allait puiser quand la faim l'y poussait. Nous obtînmes en outre des œufs, du lait de brebis, et du cresson de la fontaine d'Arsinoë, mais point de pain. Pour hôtes nous avions une vieille femme et deux jeunes mariés. La première avait été long-temps esclave des Égyptiens, et n'était rentrée dans ses montagnes que depuis que les Français l'avaient délivrée à Navarin; une souffrance trop prolongée lui avait laissé quelque chose d'égaré. Nous l'entendions à tout propos prononcer le nom d'Ibrahim, et nous ne rentrions jamais sous son toit sans qu'elle ne vînt nous demander l'aumône, comme si elle ne nous reconnaissait pas ; circonstance très-rare et peut-être unique dans notre voyage. La maîtresse de la maison était un peu moins sombre, quoiqu'aussi fort taciturne. Elle passait la journée à filer du coton au fuseau, accroupie dans les cendres, ou sur le seuil de la porte. Du reste, il faut avoir vu ce type de douleur et d'accablement commun à toutes les femmes du Péloponnèse, pour savoir jusqu'où peut aller l'impression d'un malheur continu. Au moment où nous sommes arrivés leur nombre était fort diminué, comparé à celui des hommes; il était même rare d'en rencontrer, ainsi que des vieillards, dans les champs ou dans les cabanes; une grande partie avaient été emmenées en esclavage, ou étaient mortes de maladie et de faim. Celles qui avaient survécu, avaient été frappées de manière à ne s'en relever jamais. Leurs robes longues et flottantes, le tissu de laine qu'elles replient autour de leurs têtes en forme de turban, en en laissant retomber négligemment une partie sur leurs épaules, ajoute à la dignité naturelle de leur taille, que la misère n'a point tout-à-fait affaissée. C'est à cause de cela qu'elles paraissent encore sous leurs haillons déchues d'un rang élevé; mais l'ardeur de leurs traits méridionaux, qu'une langueur mortelle a flétrie; leurs yeux noirs, caves, immobiles et meurtris; une démarche encore noble, mais épuisée, inspirent un sentiment plus fort que la pitié. Leur expression rude, sauvage et morne, ressemblerait à l'apathie, si elle n'était adoucie par une habitude constante de soupirer, qui dans plusieurs a dégénéré en maladie. Quand nous cherchions à leur donner quelque espérance, elles se contentaient de relever la tête en arrière à la manière des Grecs, lorsqu'ils veulent nier quelque chose, et de répéter ces mots qui frappent à toute rencontre le voyageur, δεν εἶναι, *il n'y en a pas.* Celles qui sont restées belles, et dont le nombre est plus grand qu'on ne croirait, laissent une impression encore plus douloureuse, à cause du mépris qu'elles font elles-mêmes de leur beauté. En les voyant courbées à l'ardeur du soleil sous des fardeaux accablans, ou réfugiées dans des grottes d'où la pluie tombe goutte à goutte autour d'elles, ou le soir étendues sur la terre, et dévorant avec leurs enfans quelques herbes sauvages que nous pouvions à peine avaler, souvent nous nous sommes rappelé la vie des femmes dans l'heureuse Allemagne, que nous avions quittée, il y avait au plus deux mois. Nous nous représentions le cours facile et la mollesse de leurs jours, ces douces heures passées dans des cercles d'amis, leurs poétiques et oisives contemplations; et en nous souvenant que là aussi nous avions entendu des plaintes amères contre la destinée, nous nous disions combien est énervante l'habitude du bonheur! puis aussi quel fond de misère est dans l'homme, puisque, si prodigieusement loin de cette région de douleur, il trouve encore de quoi gémir!

Nous n'avons encore rien dit de notre hôte. C'était un homme jeune, les cheveux blonds, plein de calme et de douceur. Quand le soleil commençait à paraître, il allait réveiller un petit troupeau de chèvres et de vaches, qui était couché en plein air autour du seuil de la cabane, et on ne le revoyait plus de la journée. Il finit par prendre goût à nos occupations, et par nous accompagner ou nous rejoindre dans nos courses. Quand il nous voyait mesurer les murailles, il nous demandait si nous étions venus pour reconstruire l'ancienne ville. Il nous aidait d'ailleurs à déchiffrer des inscriptions. Ce ne fut pas sans étonnement que nous le vîmes maintes fois au milieu des champs, prendre notre Pausanias et en lire couramment de longs passages, assis sur quelque débris de colonne, au milieu de nos guides et d'autres bergers que la curiosité attirait. Lorsque le soir était venu, et que nous étions rentrés dans la cabane, il me copiait ordinairement des chants populaires, dont j'ai conservé plusieurs, un entre autres sur la bataille de Navarin.

Aucun grand écrivain de l'antiquité n'a mis la main à l'histoire de Messène. Il faut aller chercher les traces de ce grand événement qui déchira à son arrivée la race dorienne dans quelques fragmens incertains. Le récit que fait Pausanias d'après la prose de Myron, les vers naupactiques et le poëme de Rhianus de Crète, est évidemment conçu avec une précision artificielle tout-à-fait étrangère à la marche large et naïve de ces temps voisins de l'épopée. Les véritables annales de cet âge sont les exclamations de Tyrtée. La comparaison de ces guerres avec la guerre de Troie, ne manque pas moins de profondeur. Il y a entre le caractère de cette lutte individuelle, mais acharnée, de deux peuples rivaux, et la grandeur de l'ébranlement général de la Grèce contre l'Orient, la même différence qu'entre le dithyrambe heurté, brisé, empoisonné du poète d'Aphidnæ, et la majesté infinie, paisible, impartiale de l'épopée homérique.

Quel fut le fondement de ces haines acharnées? il est manifeste qu'il n'exista pas dans les agressions capricieuses de Sparte ou de

Messène. Si la conquête des Héraclides devait se poursuivre, il fallait qu'elle se concentrât dans les mains d'un seul peuple avant de rien entreprendre au-delà. Les volontés rivales des maîtres de l'Ithôme et de ceux du Taygète ne pouvaient croître ensemble. Courant au même but et dans la même voie, non-seulement l'une devait défaillir, mais être absorbée par l'autre : l'incroyable vigueur que ceux de Messène mirent dans leur défense, montra bien qu'ils étaient du même sang que ceux qui les faisaient périr, et que si on les eût laissés vivre, ils eussent tenu la place de leurs vainqueurs. Par ce combat qui, avec ses intervalles, dura près de trois siècles, ils continrent quelque temps le génie dorien et l'empêchèrent de ruiner dès son apparition sur le Péloponnèse l'ancienne race qui l'occupait déjà. Mais ces efforts trop violens épuisèrent de bonne heure en eux le principe de vie ; quand, après une existence traînée pendant plus de trois cents ans hors de la Grèce, d'îles en îles, jusque dans les sables de la Lybie, ils furent paisiblement rétablis dans leurs murs, il se trouva qu'il ne leur resta plus de force pour rien produire, ni un général, ni un poète, ni un orateur; même ces coureurs qu'ils envoyaient autrefois de loin à loin aux jeux olympiques et qui faisaient toute leur gloire, cessèrent d'y paraître.

Disons maintenant quelque chose des lieux. Quoique Homère ne fasse mention que d'une Ithôme de Thessalie, même aux temps de la domination éolienne, lorsque Nestor régnait à Pylos, il y avait sur le sommet de l'Ithôme de Messénie une enceinte consacrée à Jupiter, peut-être aussi aux Cabires, et une petite ville du même nom, habitée par les familles des prêtres, que nous retrouvons plus tard dans Pausanias. Dans les premiers temps de l'invasion des Héraclides, elle reste à peu près ignorée ou confondue avec le sanctuaire; elle ne commence à paraître que dans la première guerre, lorsqu'après la prise d'Amphée les Messéniens se retirent dans cette enceinte, qu'ils agrandirent; c'est là qu'à l'origine de l'histoire s'élève la figure d'Aristomène au sein des fables héroïques, comme au matin la cime crénelée de l'Ithôme se détache des vapeurs qui l'environnent. Après vingt ans de siége, la petite ville fut prise et rasée; il ne semble pas qu'elle ait été reconstruite dans les temps qui suivirent. Pendant la seconde guerre, Aristomène ne s'y montre que pour offrir à Jupiter Ithomate le sacrifice de l'hécatomphonie; ce n'est que dans la troisième guerre que les ilotes se retranchent de nouveau sur le sommet de l'Ithôme, où ils luttent encore pendant dix ans. Depuis lors, et pendant près de trois siècles, ce plateau reste encore une fois à peu près désert, jusqu'à la bataille de Leuctres. Quand la puissance nouvelle de Thèbes fut maîtresse des Lacédémoniens, la première chose qu'elle fit pour les retenir sous le joug, fut de rappeler leurs anciens rivaux de tous les lieux où ils s'étaient enfuis; ce fut un jour mémorable que celui où Épaminondas traça lui-même l'enceinte des murs de la cité nouvelle au milieu des prières, des sacrifices et de la musique des flûtes argiennes. Après avoir rappelé les anciens héros, il construisit dans le bassin les temples et les monumens, et donna à la ville le nom de Messène, qui jusque là n'appartenait qu'au peuple. Depuis Épaminondas la ville est restée libre, malgré quelques échecs, jusqu'à la domination complète de Rome. Auguste ne fit qu'une même province de Sparte et d'une partie du territoire de Messène, comme pour achever de les dégrader l'une et l'autre par cette tranquille union. Dans le troisième siècle, le nom de Messène paraît encore, mais confondu avec celui des villages dans la carte de Peutinger : Hiéroclès en fait mention au sixième siècle; sa mémoire s'efface ensuite de plus en plus, jusqu'à ce qu'enfin elle arrive à sa ruine complète, et tombe avec si peu de bruit, qu'on ne peut même dire quelle main l'a frappée : destinée qu'elle partage au reste avec la plupart des villes situées dans l'intérieur des terres.

Quoique les murs qui entourent Messène aient été achevés en moins de trois années, rien n'y sent la précipitation ; ils ont partout sept pieds et demi de large, et sont formés de pierres calcaires de trois pieds de longueur, qui se tiennent par la seule perfection de leurs assises, sans mélange d'aucun ciment. Dans les endroits où elles ont roulé les unes sur les autres, elles ne se sont point brisées, et à cause de la blancheur et de la netteté de leurs lignes, on dirait des matériaux apportés là d'hier et qui n'attendent que l'architecte. Si nous prenons notre point de départ du pied de l'Ithôme et de l'Évan, le mur suit pendant environ dix minutes les contours de ce dernier mont et se perd tout-à-fait à un peu plus de la moitié de sa hauteur : à l'origine que nous avons désignée, on trouve quelques colonnes renversées qui indiquent un temple, et deux tours carrées, chacune avec une ouverture sur la vallée opposée; vers la seconde coule à petit bruit une source vive, qui a sa pente sur le versant opposé à Messène. De cet endroit le mur se relève brusquement et grimpe jusqu'au sommet de l'Ithôme, en bordant sa crête presque en ligne droite; nous mîmes plus d'une heure et demie pour y arriver par un sentier coupé de lames aiguës et complétement privé de végétation. Ce sommet est formé de quatre plate-formes unies entre elles par des bandes de rochers larges à peine de dix pieds; sur tous les bords on distingue encore les fondemens de l'Acropole; la dernière de ces plate-formes, qui est la plus grande, est occupée par un monastère aujourd'hui abandonné et qu'Ibrahim a achevé de détruire. Ces masures, qui tiennent la place du temple de Jupiter Ithomate, se composent de plusieurs enceintes, de quelques cellules et des débris d'une petite église : le temple est tombé, mais le culte a survécu. Comme aux temps homériques, on choisissait chaque année un prêtre pour garder dans sa maison la statue du dieu ; aujourd'hui l'image de la Panagia ou S.ᵉ Vierge est confiée chaque été à la garde d'un caloyer de Vourcano. Les fêtes ithoméennes, célébrées dans les vers d'Eumélus, ont été remplacées par des danses champêtres, où le peuple se réunit encore au mois d'Août de tous les points de la Messénie : on nous a assuré qu'elles ont continué même au milieu des guerres de la révolution ; cependant l'espace circulaire et revêtu de dalles qui sert à ces fêtes, était recouvert d'herbe quand nous l'avons vu, et prouvait qu'elles avaient été interrompues au moins depuis quelques années. Un peu au-dessous du monastère on trouve deux citernes avec une ouverture d'un pied et demi carré, sous des rochers fortifiés par un mur antique et ombragés par un massif de houx. Près de là, le chévrier qui nous accompagnait nous montra avec admiration des empreintes sur le rocher, qui ressemblaient en effet à des pas d'homme : nous prîmes plaisir à ce retour subit vers cet âge où les dieux, dans leur marche gigantesque à travers le genre humain, avaient laissé de semblables traces de leurs pieds sur le sommet du Mérou, de l'Albordy, du Taurus et de l'Olympe. Par-delà le monastère, la crête se brise tout à coup et va en descendant par masses déchirées, se relever à environ trois cents pas. Après nous être traînés sur les pieds et sur les mains, en roulant deux ou trois fois dans les anfractuosités de la montagne, nous découvrîmes une tour de la citadelle encore debout, à l'extrémité nord de ce piton. Voici alors le spectacle que nous avions autour de nous : au sud, la mer de Messénie, solitaire, unie, scintillante, et ses bords découpés en petites anses jusqu'à la pointe de Coron; sur le rivage opposé, qui se prolongeait en ligne droite jusqu'au cap Ténare, le Taygète avec ses cinq coupoles revêtues d'un éternel hiver, laissait courir de sa cime des ravines de neige sur la draperie d'azur qui se déroulait autour de ses flancs : la vue de ces neiges, que le soleil du matin faisait alors briller comme les rosaces d'une cathédrale, répandait dans l'air altéré du paysage, la fraîcheur qui lui manque naturellement. Par-dessus un pic à l'ouest, on distingue les deux îles de Céphallonie et de Zante, qui, à cette distance, sont de la grandeur de deux vaisseaux à l'ancre. Les sommets sombres de l'Arcadie développaient au nord des orbes concentriques jusqu'à l'extrémité de l'horizon, où ils sont tendus d'un mince bandeau de glace; sous nos pieds, à l'est, et sur le versant opposé à Messène, s'ouvre une vallée profonde et tortueuse, un peu semblable au Pas de l'écluse, à cause de la rivière qu'on voit bouillonner au fond de ses derniers ravins : cette rivière, qui est la Balyra, après s'être cachée quelque temps sous des collines, s'en va en serpentant pendant trois lieues dans la plaine jusqu'au Pamisus, dont les eaux brillent à leur embouchure dans le golfe. A environ cinq cents toises au-dessous de nous, les regards, en tombant dans cette vallée, rencontraient un monastère sur une pelouse ombragée de cyprès : outre que ses murailles servaient à mieux mesurer la grandeur des objets environnans, nous aimions à ramener nos yeux de l'extrémité de l'horizon dans l'enceinte de ses cours et sur sa coupole byzantine, comme du milieu d'une vie tumultueuse, la pensée se replie un moment vers l'étroite solitude qu'on a perdue. A cela ajoutez l'impression d'un lieu élevé, les terrains qui au-dessous de vous tournoient en déployant leurs nappes ondoyantes, le mouvement d'oscillation que leur imprime la perspective verticale, le sein de la nature qui, avec la courbe des mers et des montagnes, s'enfle ou s'abaisse et semble respirer plein de pensées profondes. Tantôt nous suivions les premières émigrations des races d'hommes dans l'embranchement et la profondeur des vallées, tantôt nous cherchions sur les sommets qui se détachaient à pic, le monde mysrérieux des traditions religieuses, et nous pouvions distinguer le séjour de l'Apollon du Cotyle, du Jupiter du Lycée, du Neptune de Ténare; d'autres fois nous étendions des phalanges d'airain sur les flancs des coteaux dont elles avaient si souvent pris la forme : puis, en pensant que tout ceci n'était qu'un songe, une imagination vaine et insensée par laquelle je m'égarais moi-même, je me demandais à quoi bon ce soleil si étincelant, cette mer si voluptueuse, cet air enivrant, ces bocages çà et là suspendus, quand ce qui faisait l'ame de tous ces lieux avait depuis si long-temps disparu de la terre.

A cause de la pente rapide et impraticable

de l'Ithôme, il ne reste point de vestiges du mur qui du sommet se précipitait sur le versant nord; il ne commence à reparaître qu'à sa base. On rencontre d'abord deux tours carrées, dont chaque côté a vingt-un pieds de large, sur deux pieds d'épaisseur, avec chacune une ouverture à un peu plus d'une toise au-dessus du sol. Cette ouverture est tournée à l'est en dehors de la ligne d'enceinte, de manière à regarder à la fois au dedans et au dehors de la ville. En achevant de descendre vers la gauche, vous arrivez vers la grande porte d'Arcadie, l'un des plus beaux monumens de ce genre qui soient encore en Grèce. Une large voie en dalles, sur laquelle paraît encore la trace des roues antiques, conduit à une enceinte circulaire de soixante pieds de diamètre. Cet espace est partagé par deux ouvertures de seize pieds en face l'une de l'autre et dans la direction de 17° nord-ouest, qui marque aussi celle de la vallée. L'une des architraves a été renversée, et appuie une de ses extrémités sur le sol. Deux excavations préparées en forme de niches carrées pour des statues, sont enfoncées dans le mur des deux côtés de la porte d'issue. Celle de la gauche a été brisée, à ce qu'on nous dit, par les armes à feu des Turcs. L'autre porte à sa base une inscription à demi effacée, que nous copiâmes debout sur la croupe de notre cheval, ce qui peut servir à évaluer sa hauteur. Tout cet espace circulaire est ombragé par des oliviers, des lauriers, des agnus castus, qui pendent du haut de la plateforme, et y entretiennent une vive fraîcheur. Deux massifs rectangulaires se projettent au dehors, et après s'être deux fois brisés à angles droits, se réunissent et se confondent avec la ligne des murs d'enceinte.

Ceux-ci poursuivent leur cours en traversant la vallée, qui est là fort étroite, et en coupant à l'ouest les collines opposées. Parvenus à l'un de leurs mamelons, ils couronnent toute cette chaîne parallèlement à l'Ithôme. C'est le lieu où ils sont le mieux conservés. Ils sont encore flanqués de cinq tours, placées à environ cent vingt pas l'une de l'autre. Il y en a dont les côtés extérieurs sont en demi-lune, et celles-là alternent avec celles qui sont à face plate. Quelques-unes ont encore des escaliers, dans lesquels nous avons compté douze marches. L'intérieur est tapissé d'une foule d'anémones qui ont la couleur et la forme de gouttes de sang. Depuis la dernière de ces tours, le mur est de plus en plus ruiné ; il descend dans le bassin, où il longe un large ruisseau, sur lequel il a laissé deux piliers. Après cela, ses traces, toujours plus incertaines du côté de la Laconie, se glissent sous des touffes d'oliviers, et viennent, en serpentant avec le terrain, rencontrer le mont Évan à moitié de sa base, à environ deux cents pas du village de Simitza, là où il achève de disparaître entièrement.

Reste maintenant à nous reconnaître au milieu des décombres qui jonchent une partie de l'enceinte que nous venons de tracer. En descendant de Mavromati, le rocher surplombe au-dessus d'une nappe d'eau qui s'échappe à travers les fissures d'un reste de mur, et tombe avec bruit de gradins en gradins, en formant autant de petites cascades jusqu'au fond du bassin. Cette source est la Clepsydre des poètes; quand les nymphes vinrent y baigner Jupiter à sa naissance, il est probable qu'elle était, comme aujourd'hui, cachée sous des vignes sauvages, de hautes orties, des figuiers et des buissons de bruyère. Plusieurs femmes, avancées dans la fontaine jusqu'à mi-jambe, emplissaient de grossières hottes de cette eau sacrée, dont les prêtres du sanctuaire d'Ithôme venaient puiser chaque jour dans des urnes d'or[1]. Si l'on suit le ruisseau jusqu'à sa dernière chute, on arrive

---

1. Pausan., *Messen.*

dans des champs qui devaient être la place publique. On y trouve encore une inscription d'Aurélien [1], et sous des soubassemens helléniques, des débris de construction mêlés de briques, de ciment, de pierres brisées, qui d'après cela occuperaient la place des temples de Neptune et de Vénus, et prouvent que la ville a continué de végéter obscurément jusques dans les plus mauvaises époques de l'empire d'Orient.

Plus à l'est on découvre les restes d'un rectangle long de cent cinquante-cinq pas, et large de cent douze, avec plusieurs colonnes cannelées d'un pied huit pouces de diamètre, renversées sur les côtés. L'étendue de cette aire nous la fit prendre pour celle de l'Hiérothysium, où étaient réunies les statues de tous les dieux. Plus loin, dans la même direction, vingt et un fûts de colonnes, huit

---

1. J'ai retrouvé là une inscription byzantine déjà copiée par Fourmont. La description de son neveu, quelque vague qu'elle soit, démontre cependant qu'il a été sur les lieux.

degrés encore visibles, une longueur de course de cent vingt pieds, nous aidèrent à reconnaître le stade; il est traversé dans sa plus grande dimension par le ruisseau, et son extrémité est marquée par un entassement confus de colonnes, de chapiteaux ioniens, et une frise renversée : à quelques pas de là passe le mur d'enceinte.

Sous des arbousiers qui croissent en cet endroit par larges masses, nous dessinâmes à côté de deux tortues immobiles un bas-relief représentant une tête de bœuf entourée de guirlandes, placée entre une couronne et une tête de cheval. Joignez à cela, à peu près sous les mêmes bosquets, le torse d'une statue et une patère de grande dimension, ce sont les seuls restes que nous vîmes des sculptures de Messène.

Un peu vers le nord on rencontre l'enceinte d'un amphithéâtre, et tout à côté un beau reste de mur percé de deux portes à angles aigus, semblables à celles de Tyrinthe.

Cette construction, formée d'énormes pierres, nous sembla une imitation savante des murs cyclopéens de l'Argolide.

Notre revue se termina par la découverte d'une inscription, où nous lûmes le nom d'Aristomène, mais malheureusement de l'époque de la famille de Tibère Claude; elle faisait partie des soubassemens d'une petite église byzantine, située sur une éminence environnée d'oliviers, qui pourrait bien être la place du tombeau du héros. Dans l'intérieur on voyait l'autel appuyé sur un reste de pilier antique; des chapiteaux de différens ordres étaient roulés sur le pavé, le pittoresque est tellement prodigué dans ces petites chapelles, qu'il exclut toute idée d'art réfléchi, et qu'elles n'ont d'autre beauté que d'être la confusion de tous les siècles et de toutes les ruines. Comme l'empire d'Orient est lui-même le mélange désordonné de la Grèce, de Rome, de l'Égypte, brisées par fragmens, mais non point encore tout-à-fait désorganisées et méconnaissables : ainsi ces petits monumens qui le représentent, ont leurs murailles faites de tronçons de colonnes, de frises, d'architraves, de fûts de différentes hauteurs réunis entre eux par le hasard. Ils sont flanqués de pierres lapidaires, de fragmens de statues, de bas-reliefs, et appuient leurs dômes écrasés sur les vastes et éternels fondemens des temples helléniques. Mais tels qu'ils sont, ils montrent mieux que tous les autres, combien l'architecture est épique et nécessaire dans sa progression, et le véritable et naturel dépôt que les empires laissent en se retirant. En effet, il est impossible de les considérer avec quelque attention sans reconnaître qu'elles sont la première forme et l'ébauche irréfléchie des basiliques du Nord; chaos qui vient de se former des débris d'un monde encore croulant, que le génie naissant du moyen âge lui donne la vie et l'intelligence, ces piliers de diverses proportions, sans cesser d'être unis, vont s'élancer en fuseaux, ces chapiteaux usés vont changer leurs acanthes flétries contre les figures symboliques des dragons de l'Apocalypse. L'esprit de l'humanité, en se relevant indépendant et avide d'infini avec des peuples nouveaux, soulèvera dans les airs ces coupoles écrasées; et la forme pyramidale que la nature fait prédominer dans sa création végétale en avançant vers le Nord, sera celle de cet arbre mystique que chaque siècle a nourri de sa séve. Pendant que dans les épopées du moyen âge, les élémens celtiques et germaniques s'entent sur les traditions de la cour de Byzance, les ogives des cathédrales berceront leurs rameaux sur le tronc dépouillé de la colonne d'Ionie. Ainsi, après sa lente formation, l'architecture gothique représente instantanément les phases diverses du genre humain, et n'est elle-même que le type de l'histoire universelle, rendu sensible et immobile par le prodige de l'art.

Pendant notre séjour à Messène, nous

fîmes plusieurs visites aux caloyers de Vourcano. Nous avons dit que le monastère est situé dans la vallée de l'est, et environné de petits bois de cyprès et de chênes, qui lui donnent un caractère singulièrement mélancolique. On y descend par un sentier taillé dans le roc; de près il offre l'aspect d'une citadelle avec ses tours carrées et aplaties. A côté de la porte sont flanqués dans la muraille deux pieds de statue qui paraissent fort beaux. L'église est au centre des bâtimens et des cellules qui lui servent en quelque sorte de retranchement. Nous trouvâmes les moines assis sur l'herbe, en face du porche. Leurs longues robes violettes, leurs croix en cuivre sur la poitrine, leur barbe flottante et la toque noire qui couvre leur tête, présentent un bizarre mélange de l'habit des grands-prêtres de Jupiter et de celui des sophistes de Théodose. Nos palichares mirent un genou en terre devant eux, et reçurent l'imposition des mains; ils les quittèrent pour aller faire leurs prières dans l'église. Pendant que l'un des moines épluchait des herbes pour des malades, un autre se relevait de temps en temps pour frapper de la main le battant d'une cloche, et marquer les divisions de la journée. Dans l'intervalle on entendait un bourdonnement de litanie sortir d'un coin de la cour; c'étaient trois enfans occupés à lire à haute voix et en plein air la liturgie de la semaine. L'un d'eux, assis sur le seuil de la porte, les épaules nues et couvertes de cheveux bouclés, tenant dans ses mains une grande Bible appuyée sur l'herbe, nous offrit le modèle de ces figures d'anges si fréquentes dans les peintures byzantines. La situation solitaire de ce monastère l'avait fait choisir par Ibrahim pour y déposer ses femmes. Pendant ce temps, les caloyers s'étaient enfuis dans les cavernes des environs. L'intérieur du dôme de l'église était criblé de balles, et toutes les têtes de saints qui tapissaient les murs, avaient été écorchées et effacées à la pointe du yataghan. Une des tours avait été presque entièrement brûlée. Nous cherchâmes inutilement quelque reste de bibliothèque. Dans les cellules nous ne trouvâmes, à la place de livres et de manuscrits, que quelques sabres et des ceintures de pistolets. Il nous parut digne de remarque que ces hommes conservaient des traditions encore vivantes d'Aristomène. Ils racontaient que le héros lançait des fragmens de rochers depuis le sommet de l'Ithôme, jusques sur la colline de Milo. On nous avait déjà rapporté des histoires à peu près semblables à Coron, tant il est vrai que la trace des souvenirs épiques est la dernière à s'effacer dans un peuple. Les moines cultivent quelques terres aux environs; mais quoiqu'ils nous aient offert l'hospitalité, nous sommes obligés de reconnaître que la grossièreté de leurs idées faisait un triste contraste avec la solitude poétique qui les environnait. Il était évident que le mouvement de régénération qui active et sollicite toute la Grèce, s'était arrêté sur le seuil de leur porte. Après la conduite brillante du clergé dans la révolution militaire, il semble qu'il n'aurait tenu qu'à lui de conserver la meilleure part dans la direction des affaires; mais son incapacité, qu'il sent et reconnaît lui-même, l'a conduit à se laisser évincer sans lutte de toute autorité politique. En même temps, dans cette vie toute nouvelle que le paysan grec vient de se faire lui-même, il n'a pas laissé de renoncer à quelques terreurs superstitieuses, et à diverses antipathies de secte, telles que sa haine contre les Latins. Partout il lui faut un joug plus intelligent. Avec la bonne volonté du clergé et du peuple, si le premier s'éclairait, il pourrait rendre d'importans services, sans pourtant jamais maîtriser une nation qui peut-être n'offre que trop peu de prise au fanatisme. Aujourd'hui son influence est encore fort au-dessous des pouvoirs que lui laisse la constitution.

Ce monastère me rappelle les vertus vraiment ascétiques que nos guides eurent à déployer dans ses environs pendant notre séjour à Messène. C'étaient deux frères à peu près de notre âge, ayant de plus de beaux cheveux bouclés sur les épaules, et des cicatrices des sabres turcs sur les bras et sur la poitrine. Nous les avions pris en amitié, et nous leur offrîmes de partager avec nous le peu de provisions que nous avions. Mais, quoiqu'ils fussent morts de faim et de fatigue, leur abstinence, car on était alors en carême, résista à toutes les épreuves. Le pain manquant, ils furent rigoureusement réduits à un régime d'herbes sauvages et de tronçons de chardons. Dès que je m'arrêtais quelque part, ils tombaient comme épuisés à plat ventre sur la terre; mais je n'avais qu'à presser mon cheval et à continuer ma route, pour les voir se relever avec une agilité merveilleuse, poursuivre leur chemin d'un pas ferme et léger, ou grimper un coteau à la course en reprenant leur chanson. Jamais, au milieu de ces macérations et de tous les caprices d'un antiquaire, je ne leur ai surpris un signe d'impatience ni de mutinerie. Ils avaient quelque chose de caressant et une gaieté facile à éveiller au plus fort de leurs misères ; ce qui, dans les circonstances où nous étions, suffisait de reste pour en faire de fort aimables compagnons de voyage.

Nous achevâmes de descendre en suivant le ruisseau *Vasiréma* jusqu'aux bords de la Balyra. Son eau bourbeuse roule entre deux buissons d'arbousiers, se brise sur des bancs de silice inclinés sur son lit, et disparaît entre deux collines, dont l'une est arrondie et presque sphérique. Nous remontâmes son cours sur une plage que labouraient avec des socs de bois trois paysans, les pistolets et le sabre à la ceinture. On apercevait près de là la ferme de Stadiolataria, qui appartient au monastère. L'exposition à l'est de cette partie de l'Ithôme y rend la végétation admirable. C'est un des lieux qui, pour retrouver l'ancienne fertilité de la Messénie, n'attend que l'industrie de quelque Européen, que l'excellence et la salubrité de l'air y attireront sans doute. Quand nous le vîmes, les amandiers en fleurs s'y mêlaient en foule avec les figuiers, les mûriers qui commençaient à bourgeonner, élevés en étages sur les flancs de la montagne. Le dernier de ces étages était garni d'arbres plus propres à nos contrées, d'ormes, de frênes, et surtout d'une forêt de chênes qui avaient conservé leurs feuilles d'hiver, et jetaient le reflet triste et sévère d'un autre climat sur le gracieux et éblouissant ombrage de la vallée. En sortant de ces bois, à la tombée de la nuit, nous nous trouvâmes un peu au-dessus du niveau de la grande porte. A cette heure la lumière de la lune descendait endormie dans le bassin, et, par une harmonie propre à ces latitudes, nuançait ses rayons avec la verdure pâle des oliviers et la blancheur des murs. Des cris de hiboux, qui partaient des toits de plusieurs chaumières, s'élevaient au-dessus d'un coassement de grenouilles. Le même soir nous fîmes nos préparatifs de départ pour le lendemain.

Nos deux compagnons de voyage avaient reçu, dans une des nuits précédentes, des lettres qui les obligeaient de rejoindre en toute hâte le quartier-général. Nous restâmes donc seuls depuis leur départ, circonstance que nous aimons à noter, puisqu'elle nous apprit que la sécurité dont nous avions joui jusque là, tenait à toute autre chose qu'à notre nombre. J'aurais de la peine à décrire le sentiment d'étonnement et presque de reconnaissance qui saisit un étranger, lorsqu'il s'égare loin de ses guides et seul, dans ces défilés abandonnés où, suivant les bruits d'Europe, il croyait ne pouvoir pénétrer qu'à travers de grands dangers et sous la sauve-garde d'une escorte. De temps en temps il rencontre, au détour d'un ravin, des bergers qui gardent leurs troupeaux de chèvres avec des fusils, des pistolets et des sabres, ou des palichares errans dont il reçoit en passant le salut amical et digne. Bien peu se retournent pour le regarder, soit qu'ils imitent en cela la dignité orientale, soit qu'ils aient tout récemment assisté à de si poignans spectacles, et qu'ils soient possédés encore de si imminens besoins que leur curiosité est à demi effacée. De mendians, il n'en voit nulle part. L'habitude de porter des armes s'est perpétuée dans les lieux d'où l'ennemi a été le plus tard expulsé. Elle décroît à mesure que l'on approche du centre du gouvernement; dans la Messénie et une partie de l'Arcadie, on ne trace pas un sillon, ni on ne dresse le bât d'un mulet, sans s'être à l'avance préparé comme au combat. Dans le nord de la Laconie, déjà cette coutume est moins générale, et elle a tout-à-fait cessé dans l'Argolide, les environs de Corinthe et les îles. Mais il en reste encore assez pour que l'on puisse s'étonner du petit nombre de délits qui en résultent, et que la confiance que chacun se témoigne avec tant de moyens de la troubler, fasse l'honneur de la Grèce actuelle. Nous tenons du frère du président que sur le continent on n'a compté que deux homicides en 1827 et 1828, encore avaient-ils été commis à l'armée. Il y avait au printemps trente hommes seulement dans les prisons du gouvernement. Cent quarante étaient libres sur caution, une partie sous l'appréhension du fait de piraterie, les autres compromis par les discordes politiques. Sans doute le voisinage de l'armée française, et la force morale que l'administration en a empruntée, ont puissamment contribué à ce résultat inouï, et qu'aucune nation civilisée ne reproduit en pleine paix dans de telles proportions. Mais cette cause accessoire n'eût pas suffi, si elle n'eût été précédée de causes plus profondes. Au premier rang nous mettrons le besoin extrême de repos, qui conduit au sentiment de l'ordre comme au seul moyen de se refaire de son épuisement. Il n'a fallu qu'un gouvernement qui s'offrît avec l'intention manifeste d'organiser et de pacifier, pour que de toutes parts il fût compris et secondé par l'instinct populaire. Un ingénieur français me contait un jour, qu'ayant été envoyé d'Égine pour dresser le plan d'une grande ville, aujourd'hui rasée, il avait été tout étonné, au lieu des résistances auxquelles il s'attendait, que le moindre agogiati vînt de lui-même, avant de relever sa hutte d'argile, consulter le devis et demander sérieusement si elle était dans l'alignement et les conditions d'une ville européenne. Nous appliquerions volontiers cet exemple à la direction générale de la nation. Vous n'entendez parler les gouverneurs de province et les démogérontes que de l'appui qu'ils trouvent dans l'intelligence des inférieurs, et de la facilité qu'ils ont à se faire écouter. Le profit qu'on a tiré pendant quelque temps de vivre sans lois, a paru à la fin si faible et de si funeste enjeu, que chacun, pour respirer, se range à une discipline volontaire. Il faut avouer que cette disposition est singulièrement favorisée par le fond d'union qu'ont cimentée dans le peuple tant de dangers communs. Au milieu de gens rassemblés de tant de points différens, nous n'avons pas été témoins d'une seule querelle, et le nom d'ἀδελφε, frère, par lequel ils ne manquent jamais de s'aborder sans se connaître, exprime d'une manière antique la fraternité du malheur qui vient de resserrer leur lien de famille.

A cela nous ajouterons le sentiment d'émulation par où ils sont encore Grecs, plus que par la langue et le climat; l'envie est extrême de ne pas rester en arrière du gouvernement, de se proportionner à sa hauteur, et sinon tout-à-fait d'en savoir autant que lui, du moins de ne pas lui manquer par l'intelligence, et d'être en état, si l'on voulait, d'exécuter tout ce qu'il commande. Du côté du maître, l'art consiste à caresser et à agacer en même temps ce goût de rivalité ; mais autant il est vif, autant il est facile et dangereux de le blesser ; nous avons connu des chefs qui avec les meilleures intentions se sont perdus, seulement pour avoir voulu faire parade de leur supériorité.

A ce sentiment s'allie celui de la prééminence européenne ; tous en sont secrètement saisis, les plus habiles mettent leur honneur à la mieux reconnaître ; il est évident que le nom de Barbares leur déplairait souverainement ; ils exagèrent ce qui leur manque, pour bien montrer qu'ils n'en sont pas la dupe ; et dans ce pays hier encore livré tout à la force, de toute part l'appel est général au droit du plus intelligent : c'est ce qui explique le fait vraiment extraordinaire de la popularité du président, homme de cabinet, vêtu de l'habit du diplomate, au milieu d'une nation de klephtes ; plus loin nous montrerons une partie des efforts que le besoin d'apprendre a déjà suscités. On sait quel a été le succès des écoles que le gouvernement a fondées; nous connaissons de pauvres démogérontes qui ont eux-mêmes, de leur propre mouvement et à leurs frais, établi et soutenu de leur science des écoles dans leurs villages, sous des cabanes de branches de pin, et à une autre échelle des chefs de parti, vieillis dans l'autorité et les discordes, et qui se sont mis à la fin de leur vie sous la tutelle d'un précepteur. Comme dans le mouvement entier de la révolution, on découvre à la fois deux principes tout-à-fait opposés, le génie encore intact de la race albanaise et les débris renaissans de la souche hellénique : ainsi la Grèce, dans son état présent, offre à côté l'un de l'autre, ce qu'il y a de plus antique et de plus moderne, de plus primitif et de plus épuisé, de plus irréfléchi et de mieux avisé, les habitudes homériques à côté des routines de la chancellerie, le chasseur Méléagre et les calculs d'un député de New-York, des rhapsodes épiques et la méthode de Lancastre. L'invasion des formes européennes a été trop brusque et leur empire d'abord trop absorbant, pour que déjà elles aient pu se plier et se façonner sur un autre théâtre; le principe indigène en est ébloui et étonné; mais en les acceptant il est encore trop jeune pour leur céder la place : déjà l'on voit un instinct d'art se prendre à ces contrastes et chercher à les unir dans un fond national. D'une autre part il faut leur savoir gré de n'avoir jamais songé à ressusciter l'ancienne Grèce, en quoi ils ont été servis par leur bon sens encore plus que par l'ignorance. Leur mission est d'organiser, avec un reste d'inspiration hellénique, la loi naissante de l'Amérique et le génie slave qui commence avec eux à poindre dans le monde des révolutions modernes.

Sur les derniers gradins de l'Ithôme on nous montra, au sommet d'un petit mamelon, des ruines revêtues de gazon et connues sous le nom de Milae. Nous traversâmes à leur jonction la Balyra et la Leucosie sur un pont triangulaire, dont les premières assises sont antiques. La plaine de Stényclare s'ouvre à peu de distance de là. Une foule de tortues et de lézards se traînaient au bord des marais ; quelques villages, Méligala, Solaki, composés à la fois de huttes en terre, de tentes de lambeaux et de couleurs bigarrées, sont défendus par des buissons de raquette épineuse. Ces divers degrés de misère rappellent que diverses populations viennent de s'agglomérer dans le même lieu, et qu'une émigration forcée des habitans de la Romélie est là au bivouac à côté des masures des Moréotes. A l'extrémité de la plaine nous atteignîmes le khan de Sakona, au débouché de l'Hermæum et à la frontière de la Messénie. Un homme nous tendit en passant une outre de vin mêlé de résine, et de l'eau tiède dans un vase de la même forme que ceux qui sortaient de la poterie des Éginètes. Quelques barriques de riz, d'huile, de raisins secs, et des peaux de poissons et de loups, suspendues au toit, complétaient l'approvisionnement de ce lieu renommé. Ce doit être près de là que Philopœmène fut fait prisonnier, et qu'il passa, les mains liées derrière le dos, pour aller mourir dans la prison de Messène. Nos guides nous racontaient à leur tour, avec une étonnante vivacité d'action, la défense de ces défilés contre les Turcs, et nous montraient les rochers et les masses d'arbres où ils s'étaient embusqués.

Nous commençâmes à gravir, au-dessus d'un torrent, les flancs escarpés du Macryplai : ils sont couverts de forêts de chênes, qui nous firent reconnaître d'abord les montagnes touffues du poète. Au lieu de cet éclat de lumière qui nous avait jusque là inondés, le caractère sombre, fauve, mystérieux de ces crêtes annonçait l'approche de cette vieille Arcadie, qui recèle sous ces ombres les premières villes du genre humain. Ces plateaux chenus, où vivaient les Euménides, ont quelque ressemblance avec les landes pluvieuses des sorcières d'Écosse. A gauche nous laissâmes la route pavée de Tripolitza. Après avoir encore passé deux petites collines boisées, nous traversâmes à gué le Xerillo Potamo, qui doit être le Karnion et va se jeter plus bas dans l'Alphée. De l'autre côté Londari est suspendu sur un sommet. Avant la guerre on comptait cinq cents Grecs dans le village ; il en restait deux cents, qui s'étaient sauvés dans le Mague ; huit encore étaient esclaves. Le château en ruine a été fondé par messire Gauthier de Rousseau, au commencement du 13.ᵉ siècle ; c'est aussi à peu près le temps où le village s'accroît par des invasions. Il est certain qu'alors la brusque apparition du moyen âge au sein des générations lasses et surannées du monde byzantin, la féodalité du sire de Champlitte, établie dans les mêmes lieux et presque sur les mêmes bases que la féodalité de Nélée et de Ctésiphon, et dans le lointain, mais déjà menaçante et plus poétique que tout ce qui l'entoure, la race slave, qui pénètre par tribus sous les pins de l'Élide et les chênes de l'Arcadie, forment une époque de contraste où se rencontrent pêle-mêle toutes les époques de l'histoire, et qu'un ouvrage d'art ne peut manquer un jour de mettre en relief et de créer une seconde fois.

Nous nous préparâmes à pénétrer dans l'Arcadie par Mégalopolis. Le lendemain, par un jour brumeux, nous tournâmes au nord la montagne rocailleuse de Londari. Des monticules couronnés de broussailles conduisent jusqu'au lit de gravier de l'Alphée, qui là se distingue à peine de ses affluens. La verdure et la fraîcheur des terrains qu'abreuvent des eaux courantes, forment de vastes pelouses, auxquelles il ne manque

que les anciens troupeaux[1] d'Arcas. J'avoue que ces paysages, si célèbres dans l'antiquité, sont pour nous trop reposés. De longues prairies bien arrosées, bien engraissées, de petits bois sans ombre, des ruisseaux en rigoles à fleur de terre, de bons parcours de Normandie, ont la monotone et tranquille abondance de ces discours d'idylles ou d'églogues, qui, toujours à flots égaux, se répondent sans changer; et peut-être même que cette poésie, née de l'ennui d'un peuple attaché à la glèbe, s'accommodait mieux de la fécondité d'un pâturage que de l'aride perspective des escarpemens et de la lumière d'un ravin. Cette plaine est fermée en cercle, à l'est, par les sommets presque horizontaux du Ménale, et au couchant par les cimes échelonnées du Vlaki-Strata. A son milieu, les maisons en argile de Sinano paraissent à travers des groupes de mûriers.

---

1. Strab., l. 8, p. 317.

Un grand nombre d'églises marquent la place de presque autant de temples, et c'est dans les champs des environs qu'il faut chercher les traces de Mégalopolis. Deux laboureurs, qui se trouvaient seuls dans cette enceinte, y creusaient leurs sillons dans une argile pétrie de débris de marbres, de briques et de poterie. Nul autre endroit de la Morée ne paraît mieux fait pour l'emplacement d'une capitale, y ayant partout de l'espace, de l'eau et de faciles avenues. Le Barbouzana (comment reconnaître l'Hélisson), qui la coupait en deux, coule sous une allée de platanes, de quinze pas de large. Nous le traversâmes à mi-jambe; il enterrait sous ses alluvions et sous des pailles de maïs quelques fûts du voisinage de la maison de Philopœmène. Dans la colline qui le borde, est enfoncé ce fameux théâtre, qui passait pour le plus grand de la Grèce. De belles masses de murailles, semblables à celles de Messène, le flanquent des deux côtés, et l'on découvre

en avant de larges débris du Proscenium.
Partout où sont des théâtres, on peut y aller
chercher avec assurance la plus pure et la
plus large perspective d'une contrée ; en cela
supérieurs aux temples, qui, plutôt faits pour
être vus, ne regardent souvent de leurs sommets que la projection aplanie des collines
et des lieux bas. Mes agogiatis et moi, nous
nous assîmes donc sur l'un des gradins,
comme de mal-adroits spectateurs qui attendent encore sur leurs siéges, quand déjà la
pièce est achevée. Au loin, la draperie du
mont Ménale pendait à grands plis tout autour de la plaine ; puis le bruissement de la
rivière répondait aux hurlemens des chiens de
Sinano. Je songeai qu'au temps de Strabon
la charrue passait déjà sur ce grand plateau
de briques. Ces populations de toute l'Arcadie, qui s'étaient un jour ralliées sous la protection de Thèbes, se dissipèrent comme elles
s'étaient unies, et la ville la moins ancienne
du Péloponnèse ne montre pas plus de ves-

tiges qu'une autre, parce qu'il lui manquait ce génie intérieur qui répare ses brèches et perpétue ses ruines. Malgré ces soubassemens de marbre sur l'autre rive, le meilleur débris qu'elle ait laissé est encore le nom de Polybe. Jusqu'à lui la Grèce s'était fait de sa propre histoire un spectacle qu'elle avait embelli à l'égal de tous les autres, et, soit Hérodote, soit Thucydide, toujours ses annales avaient été une pompe ajoutée à ses fêtes. Mais au moment de périr, elle se retourna tristement pour chercher dans sa vie la leçon qui pût la relever. Alors Polybe alla se placer au centre de l'univers romain. Et comme ce monde était le dénouement de tout le monde antique, tant européen qu'oriental, il trouva naturellement dans ce dernier acte l'explication partout ailleurs obscure de chaque mouvement de son propre pays; en sorte que la Grèce crut avoir rencontré le sauveur qu'il lui fallait et le fit général en toute hâte.

Nous quittâmes Mégalopolis pour nous

enfoncer dans le Lycée, la partie la plus curieuse et la plus obscure du Péloponnèse, et chercher Lycossure, qui avait déjà coûté tant de peine à Dodwell. Nous marchâmes au couchant sur les huttes de Cashimi, d'où l'on distingue sur la gauche la tour de Delhi-Hassan, qui marque la place de l'ancienne Acacesium. Un peu plus loin nous retrouvâmes, à travers des tertres humides, l'Alphée ou Mégalo-Potamo : sur un fond sablonneux, avec une eau vive et limpide, il continue de poursuivre, sans se lasser, son amante Aréthuse; et cette fable ne pouvait s'appliquer à un fleuve qui imitât mieux la précipitation de la jeunesse. Nous trouvâmes nous-mêmes, comme la Nymphe, ses bords un peu plats et dépouillés; de l'autre côté nous étions dans le voisinage de l'ancienne Macarée, et nous traversâmes les mares où Mercure vint au monde. C'est aussi dans ces broussailles déracinées par les eaux que s'étaient livrées les batailles des Titans; nous gravîmes les premiers degrés de la chaîne du Lycée sous d'épaisses forêts, qui répandent sur ces traditions une ombre druidique. Ces bois n'ont point été coupés depuis l'antiquité. On ne voit çà et là que des cylindres d'écorce, des arbres tombés de vieillesse et qui jettent autour d'eux une clarté phosphorique, d'autres qui sont noirs et brûlés jusqu'à la cime; des bergers, réfugiés dans les crevasses des troncs, avaient l'air, sous leurs casaques grisâtres, de statues dans des niches d'ébène. De nombreuses bandes de pigeons ramiers partaient sans bruit, et quelques pics-verts becquetaient les cimes des chênes. Il y faut joindre aussi de petits sentiers de piétons, tracés à la dérobée, comme par les pas des Faunes, et où nous nous égarâmes dès le commencement, des blocs de pierre où le voyageur s'obstine à chercher quelque ville de géant, le bruit des feuilles d'hiver que le vent faisait frémir de ce tremblement prophétique des chênes de Dodone, et les courses de nos chevaux sur des rebords larges souvent de moins d'un pied, jetés sur les torrens; à tout cela s'ajouta encore un violent orage qui éclaira de sa véritable lumière la profondeur de ces vallées. Nous devions faire connaissance avec le Jupiter Lycéen au milieu du retentissement du tonnerre; le soleil, qui avait été depuis le matin fort ardent, se couvrit de nuages, et les éclairs se succédaient si rapidement que la forêt paraissait toute en feu. En un instant, une grêle qui meurtrissait les branches, couvrit toutes ces hauteurs de givre et de verglas. Nous fîmes inutilement par cet ouragan beaucoup de chemin pour nous réfugier dans la cellule d'un moine qu'on apercevait sur un piton et qui se trouva être sans toit et en décombres. Mais de là nous distinguâmes un village sur une crête moins haute. Ce ne fut que le soir que nous arrivâmes à Dervouny, lieu dont nous n'avons jamais lu le nom dans aucun voyageur, ni sur aucune carte. Ce doit pourtant être près de là que Pan trouva ses chalumeaux. A notre approche, les cris des enfans, les aboiemens des chiens, les portes fermées avec fracas, prouvaient de reste que l'arrivée d'un voyageur était dans cet endroit un événement aussi inouï que menaçant. Je descendis, tout trempé d'eau, dans une masure en pierre où une femme me reçut en riant. Ses longs cheveux noirs tombaient des deux côtés de ses tempes et ressortaient sous son écharpe blanche. Dans le fond de la cabane était assis le chef de la famille. Sa taille haute, ses traits effarés, tout l'opposé des Albanais, la ligne du nez rompue et cave, sa tête petite et ronde, fichée sur un long corps disloqué, me firent penser que je pourrais bien avoir devant moi le type naturel du Satyre des Pélasges[1]; et avec son long coutelas qui

---

[1]. Voy. la lettre du docteur EDWARDS sur la persistance des types physiologiques des races humaines.

brillait à sa ceinture, il semblait l'esprit même des forêts et des retraites sauvages que je venais de traverser. Son hospitalité fut vive et empressée, et la première marque qu'il m'en donna, fut de s'emparer de mes pistolets, pour les essuyer et en changer l'amorce. Pendant que je me séchais devant un grand feu, le soleil couchant éclairait sur la porte un groupe de femmes qui nous regardaient fixement : elles étaient enveloppées d'une pièce de laine qui descendait jusqu'à leurs genoux et qu'une corde serrait autour de leurs reins. Le haut de leur corps était presque nu. Au moindre de mes mouvemens elles s'enfuyaient avec effroi, et plusieurs d'entre elles me représentaient la taille et la timidité de la Diane chasseresse, qui du reste était la déesse indigène de ces montagnes. La nuit venue, nous partageâmes nos provisions pour un festin commun. Je fournis le reste de mes olives; mon hôte ajouta une récolte d'herbes sauvages, que l'on fit bouillir à l'eau pure[1], et que l'on servit sur un plateau de hêtre, où nous les pêchions avec nos doigts. Le tout se couronna par un gâteau de fèves, qui en quelques minutes fut pétri et cuit sous la cendre. Un enfant suspendu au toit dans un petit tronc d'arbre, creusé en pirogue, était balancé d'un mur à l'autre, pendant qu'un autre, debout au milieu de la salle, disait à haute voix ses prières, en y mêlant plusieurs génuflexions, auxquelles les assistans répondaient. Cette hutte si retirée n'avait pourtant pas échappé aux Égyptiens. Il n'y avait que peu de jours que nos hôtes l'avaient à demi relevée, et ils n'avaient point encore déblayé les terres humides qui étaient rangées par monceaux dans l'intérieur. Nous nous étendîmes pêle-mêle autour du foyer, après nous être couverts de paille et de haillons. Le vent souffla, et la pluie dégoutta si bien

---

[1]. C'est l'unique nourriture de toutes les populations de l'intérieur.

autour de nous, que l'Arcadien fut obligé de réchauffer son enfant une partie de la nuit en le tenant au-dessus de la flamme des tisons. Ce sont pourtant là les vallées de Diane et d'Endymion.

Au lever du soleil, nous cherchâmes à nous reconnaître. Nous étions à sept lieues de Tripolitza, à trois de Caritène, à une demie d'Agios Georgios : des sommets âpres et taillés en amphithéâtre bornaient la vue de toutes parts. Il était évident que nous avions laissé Lycossure au sud. Nous poursuivîmes notre route en gravissant la muraille blanche du Monogofida, en face de forêts à peu près semblables à celles de la veille, mais par des sentiers plus rudes. Ces solitudes, où l'on n'entend que le pic-vert, sont comme une initiation avant d'arriver au grand jour des temples et des villes. A gauche je laissai le village de Velga, et je traversai celui de Bercla, où les habitans étaient rangés en cercle sur une plate-forme.

De l'autre côté, le sentier grimpe dans le lit d'un torrent planté de hauts platanes, et après vingt minutes nous découvrîmes au milieu d'un bois de châtaigniers les toits d'Ampellone, où nous mîmes pied à terre.

A peine eûmes-nous repris haleine, que nous repartîmes dans l'impatience d'atteindre les colonnes du Cotyle. L'homme qui s'offrit en cet endroit pour nous accompagner, était, je crois, le papas. Mais avec la barbe noire qui ombrageait son visage, et avec le livre qu'il lisait en courant au bord des précipices, il pouvait facilement passer pour un desservant du temple. On parvint bientôt à la région de ces bois de houx dont les feuilles sont de la grandeur de celles des myrtes, et n'en diffèrent que parce qu'elles sont crispées par le froid. Au fond d'une ravine le village de Sclérus est rangé sur le dernier gradin de la cascade que les anciens prenaient pour les sources du Lymax. Je m'informai inutilement de la grotte de Cérès qui devait être dans ces environs. Quand je l'aurais découverte, je n'aurais point pu y faire d'offrande de pain, de raisins et de gâteau de miel. Les champs labourés et les plateaux de verdure qui pendent sur les rochers, expliquent peut-être pourquoi la déesse s'est fixée là. Il nous fallut encore près d'une heure pour gravir le cône du Mondefio, qui ne présente plus à cette hauteur que quelques chênes rares et rabougris. Un éclat de voix de mon guide me fit tourner la tête vers le sommet, et je me trouvai vis-à-vis d'un massif de colonnes toutes debout et intactes, qui formaient le plus magnifique ensemble que j'eusse vu de ma vie. Je savais que je devais les rencontrer bientôt ; mais l'effet en fut si prompt, si inopiné, qu'il tenait de l'enchantement. Je ne pouvais revenir de trouver une merveille de l'art si accomplie sur cette crête de rochers, voisine de la région des neiges, sans arbres, ni sentiers, ni trace aucune des hommes. Je comptai trente et une colonnes encore debout, presque toutes unies entre elles par leurs architraves : les débris de celles qui complétaient le nombre de quarante-deux sont écroulés en dehors; leurs tambours ont glissé les uns sur les autres sans se briser. L'intérieur de la cella est marqué par un double rang de bases corinthiennes et de pilastres d'ordre ionien. Le pavé tout entier subsiste; mais le toit et les murs sont entassés pêlemêle sur les côtés. On sait que les sculptures qui décoraient la frise intérieure et qui représentaient les Centaures et les Lapithes et le combat des Amazones, sont à cette heure dans le Musée de Londres[1]. Maintenant, si

---

[1]. On remarque sur le Cotyle un endroit, nommé Bassae, où est le temple d'Apollon *Epicurius*, qui est tout en marbre, même le toit (ce marbre est un calcaire très-beau des environs). De tous les temples du Péloponnèse c'est, après le temple de Tégée, celui qu'on admire le plus pour la beauté du marbre et l'harmonie des proportions. On a donné à Apollon ce surnom, parce qu'il secourut les Phigaliens attaqués de la peste.   PAUSAN. *Arcad.* c. 41.

je me demande pourquoi la statue vivante d'Apollon, formée à l'image de l'homme, exerce un empire moins puissant que ce temple, que ces masses de pierre, en apparence aveugles, sans figure connue, comment, sans retracer par aucun trait appréciable ni la nature ni l'homme, ces blocs auxquels manquent le langage et le mouvement, portent en eux le sens le plus profond de l'art ? c'est qu'en effet ni ces colonnes ni ces pierres ne sont une matière sans vie, et que le mouvement des races humaines est éternellement représenté et agissant dans leur drame immobile. Au haut des monts, l'ame triste et recueillie des tribus doriennes s'enveloppe, comme d'une robe virile, des plis pressés de sa colonne. Le génie expansif et brillant qui parut dans les émigrations des Ioniens, pendant qu'il laisse flotter à la manière orientale ses draperies de marbre en longues cannelures, se couronne de fleurs et de guirlandes d'acanthe, comme un convive voluptueux de Tyr ou de Pergame.

Quand ces ordres divers viennent à se mêler et à s'unir dans un même monument, ils reproduisent l'opposition des tribus et des races qui se poursuivent, se groupent, se repoussent, se coordonnent d'une manière analogue dans la suite de l'histoire. Un temple grec est la forme pure et nécessaire, sur laquelle est modelé le monde de la civilisation antique : il est dans la pensée de l'architecte de l'humanité le plan idéal qu'il réalise dans la durée entière de l'univers payen. Beauté abstraite et nue, qui est au mouvement et au spectacle de la vie des nations ce que la sphère d'Archimède et les formules des géomètres sont aux révolutions de la nature et à la courbe inégale et rompue du globe terrestre.

De cette hauteur on voit à ses pieds une partie de la Morée ; en face du portique, c'est-à-dire au sud, les cimes grisâtres du Tétrage s'alongent et se froissent comme la fourrure d'une bête fauve, et ne retentissent vers le soir que des hurlemens des chacals et des loups. Un large nuage, qui cachait le soleil à son couchant, y renvoyait une lumière pâle et meurtrie. Sur un plan plus reculé, le col de neige de Saint-Élie, détaché par-dessus ces masses, donne un point pour reconnaître la direction du Taygète, comme une barque à demi perdue dans les flots se signale de loin à la blanche voile qui la couronne; plus à droite, le tumulus de l'Ithôme se détachait du fond plus pâle du golfe de Messénie, et nous renvoyait avec ses ombres diaphanes et mobiles la poésie des jours d'été que nous avions passés dans ses ravins. Le couchant est cerné par la chaîne du Condala, qui porte sur sa dernière terrasse les restes de Cyparissie. Dans la même direction la vallée de la Néda plongeait dans la mer ionienne, qui paraît baigner la montagne où repose le temple ; car c'est le caractère des paysages de la Grèce que des retraites les plus cachées, des forêts les plus sombres, se découvre quelque part à l'improviste l'horizon de la mer, de la même manière que l'histoire de la Grèce, à quelque temps qu'on la prenne, partout s'agrandit de la perspective lointaine des peuples de la Phénicie et des déserts de l'Orient.

De ces sommets, où s'embranchent les principales montagnes de la Morée, pendant que les éperviers voltigeaient en cercle sur ma tête, j'ai souvent pensé que, si les traditions mythologiques se sont retirées de ces lieux, c'est encore de là que se révèle le mieux le vaste organisme du polythéisme. Comme les chaînes du Péloponnèse se divisent et prennent chacune une direction particulière, ainsi les religions se sont partagées dans leurs vallées; chacune a poursuivi son émigration avec la régularité d'une formation géologique; partout, divergentes avec les rameaux qui les conduisent, elles ne s'unissent que dans les masses où se confondent à leur naissance les souches des montagnes. Pendant que sous mes pieds se rencontraient dans des directions contraires la vallée du Plataniste, celle de la Néda et celle de l'Alphée, je trouvais à la fois dans ces mêmes masses du Lycée, l'Artémis des Pélasges, l'Apollon des Héraclides et le Jupiter des Hellènes. Puis, étendant ma vue par-delà ces crêtes voisines, je pensais que toutes les souches centrales qui marquent la configuration du globe, l'Olympe, le Taurus, l'Himalaya, sont aussi les sommets culminans du monde religieux, là, où toutes les croyances humaines s'entassent et se nouent; si bien qu'à la fin je croyais voir les traditions, les idées et les dieux se partager entre les peuples par le même chemin que l'eau des fleuves, les migrations des plantes, et les petits des aigles et des ramiers sauvages.

A la nuit noire je rentrai dans notre cabane d'Ampellone. Ce fut là que je rencontrai pour la première fois des figures satisfaites et sereines. Deux sœurs nouvellement mariées, les yeux noirs et humides, point trop fanées, les cheveux en larges tresses, les épaules et la poitrine enfermées dans des peaux de mouton, et avec cela très-douces et très-familières, avaient préparé pour notre retour du miel et un gâteau d'orge. Au milieu de la nuit, quand le cri des hiboux et les gouttes de pluie me tenaient éveillé, et qu'un reste de feu éclairait les fusils suspendus à la muraille, je les voyais bercer leurs enfans au-dessus de la flamme et murmurer tout bas une chanson. Dans le voisinage où nous étions, un poëte les eût prises pour de gracieux esprits des ruines qui répandaient des charmes sur le génie renaissant de ces contrées. Il faut remarquer qu'il y a maintenant dans la Morée un nombre prodigieux d'enfans à la mamelle. Quelques années plus tard, au contraire, le vide dans la population n'est pas moins frappant, soit que cet âge ait été trop faible pour les maux qu'il a eu à endurer, soit, comme je l'ai entendu dire, que les femmes aient été frappées de stérilité dans les années les plus terribles de la guerre.

Le lendemain nous nous mîmes de nouveau à la recherche de Lycossure, en côtoyant le revers oriental de la chaîne du Lycée. D'épaisses forêts de chênes traversées par des torrens, des troncs déracinés par le vent, des pierres couvertes de mousses; après de longues courses, sur des sommets des colonnes debout au milieu des bois, des débris de murs bâtis par les Cyclopes et encombrés de la végétation du Nord, qui élève une forêt sur des villes; çà et là un chevrier, la tête enfoncée sous le capuchon de son manteau; quelques cabanes écrasées sous un toit de dalles; dans ces cabanes une peau étendue sur la terre, des herbes sauvages et un pot d'huile : voilà ce qu'est aujourd'hui l'Arcadie des poètes. Avec cela, si Dieu le veut, ce n'est pas là que je choisirai mon tombeau, dût-on y graver l'inscription des bergers du Poussin. Il s'en faut bien, comme eux, que j'aie quitté des fêtes, et personne n'envierait le sommeil d'une terre où les os des hommes sont roulés par les ruisseaux et balayés dans le coin des chapelles.

Un peu à l'est du village de Stéla passe une petite rivière que je pris pour le Plataniste ; de l'autre côté s'élève un mamelon de rochers, inaccessible par tout autre côté que le sud : sur cette face il est encore appuyé en terrasse par quelques restes de blocs cyclopéens. A peine les eûmes-nous touchés, que nos guides se jetèrent à genoux sur les ruines. Ces hommes restèrent ainsi longtemps prosternés, sans rien dire, parmi des fûts de colonnes, des chapiteaux doriques et sous des touffes de figuiers, qui embarrassent le sol. Sans doute que les traditions pélasgiques, qui entouraient ce lieu de tant de prestiges, se sont survécu dans quelque culte populaire. La ville s'étendait au-dessous sur des esplanades encore bordées de citernes et de bains. Les marbres de deux temples blanchissaient sur l'herbe, et l'un d'eux avait conservé des pilastres debout, de près de six pieds de haut. Au levant, le cours sinueux du Dromoscella se perd dans la plaine de Sinano. Sur la droite s'élève le dos de l'Hellénitza ou des monts Nomiens. Au couchant, on est acculé au pied du Lycée; en sorte que c'est un des points d'où s'aperçoivent le mieux les deux caractères de ce pays : à l'ouest les cimes de cette Arcadie sauvage qui donnait à ses dieux des têtes de bêtes fauves; au levant, du côté de l'Alphée, les prairies onduleuses de cette molle Arcadie où résonnaient les chalumeaux de Pan. Du reste, cette position est certainement[1] celle de Lycossure; comme la plupart des villes de l'époque Achéenne, Amyclée,

---

1. Surtout si l'on adopte la variante d'Otf. Müller, ἐπωτέρω pour ἀνωτέρω. Paus. 8, 41; *Die Dorier*, 11, 447.

Sycione, Tyrinthe, et même Mycènes, sa situation est peu forte, sa citadelle médiocrement élevée au-dessus du plateau : on les dirait plutôt faites pour entourer un sanctuaire que pour s'assurer un lieu de refuge. L'aspect de ces emplacemens laisse penser que dans cet âge des populations à peu près homogènes se sont établies et déployées à l'aise, sans crainte de se heurter, sur des plateaux ouverts de toutes parts. Ce n'est qu'après l'arrivée des Héraclides que les crêtes des rochers ont achevé de se peupler et que le sommet de Messène et la Larisse d'Argos ont acquis toute leur importance; de même qu'au nord les murs féodaux se sont élevés au-dessus des plaines et des forêts où s'étendaient avant eux sans défiance les villages des Celtes. Lycossure appartient toute entière aux temps mythologiques, et elle passait pour la première ville qui eût été bâtie. L'histoire ne la connaît que parce que ses habitans refusèrent d'en sortir pour venir grossir les faubourgs de Mégalopolis, soit, en effet, l'avantage de son site retiré, soit un reste de respect pour les lieux qu'on disait être les plus anciens témoins de la société civile. Car alors le fardeau des temps était encore léger, et l'on croyait facilement à une prochaine origine; aujourd'hui, au contraire, jeunes, nous nous sentons oppressés et chargés des années que nous n'avons pas vécu; et le genre humain, sans approcher de sa fin, ne se confie plus nulle part à chercher son berceau. Une autre remarque, qui nous fut fournie par le nom de loup, que portait Lycossure, c'est que dans cette époque la plupart des villes étaient placées sous la protection sacrée d'un animal, dont elles adoptaient le nom, peut-être aussi l'instinct. Quand on voit la colombe de Babylone baigner ses ailes dans l'Euphrate, le lion de Léontopolis secouer sa crinière sur la vallée de l'Égypte, le chien de Cynopolis, la licorne des Persans, le loup de l'Arcadie hurler aux confins de cet horizon, il semble que l'histoire se dispose et s'ordonne toute entière sur les harmonies de la nature organique, et que l'esprit de l'homme n'a point encore surgi de ce règne inférieur pour paraître à sa place et le régler à sa guise.

Pendant que le soleil couchant colorait d'un jaune ardent et lourd les flaques d'eau déposées par l'Alphée, je me retournai plusieurs fois pour considérer à divers éloignemens le Lycée, qui donnait tout son caractère à ce plateau de l'Arcadie. Si à côté de nos fleuves les fleuves de la Grèce ne sont que de chétifs torrens, elle reprend sa supériorité dans les lignes de montagnes, et c'est de là qu'elle tire sa vraie beauté. Depuis le figuier d'Inde et les lauriers qui ne vivent qu'au fond de la vallée, l'agnus castus, qui commence dans la même région et s'élève plus haut, le houx à petites feuilles, qui paraît où celui-ci finit, jusqu'au chêne d'Allemagne et au pin de Norwége, une végétation ardente, mais non fourrée, trace autour de leurs flancs des zônes où s'unissent le tropique et le pôle. A la hauteur où, dégagées de ces ombres, leurs articulations commencent à paraître nues, ce ne sont pas les aiguilles élancées des Alpes, ni les ballons enflés des Vosges, ni les landes dentelées de la Calabre; mais de larges et savantes assises, superposées en terrasses, presque toujours d'un calcaire fin, souvent d'un marbre diaphane, où le ciseau de l'ouvrier n'a point tremblé; rien de mou, rien d'indécis; de longues corniches horizontales, partout la ligne droite, ou au moins de rares coupoles, mais point de flèches, le tout nerveux et taillé en arêtes, le milieu entre la dureté des angles des granits et la mollesse des grès; de là peut-être un peu de monotonie, mais de la grandeur, de la pureté, et si j'osais le dire, le redoublement uniforme et majestueux des faces plates de l'ordre dorique. Aussi sur l'esplanade qui les domine, quand s'élève la frise d'un temple, cet œuvre d'art en est, ce semble, le couronnement nécessaire. De toutes parts les lignes, les formes, les harmonies errantes sur le penchant des monts, viennent à se rencontrer au sommet dans cet organe intelligent, et donner comme une figure éternelle à la pensée, qui végète ou scintille au soleil, ou s'écoule en grondant au fond des vallées.

Le lendemain, il était déjà grand jour quand, faute de chevaux, nous nous promenions encore avec le démogéronte sous les cyprès qui entourent la mosquée de Londari. Cet homme est du petit nombre de ceux que les angoisses de la révolution n'ont point encore réveillés de la mollesse orientale qu'ils tiennent de leurs maîtres. Au lieu de la langueur énervée d'un primat, vous distinguez pourtant la paresse dédaigneuse d'un soldat albanais, qui attend encore que le moment soit venu de quitter le gazon où il est assis. Je le trouvais toujours couché sur l'herbe, au bord des ravins, roulant dans ses doigts les grains d'un chapelet. S'il me conduisait dans sa maison, c'était pour apercevoir à la hâte le turban et la longue robe blanche d'une jeune femme, qui se levait et disparaissait en un clin d'œil. Vers neuf heures, deux agogiati d'Arcadia, qui passaient, me donnèrent leurs chevaux, et me suivirent à pied. Nous avions près de quinze lieues jusqu'aux ruines de Sparte, où nous voulions arriver le soir. Le chemin que nous allions parcourir était celui des armées lacédémoniennes, lorsqu'elles venaient disputer le territoire de Bélemine. Sur le revers occidental de l'Hellénitza, des touffes de houx forment sur des gradins de marbre des bosquets traversés fréquemment par de petites cascades. Des bergers, armés comme pour la défense de ces défilés, grimpent avec quelques chèvres dans les intervalles de la verdure. Après ces ravins viennent des collines labourées, où croissent la vigne, le blé, l'orge, le maïs et le blé noir. La végétation est dans toute la vallée plus avancée que dans la Messénie. Si l'on ne rencontrait quelques murailles d'église en décombres, avec leurs peintures byzantines, leurs auréoles, leurs saints de pourpre et d'indigo, livrés au vent et à la pluie, on pourrait se croire dans quelque canton retiré de la Normandie; soit que ce chemin ait été incommode et peu fréquenté dans la guerre, soit que la mauvaise renommée et la défense des populations du Mague n'aient pas permis à l'ennemi de s'y établir à demeure. Ce fut là que nous fîmes, à une descente, la rencontre de l'archevêque d'Arcadia, qui allait visiter ce qui lui restait d'ouailles. Ce vieillard, revêtu de son aube, précédait une suite nombreuse de papas, tous en habits de fête. Sa barbe blanche retombait en énormes flocons sur la crinière noire de son cheval. Je mis pied à terre pour le saluer. Nos guides se jetèrent à genoux sur le bord du sentier. Il s'arrêta sur un tertre, pour nous donner sa bénédiction et pour nous demander des nouvelles du président : question alors placée sur les lèvres de tout le monde, et par laquelle on ne manquait presque jamais de s'aborder.

A quarante minutes de là, de l'autre côté de Langaniako, et sur un terrain découvert, jaillit une des sources de l'Eurotas. Dans un bassin de six pieds, son eau bondit avec tant de force et de bruit, que sa pente est sans doute éloignée et que les traditions qui la repoussent à plusieurs lieues sur les limites de l'Arcadie, ne sont pas sans vraisemblance. Elle se précipite en ligne droite sur un lit de cailloux calcaires. En la traversant nous fîmes cette réflexion, que quand l'antiquité plaçait l'Eurotas et le Taygète, l'un et l'autre à la tête des héros de la Laconie, c'était à bon escient qu'elle reconnaissait ainsi un même caractère, peut-être une même idée dans la nature de la vallée et dans la destinée du peuple qui l'occupait. Ceci n'est pas moins vrai des eaux que des montagnes. Malgré tout ce que les voyageurs ont dit des premières, on ne peut méconnaître une sympathie profonde et une alliance d'origine entre ces fleuves si étroits, mais si rapides, si empressés, si vite engloutis dans la mer, qui ne sont rien sans leurs rives, puisque leur beauté est toute entière dans l'ombre et le reflet promenés sur leurs flots des lauriers de la vallée, des blancs cailloux de marbre de leurs lits, des frontons des montagnes, du ciel éthéré qu'ils entraînent avec eux, et ces tribus grecques, au fond si rares, si chétives par le nombre, mais si mobiles, si ardentes à mourir, si promptement épuisées et taries, et qui dans leurs cours resserrés n'ont valu quelque chose que par le génie, la gloire et d'autres ombres qu'elles ont à la hâte recueillies et réfléchies dans leurs seins.

En se détournant un peu à l'ouest, le chemin monte sur trois mamelons, placés en gradins et couverts de bois de myrtes, qui atteignent là à la hauteur de nos pruniers. Nous fîmes halte sur une esplanade, pour commencer en commun notre repas d'olives et de quelques grains de raisins secs. Au lieu de la chaleur de la plaine, un vent chargé de neiges nous glaça dans un moment. Rien n'est plus fréquent en Morée que ces passages de la température de l'Égypte à celle de la Suède. Ils sont une des causes qui préparent aux étrangers tant de maladies aiguës. Les habitans le savent bien, et jamais ils n'arrivent près d'une montée, en plein soleil, sans se charger des lourdes chasubles que fabrique pour cela la Romélie. Nous étions en effet sur une des terrasses du Taygète, et c'était pour la première fois que nous distinguions ses masses de si près, dans une si grande étendue. Le nom vraiment homérique de montagne aux cinq doigts, qu'une population assurément poétique, peut-être les Albanais, lui donnèrent au moyen âge, comme si ses articulations se mouvaient et s'ouvraient ainsi que la main d'un homme, ferait croire que ses cinq sommets sont vivement détachés en pics. Excepté celui de Saint-Élie, qui occupe le centre et rappelle la forme du Mont-Blanc, les autres sont réunis par de longs plateaux. Avec leurs pyramides blanches, écrasées sous un angle obtus, çà et là laissant courir sur leurs arêtes quelques bandes bleuâtres, ils ressemblent plutôt à des tentes, autour desquelles le vent fait serpenter la flamme de l'étendard d'un pacha. Leurs pieds sont en partie masqués par un second plan, qui quelquefois se déchire, et montre par-delà ses escarpemens un lambeau de ce grand rideau de neiges. Or ces flancs se projettent par saillies vigoureuses en contre-forts couleur de blocs d'airain. Ils achèvent de se heurter contre les berceaux des agnus castus, qui amollissent encore les formes des terrains d'alluvion, où ils croissent par forêts.

Sur la gauche, et parallèlement à cette chaîne, s'étendent des sommets chauves.

Après deux heures de marche dans la même direction, nous descendîmes vers une plage jonchée de cannes et de feuilles de maïs. Du côté où elle touche à deux mamelons couronnés de caroubiers, une suite de petits tertres semblaient rouler et dériver sur un fond agité, qui ne se montrait encore qu'à demi. En nous approchant, nous reconnûmes une rivière assez semblable au Necker vu de Hornberg, ou plutôt, puisque son lit est aussi calcaire, au torrent de l'Ain, à la sortie du Buget. Mêmes rivages, même eau à fleur de terre, seulement un peu plus resserrée, quelques îlots bourbeux, avec des lauriers rares, en partie déracinés et salis par la vase. Un peu plus loin un cours qui s'étrangle entre des rochers, et si l'on avance encore, des bords humides au loin, où tout annonce une inondation récente; dans cette fange quelques huttes dispersées, çà et là les traces d'une chaussée vénitienne, qui quelquefois s'appuie sur des restes d'arcs à pleins cintres. C'est sur ce rivage de l'Eurotas, et à peu près dans les mêmes sentiers, que Pénélope quitta son père pour suivre Ulysse.

Pendant que je suivais ainsi attentivement ses bords à la tombée de la nuit, mon cheval, que je ne pus retenir par la corde qui lui liait la mâchoire inférieure, m'entraîna sous un bosquet d'oliviers. Une branche horizontale m'arrêta à la course par le milieu du corps; elle aurait dû me briser les reins, elle ne fit que me froisser sur le bât et m'ensanglanter la poitrine. Déjà le matin j'avais été précipité à une descente dans le lit d'un cours d'eau, où je restai quelques instans étourdi. Tout cela nous avait fait perdre du temps. Il y avait plus de douze heures que nous marchions presque à jeun, et personne de nous ne savait précisément où nous étions. Depuis le coucher du soleil, un de nos guides refusait d'avancer, et ne se traînait qu'en murmurant. Sa chanson était depuis longtemps finie, signe certain de son épuisement. Une des nuits les plus sombres du mois d'Avril nous surprit par des torrens de pluie. Nous quittâmes l'Eurotas, et nous commençâmes à gravir, dans l'obscurité, une étroite rampe qui plongeait sur des escarpemens à pic. Au moment où nous atteignions le sommet, un éclair brilla, et le cheval qui portait nos bagages recula d'un pas. En un instant nous le vîmes dressé sur ses jarrets, rester quelques secondes perpendiculaire au-dessus du précipice ; mais, avant que j'eusse essayé de le retenir, le poids des bagages l'avait entraîné, et il avait roulé jusqu'au fond du ravin. Mon domestique crut d'abord que c'était moi qui faisais tout ce fracas. Quant à nos Grecs, l'un entra en fureur, l'autre, c'était celui à qui appartenait le cheval, resta atterré; puis les larmes vinrent, et les sanglots et les cris de *panagia, panagia*. Ce fut bien pis, quand, en descendant à tâtons, et tout ruisselans de pluie, nous trouvâmes le pauvre animal étendu en travers d'un filet d'eau. Son maître tomba à genoux, en poussant des cris qui retentissaient dans la nuit, et malgré nos instances, il refusait de se relever. Pour comprendre le chagrin de cet homme, il faut savoir qu'il avait eu les deux poignets estropiés par un biscaïen, que son cheval était son unique ressource, et qu'en général les agogiati traitent ces animaux plutôt en amis et en égaux qu'en maîtres. Avec plus d'attention, nous reconnûmes que non-seulement le cheval vivait encore, mais qu'il n'avait rien de brisé. Le fardeau qui devait l'assommer, avait au contraire amorti le coup; mais nos Grecs avaient si bien perdu la tête, que l'idée leur vint de nous laisser là, ensuite, de porter à bras nos bagages; ce que nous n'aurions pas fait à cent pas. Je les divisai entre les deux chevaux qui nous restaient, traînant l'un et poussant l'autre. Quand Yorghi rencontrait un ruisseau, il le traversait à mi-corps, sans se détourner. Nous arrivions après lui de la même manière. La marche était fermée par le cheval blessé, que son maître traînait par la crinière. Nous avions déjà passé deux cours d'eau, quand un troisième, plus large, nous arrêta court : un sol découvert, pas un arbre, l'orage toujours croissant, nous ne pouvions bivouaquer là; il fallut se séparer pour aller chercher un gué chacun de son côté. C'est alors que j'aperçus une foule de lumières, qui s'agitaient et descendaient le long de la colline opposée. Arrivées près du ruisseau, elles se renversaient à fleur de terre, couraient sur les bords et venaient traverser l'eau à environ cent pas au-dessous de moi. Notre surprise fut grande en approchant, de rencontrer une caravane de moines, qui tous portaient une torche, tant la nuit était obscure. Ils nous éclairèrent pendant notre passage, nous saluèrent en italien, et ce qui valait mieux encore, nous indiquèrent un moulin à *una quartina*. Nous voilà donc recueillant de nouveau nos forces jusqu'à ce lieu de refuge. Enfin nous y touchons. Je frappe à la porte. Nos pallichâres crient de dehors que de bons chrétiens, Καλοὶ χριϛιανοὶ, se sont égarés, et n'en peuvent plus. A cela ils mêlent, je ne sais comment, le nom de Capo d'Istria. Le maître du moulin, après plusieurs minutes, entr'ouvre la porte, et en nous voyant, nous la referme au visage; mais avant qu'il eût mis la barre, nous avions pénétré avec lui dans l'intérieur. A travers une enceinte de mulets, de bœufs et de chèvres, je parvins jusqu'à un reste de foyer, où je m'étendis presque privé de mes sens. J'avais une partie du corps glacée, et de violens mouvemens de fièvre dans les avant-bras. Je me rappelle confusément un groupe de femmes, qui se levèrent de leurs nattes à notre arrivée. Nos guides demandèrent du vin, puis du lait, puis de l'eau, et tout cela leur fut successivement refusé. Ce que je sais bien, c'est qu'il y avait au plus deux minutes que nous reprenions haleine vers les cendres, lorsque nous fûmes obligés de repartir. Quand nos hôtes, qui étaient une dizaine, virent que nous nous apprêtions à passer le reste de la nuit sous leur toit, ils se mirent à décrocher leurs fusils, suspendus à la muraille, et à nous harceler à hauts cris. Les femmes ne disaient rien. J'étais décidé à voir par où finirait ce tapage; mais sans que je le susse, mes bagages avaient été rechargés, et Yorghi m'entraîna au milieu d'un bruit assourdissant vers l'agogiati, qui nous appelait du dehors. Ce ne fut pas sans jeter sur tout ce qui était là des paroles de malédiction que la fatigue nous arracha et que nous retirons volontiers aujourd'hui, en pensant que nos figures exténuées, nos habits et nos armes en désordre, autorisaient assez ces hommes à se défier d'un coupe-gorge, et que leur pays est de ceux où le voyageur ne doit pas s'attendre à être reçu de nuit, si l'on ne reconnaît ou sa voix ou ses armes.

Sur l'autre bord nous trouvâmes une chaussée, et vingt minutes après, le bruit des pas de nos chevaux sur des tas de briques et de pierres cassées nous avertit que nous étions au milieu d'une ville grecque : des traces de murs rasés, une longue suite de maisons en cailloux roulés et qui forment de leurs décombres comme le lit d'un torrent; pas un être vivant, pas une lumière dans ces longs faubourgs écroulés, pas un minaret ni une flèche debout; notre misérable caravane se traînant sans savoir où, et jetant quelquefois un cri auquel rien ne répond; tout cela illuminé de temps en temps par un éclair, puis après enveloppé de l'ombre épaisse du Taygète, qu'on croit à chaque instant toucher; que tout ce voisinage de Ménélas et d'Hélène nous parut triste alors! Nous atteignîmes enfin, exténués, une baraque en bois, qui servait de khan, et que l'on venait d'ouvrir pour nous. Il y avait au milieu une provision d'eau dans un chapiteau creusé et supporté par un fût de colonne. On nous donna, d'ailleurs, des figues et des citrons : nous comprîmes très-bien en ce moment, comment les figues de l'Italie et les raisins des Gaules avaient aussi servi à attirer vers le Midi les hordes affamées du Nord.

Peu d'instans après entra le démogéronte avec une partie de ses amis. Béni soit ce petit vieillard, qui, sitôt qu'il avait appris de quelle nation j'étais, et ce que je venais faire, était si vite accouru. Dans son jargon frank, il m'accabla d'aimables prévenances, et n'eut pas de repos que je n'eusse accepté un asile chez lui. Nous grimpâmes par une échelle dans sa maison de bois. On apporta sur un plateau un salmi de lapins et des poules d'eau de l'Iri. Du reste, je ne pouvais arriver dans des jours plus opportuns. Une grande question préoccupait tous les esprits: il s'agissait d'émigrer en masse de Mistra sur les collines de Sparte. La destruction, et surtout l'insalubrité meurtrière de la ville moderne, y avaient disposé les habitans. On était allé aux voix, le projet avait été soumis au gouvernement. Nous entendîmes une longue harangue, où l'éparquie était conviée à fonder sur le Plataniste une église, une école et un hôpital. On battait des mains comme si déjà la Minerve Chalciœcos eût reparu sur les cinq collines. En attendant il fut décidé que, pour éviter les fièvres, on ferait, comme les fils de Pélops et les Héraclides, des digues en terre sur les bords plats de l'Eurotas, et que l'on s'interdirait les irrigations artificielles dans la culture du maïs. Si ce sont là des rêves, ils nous faisaient oublier toutes les peines du jour; puis ils prouvaient, outre un vague respect des temps passés, que la différence de position de Mistra et de Sparte est aujourd'hui, et peut-être a toujours été, une notion populaire.

Nous étions arrivés mouillés. Le démogéronte, quoiqu'il fût malade et qu'il fît grand froid sur ses planches, m'enveloppa d'un lambeau de tapis, qui faisait la partie la plus considérable de son lit. Il y ajouta, tout le temps que je passai avec lui, tant de soins d'une hospitalité patriarcale; il était lui-même un représentant si empressé, si original, si naïf d'une administration de klephtes, que je ne peux m'empêcher de placer ici d'avance ce qui le regarde. Petit, la taille d'un soldat laconien, les yeux et les cheveux noirs, la tête ovale, entièrement étranger au type albanais; je le vois encore avec sa veste rouge, brillante de glands d'acier, avec sa foustanelle blanche retombant à larges plis jusqu'aux genoux à la manière des temps héroïques, bondir au-dessous d'un trophée de sabres et de fusils suspendus à la cloison, une malheureuse plume à la main, qu'il serrait et maniait à la façon d'un yataghan dans les intervalles souvent assez longs, où l'expression se faisait attendre comme un pallichare paresseux au moment du combat. Souvent nous l'avons vu déchirer cinq ou six fois la même feuille sans autre signe d'impatience qu'une plus grande ardeur à recommencer. Il y avait quelque chose de singulièrement attachant dans cette lutte où ce vieillard, encore environné d'armes, se soumettait violemment à des tensions d'esprit que de longues années de guerre lui avaient rendues à ce qu'il paraissait fort difficiles. Bien qu'affaibli par le climat et par une maladie qui durait encore, on le retrouvait partout, sous des branches de pins, dans les écoles, dont il avait fondé plusieurs à ses frais; dans les projets, les discours, les marchés, les assemblées surtout se consumant à rendre la justice sur un pauvre exemplaire d'Harménopule, le seul qui existât dans l'éparquie, et où personne heureusement ne voyait goutte. Il n'était pas jusqu'au nom de Lacédémonien Λακεδαιμόνιος, qu'il revendiquait avec tant d'amour et une foi si sérieuse, qui n'ajoutât à sa personne un attrait d'antiquité dont il était bien digne.

De bonne heure le lendemain nous fûmes réveillés par la lecture à haute voix de la Laconie de Pausanias et par les commentaires ardens de nos hôtes et de quelques voisins, en face des collines de Sparte que le soleil levant commençait à rougir. Nous nous hâtons de nous délivrer de la ville moderne.

C'est aux Français qu'il faut attribuer la fondation de Mistra au 13.ᵉ siècle. Les habitans de Lacédémone, qu'ils avaient prise après un siége sanglant, et dont ils avaient fait leur principal séjour, profitèrent d'une absence de leurs maîtres pour émigrer d'une seule fois. Ils choisirent le versant oriental du Taygète, qu'une convention particulière avait rendu à la cour de Byzance. Ce fait montre assez combien la conquête des Latins répugnait au peuple, et quelle foi mérite la chronique que nous avons en langue vulgaire.

De nos jours Mistra, dont la population était évaluée à vingt mille habitans avant la guerre, en compte à peine deux mille : elle est administrée par un éparque et par cinq démogérontes. Le premier a d'ailleurs sous sa dépendance Marathonisi ou le Mague oriental, Napolie de Malvoisie, Léonidi et la Tzaconie. Au centre de ce qui faisait autrefois la ville, le Taygète se déchire jusqu'à sa base, et par-delà ses escarpemens taillés en portique, les glaciers et les avalanches s'étendent un peu plus qu'à mi-côte. Presque toujours un vent froid sort de ce gouffre, et parcourt en ligne droite la plaine embrasée sur laquelle il est ouvert. A l'endroit le plus sombre et le plus abrupte où les rochers se réunissent, une cascade avec une vive et fraîche écume de loin ressemble à une jeune fille de klephte, qui descend légère et demi-nue de la montagne, en laissant traîner derrière elle son long turban de lin. Au nord de l'ouverture, la pointe d'un piton supporte au-des-

sous des neiges les murs à redans du Castron.
Depuis peu de temps seulement on sait que
cette forteresse a été fondée par Guillaume
de Villehardouin, pour contenir la tribu des
Mélinges et commander les défilés de la Messénie. Au sud, un pic presque pareil, et sur
sa crête des touffes d'arbres qui font face au
château, quelques pins clair-semés, suspendus dans ses crevasses. C'est, dit-on, dans
l'une d'elles qu'Aristomène fut précipité et
retenu sur les ailes d'un aigle; en sorte que
les Héraclides et les croisés se mesurent et se
regardent de près sur ces deux sommets;
l'arc, dont ils forment ainsi les points extrêmes, est fermé par la ville moderne. L'aile
du nord, la Tritsella ou la partie génoise,
présente un bel effet de hautes maisons bien
étagées, de galeries, de tours, de jardins de
citronniers. Vous croiriez toucher, enfin, à
une ville orientale, dont les habitans sont endormis sous les parfums des orangers. Mais,
en approchant, vous voyez que ces toits sont

renversés, ces murs crevés, ces rues encombrées, que personne ne paraît à ces fenêtres lézardées, et qu'enfin il n'y a pas un être vivant au milieu de tout cela. Il en est à peu près de même à l'extrémité opposée, dans Parori, si ce n'est que les restes y sont plus misérables. Çà et là, quelque femme, assise sur les pierres à l'entrée d'une hutte, les pieds nus et un turban de laine roulé autour de ses cheveux noirs, se lève, croise les bras, et, sans rien dire, incline la tête sur sa poitrine quand vous passez. Une autre va laver pour la Pâques un voile, une ceinture dans un sarcophage antique, préparé pour cela à côté de la fontaine. C'est donc dans la partie basse ou le Katôchorion, que la population s'est rassemblée. Une rue de soixante et dix baraques nouvelles, toutes en bois, et dans les plus hautes un étage, circule parallèlement au Taygète entre deux rangs de décombres. Quand nous la traversâmes, c'était jour de marché : les femmes apportaient leur coton filé et leur yaourti ; les hommes un peu de laine, des nattes, des tapis faits sur les lieux, des renards, des canards sauvages, quelque yataghan désormais inutile, et, s'il se trouve un étranger, un sachet de médailles byzantines, qu'ils échangent contre une capote d'Albanie, une ceinture de lin, une outre d'huile, quelques livres de farine de lentille; car tout se trouve dans les magnifiques maisons *pollà kalà spitia* de Mistra. Le faible et tranquille murmure de cette foule, quelquefois tout-à-fait suspendu par la venue d'un crieur public qui promulgue quelque ordonnance de notre démogéronte, est continuellement dominé par le bruit des marteaux qui frappent sur les pierres, les planches, les tuiles, et annoncent partout une singulière hâte de reconstruction. L'Amphion qui préside à cette œuvre, est un vieillard aveugle, assis sur les bords de la Panthalama; une lyre à trois cordes à la main, mais avec un son de vielle, il psalmodie un chant nouveau sur Capo-d'Istria, que l'on nous a depuis répété, et que nous regrettons infiniment de n'avoir pas transcrit. De temps en temps passe un groupe de Mainottes, qui retournent chez eux, nageant sur leurs petits chevaux noirs, leurs longs fusils en bandoulière, la marche, les gestes précipités, le regard sombre et ardent, encore tout étonnés de la force invisible qui enchaîne leur violence. Et quand vous aurez ainsi parcouru le pied de ces rochers, et fouillé les moindres recoins de ce nid d'aigle, il vous restera encore à trouver le contraste de tout ceci. Près d'un bosquet d'orangers, dans les restes d'une maison brûlée, à côté de sa sœur au turban blanc, qui vous apportera, toute tremblante, une tasse d'argent et une pipe de cerisier, quelque jeune homme, comme il y en a tant en Grèce, dont les dangers et le spectacle d'un long carnage ont redoublé, ce semble, la candeur et la douceur naturelle, qui, sans sortir de la Morée, se sera senti, au milieu de l'extermination des siens, saisi d'un triste et solitaire retour vers l'antiquité, entouré d'inscriptions et de livres dépareillés, qui cherchera une variante de S. Basile, vous apprendra où les manuscrits ont été enfouis, aspirera, sans les connaître, à la vie poétique des universités allemandes, et vous montrera, comme à moi, sur sa natte de jonc, la traduction en grec moderne de la métaphysique de Kant.[1]

Pendant que nous sortions enfin à l'ouest du côté de Sparte, un groupe de cavaliers se formait au bord du sentier, autour de l'aveugle dont nous avons parlé plus haut et qui s'accompagnait de sa guzla un chant sur Missolonghi; on nous le transcrivit, et nous le publions ici. Au nom de l'un des capitaines les plus braves d'Hydra il associe un pressentiment d'immortalité très-rare dans

---

1. Cette traduction est de Koyma, et a paru en 1828.

ces chants. On connaît l'histoire de Tzamados, qui mourut à Sphactérie, avec le comte Santa Rosa, et dont le brick traversa en calme toute la flotte turque, composée de trente vaisseaux.

Si j'étais un oiseau pour voler et fondre sur Missolonghi,
Pour voir comment le sabre y joue, comment le fusil y éclate,
Comment combat l'invincible épervier de Romélie !
Mais un oiseau aux ailes d'or me dit en chansonnant :
Arrête-toi, Yorghi, et si tu as soif de sang arabe,
Ici sont autant d'infidèles que tu en veux tuer.
Vois-tu là-bas, au loin, ces vaisseaux turcs ?
La mort descend sur eux ; ils vont tomber en poussière.
O mon oiseau, comment sais-tu ce que tu viens de dire ?
Je te semble un oiseau ; mais ce n'est point un oiseau que je suis.
Sur le bord de l'île, vis-à-vis de Navarin,
Là j'ai laissé mon dernier souffle en combattant.
Je suis Tzamados, et je reviens au monde.
Du haut du ciel, où je demeure, je vous regarde ;
Mais c'était mon désir de vous voir de plus près sur la terre.
Et que viens-tu voir aujourd'hui chez nous dans ce pauvre pays ?

Ne sais-tu pas ce qui est arrivé, et ce qu'on fait en Morée?
O mon Yorghi, ne t'abandonne pas, ne te décourage pas.
Si la Morée ne combat pas, le jour n'est pas loin
Où elle bondira comme un lion, où elle brisera l'ennemi.
Des os noirs seront semés autour de Missolonghi,
Et les lions de Souli en feront leur pâture :
Et l'oiseau s'envola, et il monta vers le ciel.

Quelquefois nous nous sommes demandé quelle poésie et quelle forme d'art renvoyaient ces montagnes et ce peuple. Toujours, dans les ravins et dans les plaines, il nous a paru qu'une ame d'une mollesse désespérée pourrait seule y porter aujourd'hui les rêveries que le silence des Orientaux y rendait autrefois naturelles. C'est au génie de nos villes à aller s'y armer et s'y tremper d'acier. Peut-être est-ce l'impression de la Grèce antique, que ce foyer de lumières, qui des montagnes, des vallées, des eaux, des pierres, des arbres, afflue dans votre pensée, et en chasse toutes les ombres ; peut-être n'est-ce que la vie âpre que vous menez, et qui aiguise en vous l'instinct des sens; ce qu'il y a de sûr, c'est que lorsque vous avez respiré en passant l'odeur fétide de ces villes ruinées, quand vous avez roulé sous vos pieds ces ossemens d'hommes mêlés au sable de la mer, ou ces têtes séparées de leurs cadavres sur l'herbe des prés, rien ne vous semble plus beau que le long fusil d'un pallichare, ses deux pistolets argentés, sa ceinture dorée, son yataghan dans son fourreau de bois. Je ne sais quel peu de valeur vous vous donnez; comment l'ame se sent appauvrie et dépouillée de ses fleurs les plus vivaces, à mesure qu'elle est plus obsédée; combien de nuances, d'images, d'élans de pitié, s'effacent ou se concentrent dans l'insouciance de la mort. C'est le résumé de tous ces chants, admirables pour le dédain et l'indifférence du carnage. On dirait d'un klephte traqué au sommet d'une montagne, tant ils se hâtent de finir, du reste nus et fauves, autant que ces crêtes d'où l'on n'entend que glapir l'épervier. Ils sont fort aimés du peuple, qui les chante souvent avec beaucoup de douceur ; le reste de la nation les connaît peu ou les méprise. Il leur manque cette profondeur religieuse d'où sortent les Iliades. Chacun se suffisant à lui-même, d'ailleurs, rebelles, difficiles à manier, à grand'peine se réuniront-ils en un tout, et leur avenir paraît être de rester isolés, comme les romances du Cid ou les ballades de Robin Hood. La révolution grecque, étant contenue dans le mouvement de la race slave, ne peut avoir pour son poème national qu'une forme épisodique. C'est à l'ébranlement entier de la race elle-même à fournir un jour l'épopée.

Nous ne marchâmes pas long-temps sans nous apercevoir que cette plaine, formée de lits de cailloux roulés, porte la double empreinte d'une révolution dans la nature et dans l'histoire, et confirme la tradition primitive des Lélèges, qui, à leur arrivée, la trouvèrent encore cachée sous les eaux. Des plantations de mûriers, de vignes, entremêlées de champs de fèves, conduisent au bord du Scapias, et un peu plus loin jusqu'à la Magoulitza, dont le petit pont croule sous le pas des chèvres. Quelques palmiers, jetés là par hasard, végètent près des restes d'une ville arabe. Puis viennent quelques soubassemens en brique, puis des terres labourées, puis des landes incultes, si l'on approche d'une demi-lieue, et enfin, droit au levant, un mur jaunâtre, qu'on dirait ébranlé par le bélier; car ses assises se sont désunies. Vous touchez à la citadelle. Encore ce fragment antique, quelquefois haut de quinze pieds, le seul que vous rencontrerez, n'est-il que des temps où Sparte, privée de son génie, eut besoin d'une enceinte pour se défendre. Ses pierres sont moins larges d'un tiers que celles de Messène. Un peu au-dessous de l'angle sud s'ouvre une large excavation, qui est l'emplacement vide d'un théâtre; il n'y a ni marbres, ni gradins, tout au plus quelques briques dans le proscenium. Le reste de cette face est bordé par une muraille gothique, surmontée de tours. A son extrémité croule un cirque byzantin en cailloutage. Le côté du Levant est masqué par un mur à peu près pareil, quelquefois appuyé sur trois assises antiques. Ce n'est que vers le nord que l'acropole est accessible sans presque aucun obstacle. J'insiste sur ces masures, parce que j'ai à reprocher aux voyageurs de ne m'en avoir pas assez prévenu. Quand j'arrivai sur le plateau de la citadelle, je m'attendais à ne voir que des champs abandonnés depuis l'antiquité. Mon désappointement fut grand, je l'avoue, d'apercevoir, dans une foule de directions, des tours, de hauts murs, des chapelles, tous les débris d'une forteresse du moyen âge; mais, à la vérité, pas une colonne grecque. Je ne savais comment retrouver à travers les créneaux des barons de Champlitte, les pas de Pénélope sur la rosée, les traces du char de Télémaque, l'inscription des trois cents, et Sparte me semblait bien changée, descendue sous les arceaux d'un caveau féodal.

Malgré les tremblemens de terre qui ont plus d'une fois bouleversé le sol, les monticules que l'on aperçoit ne sont ni déchirés, ni anguleux. Au contraire, leurs formes sont singulièrement molles et douces. Découpés par de fréquentes anses, quelques-uns sont étagés en glacis qu'on croirait de main d'hommes. Avec une herbe chétive, étendue sur leurs flancs, ils sont tous séparés; quand le jour baisse et que les montagnes, à la distance d'une lieue, projettent des masses d'ombres jusqu'à leurs pieds et laissent ces tertres encore étinceler à leurs cimes, vous diriez de loin un bûcher qui s'éteint sur le tombeau d'un héros d'Homère. En se succédant du nord au sud, ils forment une jetée sur le bord d'une plaine qui n'a jamais plus de trois lieues de large, mais dont la longueur se perd à l'horizon entre deux murailles bleues. Du haut de la plus élevée de ces buttes, un bruit continuel d'eaux courantes arrête vos yeux à l'est sur une rivière verdâtre, où descend un chemin frayé. Cette rivière, qui fait un coude un peu plus haut, poursuit son cours au sud, en ligne droite, et dans la même direction que les terrains. Large, plombé, marécageux, son lit de gravier, dont elle ne remplit à peu près que le tiers, est bordé de quelques arbousiers noyés ou déracinés. On n'y entend que le coassement des grenouilles; de l'autre côté de l'Eurotas, car c'est lui que nous venons de nommer, au milieu d'une touffe de cyprès et de peupliers, blanchissent les ruines de deux châteaux, sur les premières croupes du mont Ménélaion. Plus loin, ces croupes relèvent en terrasses leur limon rougeâtre, elles s'éboulent, elles se laissent crouler en tours d'argile, elles se roulent au loin en nuages d'une ouatte azurée; puis elles arrivent ainsi jusqu'au sommet de l'amphithéâtre que décrit une ligne presque imperceptible de neige. Si la figure de ces montagnes est molle, la plaine qui s'alonge à leurs pieds et à droite du fleuve, l'est plus encore. Comment reproduire ce balancement lent et incertain du sol, que varient, que relèvent de mille manières la verdure pâle des mûriers qui le couvrent, la verdure plus foncée des blés, ces lits de cailloux blancs qui le traversent en droite ligne, et les jets de lumière que les hauteurs voisines y concentrent sans cesse. Avec cette odeur de citronniers, cette voluptueuse harmonie de contours à laquelle j'ai vu céder plusieurs voyageurs, jusque là endurcis par la peine, que devient la figure austère de la Sparte de l'histoire ? N'est-ce pas plutôt la couche parfumée de l'Hélène d'Homère, avec ses cheveux ondoyans, ses grâces ioniennes ; et elle qui vécut dans ces lieux, n'est-elle pas le génie animé et l'enfant de cette vallée ? Mais, pour trouver le caractère opposé, il ne faut que se tourner au couchant. De ce côté, cette molle vallée est heurtée par les redans du Taygète dans toute sa longueur et parallèlement au Ménale, avec une vigueur unique peut-être sur le continent grec. A la base, arêtes, blocs, contreforts bronzés et nus, qui, toutes les demi-lieues, débordent dans la plaine; pics armés de citadelles, villes, villages croulans dans les ravins comme des terres délavées par la fonte des glaces, croupes rudes plutôt que déchirées, le tout sombre et pareil à une phalange d'hoplites, se traînant en tortue sous une écaille de boucliers d'airain; puis, sur un autre plan, crêtes chauves, blanchâtres, l'air sauvage des lieux où l'homme ne vit pas; puis, encore plus haut, flocons brillans d'ivoire, d'argent, d'or, d'indigo, suspendus aux rochers, glaciers, avalanches, pics enveloppés de fourrures : c'est de ce côté et dans ces lignes que se conserve, dans d'éternelles inscriptions, l'âpreté, la renommée belliqueuse, l'ame de klephte de la Sparte historique. Il est certain, du moins, que cette chaîne de montagnes redouble l'effet naturel de la plaine, et si la physionomie entière de Lacédémone n'atteint dans l'art une beauté si parfaite que par l'opposition de la rudesse de sa vie politique et de la mollesse de ses premières années, de la brusquerie des temps de Lycurgue et de l'oisiveté patriarcale des derniers jours de Ménélas, de l'austérité d'un camp dorien et de la jeunesse de Pénélope et d'Hélène, répandue à l'origine comme une eau vive sur ces tertres arides, on peut assurer qu'aussi les harmonies de la vallée ne sont si complètes qu'à cause du contraste de la vigueur toute laconienne du Taygète et des molles et tranquilles baies d'orangers, où il se perd et s'énerve à sa base.

Les collines, étant toutes séparées, forment entre elles des cavités naturelles, qui faisaient dire à Homère la profonde Lacédémone, peut-être en parlant de toute la vallée. Ces hauteurs étaient chacune occupées par des bourgs, qui avaient leur nom particulier, s'étendaient sans murailles, peuplés de conquérans doriens, jouissaient de tous les droits de la cité, faisaient eux-mêmes la cité. On en comptait cinq, que l'on retrouve encore. Le reste était abandonné aux Périœuques, assez semblables aux Raïas, que les Turcs protègent aux portes de leurs villes, à condition de cultiver les champs. Cette division faisait présager de loin à Thucydide, combien Sparte paraîtrait un jour misérable dans ses ruines. Si l'on suivait sa topographie depuis Polydore jusqu'aux seigneurs français, on verrait qu'elle s'est toujours principalement étendue au sud-ouest, là où se trouve encore le plus grand nombre de débris. Au milieu du désordre de Pausanias, on reconnaît pourtant qu'en partant de cette face, il suit la circonférence d'un cercle qui le ramène au même point. Si vous regardez au sud, vous trouvez une lande plate, encombrée de restes de chapelles, et qui se prolonge jusqu'au confluent de la Magoula. C'est au milieu de ces chapelles et sous leurs soubassemens, qu'il faut chercher la place pu-

blique, le palais des éphores, le portique
des Perses, la place des festins communs.
Tout ce terrain est marqué par des fondemens helléniques, et des masses de pierres
taillées, dont quelques-unes ont plus de cinq
pieds de long sur trois de haut. Nous y avons
ramassé des fragmens de bronze, et à son
extrémité nous avons rencontré un tombeau
à moitié encore enfoui dans le sol, et qui
présentait pour bas-relief des serpens et des
torses. Le papas de Cologonia venait de le
découvrir, quand nous le vîmes. Peut-être est-
ce le tombeau d'un roi de la famille des Agiades
ou même celui de Pausanias ; mais alors il
serait plus près de l'acropole. A l'est cette
plage est bornée et séparée de l'Eurotas par
une colline d'une longueur égale, aussi nue,
mais sans aucun reste. C'est sur cette hauteur, qui domine à la fois la rivière et le
sentier d'Amyclée, que nous placerions les
phrouries, l'enceinte de Neptune-Ténarius,
l'Hellénium, où la guerre de Troie fut dé-

cidée, et à sa base la longue rue Aphétaïs, où Ulysse disputa Pénélope à la course.

Au couchant, des bois de mûriers, des blés, la plaine jusqu'à Mistra, une large tour en briques; plus près de vous, un petit bassin, formé par deux collines qui courent à angle aigu sur le Taygète. C'est sous ces touffes d'arbres que l'on me montra les soubassemens d'un temple, qu'un jeune Grec me donna pour celui d'Esculape; ce qui s'accorderait assez bien avec l'ancienne topographie. Sur les mêmes terrains unis étaient le trophée de Pollux, le Dromos, je pense aussi, le Plataniste. Il est pourtant remarquable que l'on connaît de nos jours un village du nom de Platane, vis-à-vis de l'ancienne Thérapné, et tout à côté du Phœbeum, avec lequel il était uni dans les usages civils.

Un soir, que nous revenions à Mistra en furetant sous les mûriers qui couvrent ce sol, au moment où nous pensions être le plus seuls, nous tombâmes sur un petit enclos d'orangers, de la grandeur de nos plus gros noyers, et qui jusqu'à la cime étaient couverts de leurs fruits. Sous ces beaux arbres, et loin des sentiers, était une petite cabane d'une singulière construction : des colonnes de marbre, roulées à terre, faisaient les fondemens de ses quatre faces. D'autres debout soutenaient une claie haute de moins de six pieds. Le toit de roseau était ombragé par des branches vertes de lauriers. Un molosse au long poil lappait des gorgées d'eau dans un chapiteau dorique, creusé et placé pour cela en face de la porte. Une femme tenait son enfant endormi, en s'appuyant contre une des colonnes et en filant du coton. Quand le maître de la maison nous vit, il laissa sa charrue, dont le soc était de bois, et alla remplir pour nous une petite natte d'oranges. Il nous apporta en outre deux têtes de statue ; l'une de Faune, l'autre avec des tresses de cheveux en bandelettes. Il nous montra encore à côté de son jardin deux inscriptions, que je copiais. Je ne sais si la maison du fauve Ménélas lui-même, qui devait être dans les environs, nous eût mieux rejetés dans les temps homériques que la rencontre de cette cabane, de cet homme, dans cet endroit, dans ce moment, et après l'isolement de la journée entière. La nature d'elle-même vous renvoie toujours à l'impression des âges les plus lointains de l'histoire. En vain des races se sont mêlées ou renouvelées, sitôt qu'elle retombe dans la solitude, elle reprend, comme si rien ne s'était passé, le début de son ancien poème, et recompose incessamment le premier tableau de l'épopée.

Si vous regardez au nord, c'est le côté le plus monotone, le plus dépouillé de débris, et celui où la ville s'étendait le moins. Vous avez sous les yeux deux collines étagées en glacis comme par la culture des vignes, et surmontées d'une esplanade. Sur la plus petité, qui est à gauche, nous établirions le temple de la Vénus enchaînée, sur l'autre celui de Lycurgue et le monument des Dioscures.

Enfin, au sud, vous êtes séparé de l'Eurotas, d'abord par des buttes, puis par une plage de limon. Quand j'y descendis, mon cheval enfonça jusqu'au poitrail dans ce quartier des Limnæ. Quelques enfans, couverts de boue, brûlaient des racines de lentisques dans le même endroit où les enfans de Sparte étaient fouettés jusqu'au sang sur l'autel de la Diane marécageuse. Que feraient là les cygnes des Tindarides? Il n'y a plus même de lauriers, seulement un bruit assourdissant de grenouilles. L'Eurotas, qui est en cet endroit fort rapide, divise son cours en deux branches, dont la plus profonde est sur la rive gauche : le gué est une vingtaine de toises plus haut ; les restes du pont Babyx, s'il y en a, étaient cachés sous les eaux. En face, on suit les traces d'un long mur, qui court parallèlement au fleuve : c'était probablement celui qu'on éleva pour la première fois contre l'attaque de Pyrrhus. Du reste, dans toute cette enceinte nous ne vîmes d'autres animaux qu'un renard, que nous fîmes partir de son terrier, et une énorme couleuvre qu'un épervier venait de déchiqueter, et qui se roulait encore au soleil toute sanglante, près des fondemens du temple de la Minerve Chalciœcos.

Le chemin qui de Sparte conduit à Schiavo-Chorio par Mistra, est d'un peu moins de deux lieues, et presque toujours il suit le pied des montagnes. Après le faubourg de Parori, plusieurs villages sont coupés par des ruisseaux qui portent tous leur nom : tels que Agiani, Gournari, etc. Dans l'antiquité, cette vallée pouvait mériter le nom de province aux cent villes. Aujourd'hui ces villes sont quelques tanières abandonnées aux fugitifs de Romélie. Nous eûmes la curiosité d'entrer dans l'une d'elles, faite de boue, de feuilles et de mottes de gazon : on ne peut y pénétrer qu'en se traînant sur le ventre. Dans l'intérieur on ne voyait qu'un pot de terre ; le maître de cette hutte était une femme des environs de Thèbes, dont le mari faisait la guerre avec les bandes d'Ipsilanti. C'était elle-même qui l'avait construite avec l'aide de ses deux enfans, et elle était maintenant à faire aux champs sa récolte de racines et de lavande. C'est l'histoire de presque toutes ces populations guerrières, depuis le golfe d'Arta jusqu'à Zeitoun. Entre Godène et Mandra nous reçûmes, à travers champs, le *kal' imèra sàs* d'un homme qui évitait les sentiers battus, et portait les armes les plus brillantes que nous eussions vues. Ce capitaine Mainotte était, il y a peu de temps, une espèce de brigand qui ravageait les environs de Mistra. Depuis la nouvelle administration qui lui a lié les mains, ne sachant que faire, il s'est mis à gagner quelques piastres à arroser les champs de maïs qu'il pillait encore l'année dernière; cependant il évite toujours de s'approcher de la ville. De longs et beaux débris de chaussée vénitienne qui aboutissent au porche de quelque chapelle abandonnée, les aqueducs des doges, qui portent leur eau à des baraques de moulin, et ces moulins, se remplaçant dans le même endroit depuis la plus haute antiquité et la mythologie des Achéens, conduisent à Tzoka, où sont plusieurs colonnes de marbre, peut-être les restes d'Alésia. Ce village n'est peuplé qu'en hiver. A l'approche du printemps, les habitans, comme ceux du Valais, le quittent pour aller garder leurs chèvres sur l'un des plateaux du Taygète. La tour qui le domine, et que l'on donna à Dodwell pour un débris d'acropole, est une muraille turque, assise sur un roc d'un calcaire fin et grisâtre, peut-être le marbre vert des Lacédémoniens. Nous étions précisément au-dessous de l'ancien sommet du Taletum, où les chevaux sacrifiés à Apollon ont été remplacés par le char de S. Élie. Le lit desséché du Soka où Phellias coupe la vallée en ligne droite jusqu'à l'Eurotas, qui se cache derrière la chaîne de Bardounia. Un haut cyprès marque au milieu de la plaine l'emplacement d'Amyclée. Ce nom rappelle les plus poétiques et les plus profonds mystères dont l'histoire ait enveloppé une ville. Le séjour des Tyndarides, le tombeau de Cassandre, la colère d'Oreste, puis d'obscurs liens avec les Minyens de Lemnos et les Cadméens d'Orchomène, puis le jour où la race achéenne s'ébranla pour la première fois à travers ces oliviers, vers Ténédos, vers Lesbos, et la contrée à laquelle elle laissa son nom. Quand décidément elle fut vaincue par Sparte, l'ancien type des Éoliens s'y conserva encore. Elle unit les dieux pélasgiques aux dieux doriens qui lui furent imposés, et elle imagina des fêtes, où le génie de la Cybèle de Samothrace se perpétua sous la figure de l'Apollon des Hyperboréens. Au moyen âge, sous le nom de Nicli, elle présenta quelque temps une des scènes les plus étranges des croisades, quand les nobles châtelaines venues de Bourgogne et de Provence, n'ayant avec elles que leurs varlets et leurs faucons, se tenaient tout le jour au haut des murs à attendre leurs seigneurs, retenus prisonniers à Constantinople. Vingt chaumières en roseau se partagent maintenant entre les deux hameaux de Schiavo-Chorio et de Mouzdi. L'espace qui les sépare est occupé par six chapelles ruinées, sur l'une desquelles nous lûmes le nom d'Amyclée. De larges et informes blocs, qu'on pourrait croire cyclopéens, sont entassés sur des tertres. Je mesurai une patère de six pieds de diamètre, qui, au lieu de la hyacinthe d'Apollon, était remplie des fleurs pâles et ternes de l'asphodèle du Tartare. Des champs de blé et d'orge, encore verts, s'étendent là à une demi-lieue en tous sens. Les touffes de *flómos*, dont les belles tiges, d'un jaune de safran, répandent sur tout le reste de la plaine une odeur fade et pestilentielle, ont été, à ce qu'il paraît, extirpées en cet endroit. Cette plante, qui s'établit sur presque toutes les villes abandonnées, antiques ou modernes, sur les montagnes aussi bien que dans les vallées, bloque peu à peu les villages, en chasse les habitans, et les poursuit de superstitieuses terreurs. Il n'est pas de fléaux que les hommes du pays ne lui attribuent, et c'est à son absence qu'ils croient qu'est due la salubrité de Schiavo-Chorio. Du reste, rien n'est plus triste que le silence de ces villages, où l'approche des hommes n'est annoncée par aucun bruit d'animaux domestiques, toutes ces huttes closes et personne dehors, seulement quelque chien de Laconie, qui, sans aboyer, s'élance sur vous à l'improviste, et ne lâche prise qu'en emportant un lambeau de vos habits. Cette dépopulation d'animaux encore plus que d'hommes, outre qu'elle est le principal obstacle à l'agriculture, augmente beaucoup l'impression de détresse de la Morée, même dans les lieux où l'incendie des végétaux n'y est pas jointe. C'est un événement dans la journée d'un voyageur que la rencontre d'un bœuf; encore la race en est-elle tout-à-fait dégénérée. Les ânes et les cochons, les derniers surtout, sont entièrement détruits. Quelques troupeaux de chèvres et de petits chevaux efflanqués, dont on ne se sert pas pour le labourage, c'est là tout ce qui reste. Il est inutile de dire qu'il ne se trouverait pas dans toute la Grèce un chariot à deux roues. Quant aux oiseaux, des bandes de corbeaux s'abattent dans la Messénie, près des campemens d'Ibrahim et des squelettes étendus sur les grèves. Dans les golfes de Calamata, de Corinthe, d'Épidaure, un goéland, posé sur une vague, ressemble à un flocon d'écume, qui, ensuite, vient à s'envoler et a étendre sur le sable ses longues ailes de duvet. Dans l'Argolide il y a des troupeaux de cigognes, qui se promènent à côté des laboureurs, souvent à moins de dix pas. Sur les plateaux marécageux de l'Arcadie, des familles de canards sauvages partent de dessous vos pieds avec le bruit assourdissant d'une roue de moulin. Au sommet des montagnes, des aigles, des éperviers bruns, le bec-jaune, la queue-en-éventail, tracent leurs cercles monotones autour des soubassemens des acropoles; mais aucun de ces granivores, l'alouette, les nombreuses variétés du passereau, qui, ailleurs, animent le voisinage de l'homme, ne se montrent près des cabanes. Les forêts d'oliviers sont aussi presque entièrement muettes, et seulement livrées aux crabes, aux scorpions, à des couleuvres de cinq à six pieds. Je ne sais ce qu'est devenu le rossignol. Je ne l'ai jamais entendu, quoique j'aie vu en Grèce la fin de l'hiver et le commencement du printemps. Il n'y a qu'une voix qui n'a cessé de retentir dans pas une de mes stations; c'est celle du chat-huant. Ce cri traînant, que vous retrouvez chaque soir à la couchée, presque toujours mêlé à celui du chacal, souvent sur votre tête, et si près de vous qu'il vous tient à demi éveillé, vous poursuit jusque dans le sommeil de l'angoisse et des misères de la journée.

Le démogéronte de Schiavo-Chorio nous accompagna à une demi-lieue au levant, auprès d'un monument fort extraordinaire, et encore peu connu même à Mistra. Il y a quelques années que quarante hommes ont mis vingt-trois jours à creuser l'une des pentes de la colline, où il est renfermé. Depuis, les terres se sont éboulées, et l'on ne peut mesurer qu'une pierre de dix pieds de longueur horizontale, et qui paraît former l'architrave d'une porte, semblable à celle du trésor de Mycènes; d'autres pierres perpendiculaires, mais sorties de leur aplomb, la supportent. Tout le reste est enfoui sous une éminence revêtue de lavande. Quand on a vu les monumens de l'Argolide, il est certain qu'un reste de l'époque des Pélopides est enseveli sous ces herbes. C'est le seul débris de la civilisation achéenne d'Amyclée et de Thérapné, et l'on peut choisir entre le tombeau de Cassandre, des Dioscures ou d'Hélène[1]. Mais du sommet de ce tertre, comme on voit à ses pieds le lit de l'Eurotas, les chaumières de Baphio, et au couchant la tour démantelée de Mahmoud-Bey, ce fut ce dernier édifice qui, tant que nous restâmes là, servit de texte aux récits de notre guide. Il y avait soutenu avec quelques pallichares un assez long siége contre l'artillerie d'un corps d'armée. Il fallut ouvrir une mine pour réduire cette petite garnison, qui, alors, se fit un passage au milieu de la nuit. L'éparque de Mistra a achevé de faire sauter les murailles, de peur qu'elles ne servissent de repaire à quelque capitaine Mainotte.

Nous n'étions donc occupés sur ce tombeau achéen que d'un obscur fait d'armes d'un pallichare; la même chose nous est plusieurs

---

[1]. Otf. Müller, *Die Dorier*, p. 92.

fois arrivée. Cependant il faut dire que, loin que la Grèce nouvelle amortisse le souvenir de la Grèce antique, en plusieurs choses elle le rend plus réel et plus immédiat. Si le contraste des colonnes renversées et des minarets debout est aujourd'hui perdu pour le poëte, la destruction a donné au présent et au passé presque la même forme, et le sens historique se réveille à chaque pas. Vous quittez les décombres des Moréotes pour les décombres du Péloponnèse; mais ce ne sont toujours que des ruines. Les huttes des Roméliotes, transportées dans la Morée, remettent à peu près sous vos yeux la fuite des Béotiens devant les invasions des Orientaux et l'encombrement des Périœques au Pirée, au moment de la peste de Thucydide. Je crois comprendre mieux la figure de Philopœmen, son ardeur de dangers, son esprit de stratagème, depuis que j'ai senti sur mes joues les moustaches fauves de Nikitas et que j'ai dormi sur la natte des soldats de Botzaris et de Karaiskaky. Tout cela fait qu'il ne faudrait pas s'étonner si la révolution grecque, comme l'a fait la nôtre, servait un jour à la critique de l'antiquité, et s'il sortait du spectacle de la vie et des traditions des pallichares, un tableau qui donnât un degré de plus de naturel aux créations déjà si larges et si vivantes de la philologie moderne.

Je revis plusieurs fois et à différentes heures les lieux dont je viens de parler. Quand enfin il fallut partir pour Tripolitza, j'envoyai les guides m'attendre au défilé de Klissoura, et je voulus passer une fois encore seul par Sparte. Cette ville, qui m'avait peu frappé en arrivant, est celle que j'ai eu le plus de peine à quitter. Il y en a plusieurs dont l'effet est plus soudain : Argos, Athènes, et même Corinthe. Mais cette vallée de Laconie, qui n'ouvre nulle part d'issue à l'instinct du voyageur, vous enclôt, vous enserre peu à peu, vous presse d'y demeurer. Autant est lente l'impression qu'on en reçoit, autant elle est profonde et soutenue. Ce charme qui me retenait est le même qui maintint parmi les Doriens l'esprit de retraite, l'envie de conserver, le mépris des conquêtes et de la mer, ce génie spiritualiste qui en fait les protestans du polythéisme. Après avoir parcouru une partie du chemin qu'ils suivirent dans leur invasion, j'ai pu remarquer avec quel instinct merveilleux une race choisit le lieu qui est le mieux fait pour elle. Ni les terrasses de Sycione, ni les rivages de Corinthe, ni la plaine d'Argos, malgré ses champs tout préparés, et quoique la conquête eût commencé par-là, ne furent capables de les arrêter. Le spectacle agité de la mer, cet horizon partout ouvert qui invite à partir, n'étaient point faits pour un peuple naturellement recueilli et fixe dans sa forme. A travers les gorges et les défilés, il alla, il marcha tant qu'il rencontrât un lieu comme lui-même enclos de toutes parts, une solitude armée, où, séparé quand il voulait du tu-

multe du monde grec, il s'en fît une image
plus pure et plus abstraite, une autre vallée
de Pénée, mais mieux défendue que celle
d'où il sortait, pour tenter d'y réaliser, dans
l'âge mûr, une partie des contemplations de
sa jeunesse. Pour moi, je m'étais accoutumé
en peu de jours à voir chaque matin de dessus ma natte les collines du Phœbeum et de
l'acropole, à aller y faire mes repas d'olives,
et boire de l'eau de l'Eurotas. Cette vie me
semblait ne devoir jamais finir. Tant que je
pus distinguer ces petites cimes grisâtres,
c'est-à-dire, pendant une lieue et demie, je
m'arrêtai souvent pour les regarder. Je mis
encore pied à terre au coucher du soleil pour
saluer, du milieu de la chaîne opposée, les
sommets du Taygète. Mais sur l'une des
crêtes les plus abandonnées de la Morée, près
du champ de bataille de Sellasie, quand je
ne vis plus rien, et que je fus étendu à côté
d'un tison entre les masures d'un khan, et
foulé aux pieds toute la nuit par des Maï-

nottes errans, mon isolement fut grand, je l'avoue, et il me sembla que je m'apercevais pour la première fois de la détresse de ce pays. Je laisse à d'autres à expliquer comment une ville qui ne vous est rien, bien moins, quelques tertres de cailloux que vous ne reverrez jamais, peuvent vous manquer plus que votre terre natale. Peut-être est-ce que les ruines des peuples se répètent et se mirent en petit dans l'ame de chaque homme qui les contemple imprudemment, et font crouler en lui sans bruit tout ce qui n'y est pas immortel; car ce qui me manquait, c'était bien moins Sparte que les choses que je ne trouvais plus en moi. Je ne sais quoi me disait que j'avais laissé les plus beaux et les derniers fantômes de ma jeunesse dans les décombres du Palæochorio, et que pour long-temps au fond de tous les spectacles je retrouverais l'odeur des grèves plombées de l'Eurotas et les tombeaux remplis du sable de la Magoulitza.

Au moment où nous traversions l'Eurotas sur un pont d'une seule arche, les sons criards d'un pipeau retentissaient sur l'autre rive. Une troupe d'hommes étaient étendus sur leurs peaux de mouton, les fusils couchés à côté d'eux, les besaces et les outres réunies en monceaux. Vis-à-vis, quelques femmes en turban s'appuyaient sur les rochers. Un groupe des plus jeunes dansaient sur une pelouse en se tenant par la main; elles formaient une ronde brisée dont les deux extrémités se poursuivent et se balancent sans jamais se réunir. C'était la danse des femmes de Calavryta, lorsqu'elles se précipitaient une à une des rochers. Ici, le lieu retiré, de hauts pitons qui bornent la vue, des chèvres à demi cachées dans les niches de ces pitons, la rivière qui encadrait ce petit tableau dans une bordure de roseaux et d'ombres, lui prêtaient une grâce indéfinissable.[1]

---

1. Polybe s'est plu à décrire ce campement de Philippe :

Faut-il reconnaître l'Œnus sous le nom de *Karabaraliska*, dont on suit long-temps le lit desséché? Du temps de Polybe, c'était déjà le torrent qui servait de chemin. Cléomène passa sur ce sable fin, le soir de la déroute, lorsque, presque seul et toute son armée exterminée, il alla porter sa tête à ronger aux couleuvres d'Alexandrie. Cette route, par où Sparte fut toujours attaquée et où elle finit par périr, est un des points les plus obscurs de la géographie ancienne. N'est-ce pas un sort que plusieurs voyageurs, d'ailleurs fort avides de citations, l'aient traversée sans se rappeler le champ de bataille de Sellasie? On reconnaît pourtant à chaque pas ce pays d'embuscade, où Philopœmen cachait ses hoplites. A l'endroit où l'on quitte le torrent, un escalier en limaçon conduit à une voie en larges dalles. Des rochers taillés en tourelles et enveloppés de touffes d'euphorbes, vous domi-

---

ἔσι γὰρ ἐπὶ τῆς ἀρχῆς τῶν προειρημένων στενῶν.., etc. Jusqu'à ces mots στρατοπεδεύειν δὲ ἐν καλλίστῳ, etc., p. 371.

nent de toutes parts. Ces rampes tantôt se dressent, tantôt plongent avec de si rudes secousses que les chevaux ont beaucoup de peine à les gravir ; les terrains n'y sont retenus que par des tiges de *courmaria*, fort semblables à des ceps de vigne durcis et noircis par un incendie. Après trois heures, nous atteignîmes sur la crête les ruines du village de Bourlia. Je parcourus à la tombée de la nuit ces murs, où ne se trouve plus un seul habitant, et je me jetai sur la terre à l'angle d'un khan que le vent ébranlait. A peine étais-je assoupi, que des soldats égarés y entrèrent en me passant sur le corps, et s'étendirent près de moi, avec leurs longs fusils à leurs côtés. Quelqu'un qui, avec les opinions de l'Europe, eût vu à la lueur d'un tison ces hommes à demi nus, la figure défaite, les mains, suivant leur habitude, toujours posées sur la poignée de leurs pistolets, eût cru qu'ils étaient là à méditer quelque noir complot contre le voyageur, qui leur offrait avec tout son bagage une proie si facile. Plusieurs fois dans la nuit je fus réveillé en sursaut par le cri d'alarme de *Crassi,* que mon voisin me jetait dans l'oreille en me tendant une outre d'un détestable mélange de résine, qui avait déjà circulé à la ronde. Un peu avant le jour, ils avaient tous disparu chacun de son côté. Malgré cela, on trouvera des gens dont ce sera le plaisir de s'obstiner dans leurs terreurs paniques, et qui jamais ne se commettront à croire que les grands chemins de France sont moins sûrs que les défilés des klephtes.

La lune était au haut du ciel quand nous partîmes. Des nuages roses flottaient sur les cimes du Taygète, qui paraissaient, à la hauteur où nous étions, reposer à l'extrémité du plateau de Bourlia. De rares éclairs entr'ouvraient un horizon humide et vaporeux; mais au lieu de le déchirer, à peine brillaient-ils sur un point, qu'ils s'éteignaient, étouffés sous la langueur d'une nuit de printemps. Bientôt le soleil parut au-dessus d'un rocher d'un blanc de marbre, et, sans aucune de ces transitions propres à nos climats, versa dès l'aube et en un clin d'œil une chaleur morne que l'on voyait plonger en tourbillons de la cime des montagnes jusqu'au fond des défilés. Au revers du plateau nous retrouvâmes le torrent de la veille, et sur la gauche le ruisseau sinueux d'Aracova, que je pris pour le Gorgyle. Cette rencontre doit fixer le champ de bataille de Sellasie, qui était assis sur deux rivières. Tout le reste de la route circule dans l'enfoncement d'un torrent ou sur des plateaux sans eau. Là, des collines de pente douce, adossées à de hautes montagnes, laissent aux terrains quelque développement, et forment le renflement de cette gorge que décrit Polybe. Des *courmaria* embarrassent les terrasses de verdure que Philopœmen, les deux cuisses percées d'un javelot, eut tant de peine à gravir. Des feuilles d'ardoise composent une partie du sol[1], et alternent avec un marbre brun, marqué de veines blanches. Cet endroit, si mal décrit, est pourtant celui où la race peut-être la plus noble, la plus pure, la plus enthousiaste du genre humain, disparut pour jamais de l'histoire. Il y eut, comme dans toutes les catastrophes inévitables et depuis long-temps préparées, une fatalité d'un caprice désespérant, des lettres arrivées deux heures trop tard, des cris de trahison, une manœuvre à la fin de la journée, et qui décida de tout. Ces rampes rapides, ces lits de torrens que nous avions passés la veille, rendirent toute retraite impossible. Le dernier roi de Sparte s'y précipita et rentra dans la ville avec moins de deux cents hommes. Après s'être appuyé quelque temps tout pensif contre une colonne, sans avoir voulu rien boire ni manger, il partit encore le même jour pour Gythium,

---

1. Théophraste fait mention de mines de charbon dans l'Élide. Ce ne sont peut-être pas les seules.

où il s'embarqua. Ce fut la ruine de l'esprit grec. Une fois la vie dorienne épuisée par les vengeances des démocraties et l'aveugle opposition d'Aratus, de Philopœmen, hommes, s'il en fut, de vives circonstances, mais sans la haute intelligence de leur époque, qui, par la ligue achéenne, détruisirent la seule barrière qui pouvait les sauver, on vit quelque chose d'extraordinaire. Avec la souveraineté de la Macédoine, la Grèce se plia à un principe social tout-à-fait conforme à celui qui se poursuivait alors dans l'intérieur de la cité romaine; de telle sorte que, lorsque celle-ci vint à déborder la veille de l'empire, elle rencontra partout, dans le Levant, un monde d'idées semblable au sien, et avant de se montrer, sa conquête était faite à demi.

L'ennui de ces défilés n'est racheté que par le spectacle de la végétation, dont nous n'avons point encore parlé. Au fond des vallées, les lauriers, les aloës, les nopals, l'ombre grasse et humide des caroubiers. Un peu plus haut, le myrte, puis l'agnus castus ou *schino* [1], ensuite le houx. Au-dessus de cette région, les chênes tristes, rabougris, avec leurs feuilles d'hiver, puis de rares avenues de pins ; le reste est couvert de genêts et d'euphorbes épineux ; des arbrisseaux, l'ébénier sauvage, avec ses grappes d'un jaune d'ocre, et en noms vulgaires les lia, les gortischa, les bournelia, remplissent l'espace intermédiaire. Une foule d'anémones, les unes veloutées, couleur de tache de sang, d'autres blanches, d'autres bleu de ciel, se mirent sur des lames d'ardoise ou sur des pilastres de marbre veiné. De petits ornithogales sont semés comme des étoiles d'argent partout où il croît un peu d'herbe. Les iris, les immortelles, les orchis, les euphraises, l'adonis, avec sa fleur qui jaillit en étincelle, suivent le bord des ravins. Il y a des

---

[1]. Ce n'est donc pas par *juncus* qu'il faut traduire le Σχοίνῳ ἐφαρμόσδων de Théocrite, Idylle I.re

renoncules dont le bouquet se dresse avec une corolle verte, comme la tête d'une vipère au soleil. La couronne d'or de la belle-de-nuit, l'enchuse d'Égypte et ses feuilles laineuses et tachées du limon du Nil, la gesse de Provence, l'orcanette, des pavots bruns, l'échium, l'andryale et ses fils noués en glands de soie, sont suspendus aux rampes des défilés. J'ai trouvé les murs cyclopéens habités par de lourdes touffes d'échioïdes et de gueules de lion. Sans les chercher, vous tombez à chaque instant près du niveau de la mer sur des sonchus et sur des espèces tout-à-fait inconnues de vicias et d'astragales. Quant à l'effet général de tout cela, au type de beauté qui en résulte dans les formes de la nature grecque et au rapport qu'il peut avoir avec l'histoire, il faut, pour s'en faire une idée, étendre son point de vue.

En comparant sous cet aspect le type du Levant avec celui de quelques autres climats, il m'est aujourd'hui difficile de douter que, si chaque région nourrit un système de plantes qui lui est propre et dont elle reçoit une figure distincte, une loi plus haute n'unisse dans la même harmonie la physionomie des formes végétales et celle des sociétés humaines. Assurément, l'arbre du Gange qui, avec ses lianes fécondes, forme à lui seul une forêt où chaque racine est un rameau, chaque rameau un arbre, cache, sous ses profondes ombres, la même pensée que ces poèmes dont chaque fragment est une épopée, que ces dieux dont chaque parole est un monde. Immobile et recueilli dans le désert, comme une colonne d'un temple ruiné, le palmier des races araméennes se plaît dans la solitude autant que le peuple de Juda, et des murailles de pastèques, de raquette épineuse, semblent enclorre au sein de l'humanité antique la civilisation de Meroë et du pays de Canaan. Pendant que le sycomore, le tamarinier, en se prolongeant dans l'Abyssinie, rappellent l'émigration de la race de Cham, d'autres, tels que l'acacia nabeck, venus des bords du Gange, font le lien de la théocratie égyptienne avec le centre de l'Inde. Par un artifice plus merveilleux, le peplidium du Delta ressemble au gratiola du Mexique, autant que les pyramides et les hiéroglyphes de Memphis aux monumens de Cholula et des nations Aztèques. L'éternelle verdure des végétaux de l'Orient n'est pas dans un rapport moins harmonique avec l'immobilité des formes sociales. A l'approche des régions de la Méditerranée disparaissent les géans dans la végétation et dans l'histoire. Plus de Bel, ni de Némrod, ni de cèdres, ni de baobahs.[1] Le feuillage ample et lustré des tropiques, l'eucalypte haut de deux cents pieds, l'arbre dragon, l'héliconia, sont, dans le monde organique, ce que les empires de Dschemchid, de Cambyse, de Cyrus, dont ils ombragent

---

[1]. M. Adanson estime que les baobahs des îles de la Magdeleine ont plus de 6000 ans.

les ruines, sont dans le monde civil. Dans le bassin de la Grèce et de l'Italie, ces vastes monocotylédons cessent de paraître. La vie végétative se partage, se divise; les individus augmentent. Une flore rameuse, herbacée, arborescente, des groupes qui se cherchent et s'associent, les scabieuses, les labiées, qui portent des épis aromatiques dans de petits casques[1] d'azur, forment, comme les peuples de Thèbes, de Sparte, d'Arcadie, une foule de tribus, toutes égales en puissance et en gloire. Depuis les frontières de la Géorgie jusqu'à la région boréale, la forme pyramidale croît avec les nations germaniques. Pendant que les familles des ombellifères, des crucifères, étendent sous leurs pas des fleurs à vives arêtes, à cônes renversés, le pin, le mélèze s'élancent comme la flèche d'une cathédrale. La tristesse et la hardiesse de leurs ports, la rudesse de leurs lignes brisées à l'horizon, les frimas qui pendent de leurs ra-

---

[1]. *Cassida, Scutellaria.*

meaux échevelés, ne font pas, avec les contours onctueux de l'olivier d'Ionie, un contraste moins frappant que les Nibelungen avec l'Iliade, les Edda avec la théogonie d'Hésiode, ou que les déchiremens de la loi féodale avec les souples entrelacemens de la ligue amphyctionique. Enfin, près des contrées polaires s'étend, comme le dernier souffle de la nature et de l'humanité, la race finnoise avec le règne des mousses, des lichens et des cryptogames. Ainsi que l'algue des mers est chaque jour rejetée sur ces rivages par la tempête, le peuple qui les habite a été refoulé par les flots de l'histoire. La saxifrage avec sa tige velue, ses fleurs fauves tristement inclinées, ses feuilles crénelées, qui se défend contre l'orage en se cramponnant aux rochers, et, dans sa misère, se couvre néanmoins çà et là de glandes d'or, porte écrites, dans son avare calice, les annales et la pensée de ces tribus de Lettoniens, de Permiens, de Livoniens, qui, malgré leur abandon, s'ornent encore de poésie, et ne se font apercevoir que par l'innocent éclat de leurs chants indigènes.

En sortant du lit du Saranta-Potami, près des sources de l'Alphée, vous descendez par des grèves sur le plateau de Tripolitza, qui lui-même paraît être le fond desséché d'un grand lac. Sur les bords, des étangs sont contenus par des collines, qui en même temps préservent la plaine de leurs exhalaisons. Periméda [1], reine de Tégée, obligea, dans la première invasion des Héraclides, les prisonniers lacédémoniens de travailler à l'écoulement des eaux du fleuve Lachas ; c'est probablement ce Lachas qui forme ces marécages. Mais dans un endroit si découvert, où est la ville des pachas, la ville des contes et des chants populaires ? Ses mosquées, ses minarets, son château, son sérail, ses tours, ses trois mille maisons, ce ne sont pas les

---

1. *Argolica de Deinias.* Hérodien, 8, 14 ; corrigé par Dindorf. Otf. Müller, *Die Dorier*, p. 418, 443.

orangers qui les cachent; à peine si l'on compte quelques arbres dans la plaine. Où sont les janissaires au galop dans les champs; au haut des minarets les derviches, aux portes les esclaves noirs, aux bains les femmes d'Ibrahim ? Les esclaves noirs ne tiendront plus en lesse des cavales aux portes, les derviches ne fêteront plus le Ramadan au haut des minarets, les femmes d'Ibrahim ne l'attendront plus au bain ; car, à mesure que nous approchions, un de nos guides nous montrait, avec la pointe de son sabre, partout des carcasses d'animaux et des squelettes d'hommes sous de hautes touffes d'orties. L'emplacement de la ville ne paraît que lorsqu'on marche sur ses murs, s'il faut donner ce nom à de longues traces de poussière blanche, où la charrue a passé, où le sel a été semé, et que les chevaux traversent sans lever le pied. Aux deux extrémités de l'enceinte fort vaste qu'ils embrassent, s'élèvent, à l'est, des masses de décombres qui doivent être le château, et à l'autre bout, à l'ouest, le pan d'une tour. Tout le reste est uni comme une plage d'où la mer s'est retirée. On voit assez que l'extermination ne s'est pas faite là à la hâte, mais lentement, à plusieurs reprises; les Turcs incendiant le quartier des Grecs, les Grecs celui des Turcs. A la place des trois mille maisons, dont pas une n'est restée debout, cinq cents sont relevées. Il est vrai que ce sont la plupart des baraques en bois, cachées sous les inégalités des décombres, à la fantaisie de chacun, et de là séparées les unes des autres par de très-grands intervalles. De petits sentiers, tels que ceux qui se forment sur les terres nouvellement labourées, circulent assez fidèlement sur la trace des anciennes rues, par la même raison que les sentiers des bergers dans les montagnes courent presque toujours sur les ornières des voies antiques. Çà et là ils sont parcourus par un homme isolé, qui s'en va s'orienter sur les fondemens de quelque chapelle de derviche, et reconnaître, s'il peut, autour de lui, sa propriété et celle de ses amis. Aucune ville ne porte plus loin l'empreinte tragique d'une vengeance orientale, et, avec ce silence, ces rares habitans, ce plateau de craie et de chaux, couleur d'os broyés, dont pas un accident ne déguise au loin la mortelle uniformité, Tripolitza sera encore quelque temps la digne capitale de la Morée. A ses portes, c'est-à-dire à moins d'une lieue à l'ouest, sont les ruines de Tégée. Mais, s'il y a eu là aussi des haines acharnées, elles dorment sous de grands champs de blé, de fèves et d'orge, qui sont cultivés en cet endroit avec beaucoup de soin. La chaussée qui y conduit circule sur un sol de gravier, à travers des prairies et au pied de quelques hauteurs. Sur ces hauteurs sont des villages : tels qu'Agio-Sosti, Camaria, Piali et d'autres, qui probablement sont les bourgs dont la ville se forma dans les temps homériques. Toute l'histoire de la Grèce est contenue dans ces alternatives de bourgs formés en villes, de villes décomposées en bourgs, suivant que la démocratie ou l'aristocratie, Athènes ou Sparte, y furent tour à tour les maîtres. De l'autre côté d'un ruisseau, quelques débris croupissent dans une eau stagnante. Plus loin une enceinte de murs modernes qui reposent sur quelques assises antiques enferme à l'un de ses angles une lourde mosquée ou église byzantine. Il faut que cette masse d'un effet fort extraordinaire, avec ses quatre coupoles à chaque coin et une cinquième beaucoup plus grosse au milieu, ait été construite presque entièrement des restes de Tégée. Les tryglyphes, les frises, les cippes, les moulures de toute espèce, qui la flanquent jusqu'au faîte, en font une espèce d'ossuaire de l'ancienne Arcadie. Pendant que j'y lisais une inscription debout sur mon cheval, un paysan, qui labourait dans cette enceinte, laissa sa charrue et vint me demander : depuis quand, ἀπὸ πότε, cela est-il écrit. Quand je lui dis que cela pouvait bien avoir quelques deux mille ans et plus, il releva la tête en arrière en signe du plus complet mécontentement; il me fit entendre que lui et tous ceux de son pays étaient d'avis qu'il y en avait infiniment davantage. J'entrai dans la chapelle de Piali, où les hirondelles ont fait leurs nids : l'autel, qui repose sur un fût de colonnes, est une inscription funéraire des beaux siècles, à je ne sais quel Agésistrate[1]. Dans un des coins du pavé, qui est fort humide, sont entassés des squelettes, avec des restes d'habits de prêtres, et une mitre d'évêque. C'était pourtant là qu'il fallait retrouver le temple de Minerve Aléa aux trois ordres: ses frontons, ses bas-reliefs d'Atalante, de Méléagre et de Calydon. Fort près de là, au milieu d'un champ de fèves, il y a une aire formée de débris et de poussière de marbre,

---

1. ΧΑΙΡΕΤΕ
. . . . . ΑΓΗΣΙΣΤΡΑΤΕ.

qui doit être sa véritable place. Je me souvins d'avoir mesuré la veille des fûts cannelés de quatre pieds et demi de diamètre, tout-à-fait semblables à ceux dont on ne voit là que des fragmens. Mais puisque Pausanias trouve cent raisons pour louer un empereur d'avoir emporté dans Rome la statue d'ivoire de la déesse, je ne puis faire un grand crime à un pacha d'avoir traîné quelques colonnes du temple dans la mosquée de Tripolitza.

De ce plateau, qui commande à tout le Péloponnèse, avec les deux villes de Tégée et de Mantinée, qui en ferment les deux uniques défilés, l'Arcadie, si l'on ne voit que l'ordonnance matérielle, aurait dû gouverner la Grèce continentale; mais, au moment de la quitter, il faut dire pourquoi, après avoir été si grande dans les temps mythologiques, son inertie fut telle quand vint l'histoire, qu'elle ne fit que peser dans la balance du plus fort. De même que dans l'humanité, l'Orient, tout grand et puissant qu'il s'est montré dans l'époque religieuse, n'a point développé dans son sein la vie active du genre humain, et s'est éclipsé quand il a fallu agir, de même dans la civilisation grecque les peuples fameux dans l'âge héroïque et sacerdotal font place à d'autres, au moment des luttes civiles. Pas un d'eux n'a tenu dans l'histoire ce qu'il avait promis dans la fable, et n'a suffi à cette double carrière. Sitôt qu'il y a une Athènes, que deviennent l'Argos des Achéens et la Thèbes minyenne? Quelles grandes choses ont produites l'Arcadie et la Crète, où sont nés tant de grands dieux? Ailleurs les Étrusques ont beau se préparer par une lente divination; ce ne sont pas eux qui cueilleront le fruit de l'Italie. Ainsi de tous. C'est qu'après avoir montré que le génie de l'Orient les a élevés si haut dans le monde religieux, il resterait à faire voir que le même génie prolonge encore ses traces dans leur vie politique, et imprime long-temps à leurs mouvemens un reste d'inertie sacerdotale. Quand l'Arcadie se vantait de n'avoir jamais été effleurée par la conquête, elle avouait s'être soustraite à toute progression d'idées. Si elle préféra toujours les statues encore enfermées dans leurs gaînes égyptiennes, on peut dire que son histoire ne se meut pas avec plus de liberté que son art. Elle ne sut jamais prendre l'allure vive de ceux qui l'entouraient, et fit le continuel étonnement de la Grèce[1]. Les Doriens avaient déjà donné à leur Apollon la figure et l'activité humaine, qu'elle vivait encore au milieu des animaux symboliques de l'Asie. Au lieu de se prendre fortement à l'un ou à l'autre des systèmes politiques qui s'agitaient autour d'elle, son génie populaire

---

1. Les Arcadiens se liguent pour rétablir les anciens jeux olympiques, Diod., XV, 82. Paus., *lib.* 8. Polyb., p. 289. Plut., Num.; C. Cæs., p. 736. *Qu. Ro.*, p. 286. Mannert, *Geographie der Griechen und Rœmer*, 434. Otf. Müller, *Die Dorier*, 1 B., 372.

était au fond occupé de l'Artémis des forêts à tête de loup, d'ours, de cerf, de sanglier; et de fait, sous le joug de l'Orient elle restait, comme lui immobile, à un degré inférieur du monde nouveau.

Avant qu'il fût grand jour, un enfant albanais de douze à treize ans se tenait vis-à-vis de ma natte, les bras croisés sur la poitrine, un lambeau de laine attaché aux reins, déjà l'air préoccupé de sa race, un secret qui commence à se former sur ses lèvres, les traits fins et forts, les cheveux blonds, le front et le nez d'une seule ligne, la taille déjà plus droite, plus svelte, plus fière qu'un beau fusil de Janina. Kyrie, s'écria-t-il d'une voix rauque, est-ce au Palæochorio (il voulait dire Mantinée)? Sur ma réponse, il s'élança à cru sur un grand cheval turc, qu'il mit aussitôt au galop. Il ne prononça plus deux autres mots tout le reste de la journée. Nous allions donc voir ensemble, et au plus dans deux heures, le champ de bataille d'Épaminondas. Le temps était chargé; de larges et rares gouttes de pluie tombaient à plomb dans les mares. Le chemin au nord de Tripolitza suit le pied de l'Ornio. Point d'arbres, point de villages, des buissons de lia, qui s'alignent sur un sol percé de fondrières. A l'endroit où la plaine, qui s'est jusque là rétrécie, s'élargit de nouveau, mon guide, sans s'arrêter, me montra de la main quelque chose qui blanchit comme un cadavre noyé dans un marais. Du côté où les montagnes, toutes pelées, se ferment en amphithéâtre, nous restâmes embourbés dans l'Ophis, dont les détours se sont aujourd'hui confondus en un grand étang. De jeunes chevaux à demi sauvages, la tête renversée, la crinière pétrie de boue, se dressaient à travers les joncs pour nous voir passer. Des bandes de canards sauvages, des poules d'eau, des bécassines, partaient à grand fracas, le cou tendu en flèche, et allaient se jeter dans quelque crevasse. Des chèvres sautillaient sur des blocs et des moellons exprès couchés dans le bourbier pour leur faire un passage : c'est le commencement de Mantinée. Depuis là, les plus beaux murs, qui n'ont jamais moins de quinze pieds de large, et d'une blancheur vive, figurent de longues toiles de lin étendues au soleil sur ces cloaques qui peuvent à peine en réfléchir une demi-ombre noire et meurtrie. Tant au sud qu'à l'est, ils sont parfaitement conservés à la hauteur de deux assises. Leur périmètre est un rectangle, dont les arcs s'amortissent en arcs de cercle, et jamais on ne fait plus de cinquante pas sans rencontrer une tour. L'intervalle des portes est marqué par des espaces ouverts dans la ligne d'enceinte. Ces murs sont ceux qui remplacèrent, après la bataille de Leuctres[1], ceux de brique crue qu'Agésipolis avait fait dissoudre dans le marais. Ni là, ni ailleurs sur les

---

[1]. POLYB., IX, 14. XÉNOPH., *Hellen.*, VI, 4, 5.

hauteurs voisines, aucune trace d'une citadelle que j'ai long-temps cherchée; j'ajouterai qu'il n'y a au loin ni village, ni vestiges d'hommes, et que jamais solitude ne fut plus complète. Pendant qu'au nord l'Anchise et les montagnes d'Orchomène sont couvertes de neige, que le sol crevé de la plaine étend ses mousses entre deux chaînes gris de bruyères, jusqu'à la barre de Laconie, des feux follets courent le long des murs. Dans l'intérieur, des cercles s'agrandissent lentement autour de deux degrés d'un théâtre qui sort du fond des eaux dormantes. Quelquefois une rafale (et elles sont très-fréquentes sur ce plateau) tire d'une de ces flaques une sourde plainte qui, en moins de rien, a parcouru tout l'étang, et semble venir d'une foule de voix croupissantes sous les joncs.

Depuis Homère jusqu'à Hiéroclès au septième siècle de l'ère chrétienne, l'histoire de Mantinée peut se suivre sans trop d'interruption. Comme quelques villes d'Italie au moyen âge, elle se jeta sans conscience aux deux partis dominans, suivant que sa rivalité avec Tégée y trouva son profit. Une fois, après la paix d'Antalcidas, l'aristocratie de Sparte la divisa en bourgs. Plus tard, quand elle fut rétablie, Aratus lui ôta son nom, qu'elle perdit pendant dix générations, et vendit sur le marché ses habitans trois cents talens. Il y eut trois batailles à ses portes : la première, que décrit Thucydide, s'est décidée à l'extrémité nord du bassin ; la seconde, qui l'a illustrée, au tiers de la plaine et à l'un de ses coudes : l'endroit où Épaminondas tomba, était planté de chênes, qui ont disparu. C'est un sol nu, inculte, humide. Je savais que le lendemain des batailles ont déjà reverdi les plaines d'Austerlitz et de Iéna, les saules de Leipsick et les ormes de Waterloo. Je ne pouvais bien m'étonner de trouver de fraîches mousses et des touffes de glaïeul dans le pélasgus de Mantinée.

Ce jour-là, il s'agissait de voir lesquels

seraient les maîtres, de ceux de Sparte ou de Thèbes, des Doriens ou des Béotiens-Éoliens. A l'origine de l'histoire, ces deux familles s'étaient rencontrées dans le chemin de leurs migrations, et, sans se heurter, elles s'étaient reposées à côté l'une de l'autre dans la Phocide. Depuis séparées, l'une au sud, l'autre au nord, quand elles eurent tout changé sans entraves autour d'elles, de nouveau elles se rencontrèrent après plusieurs siècles pour se détruire mutuellement à Mantinée. Venues en Grèce du fond de la Thrace, elles avaient, en arrivant, aboli les temps mythologiques. Disparues, elles la laissèrent au monde d'Alexandre et des Romains. C'est dans l'intervalle de leur durée, et par les deux sortes de génies qu'elles possédaient, que s'ouvre et que s'achève la liberté grecque dans le drame de l'aristocratie et de la démocratie. L'histoire de Thèbes n'eut que ce moment d'éclat; mais soudain, imprévu, et je voudrais dire lyrique, autant que les odes de son unique poète; et cette vie d'Épaminondas, arrêtée là dans la mêlée, ressemble à ces strophes de Pindare, qui tout à coup, venues sans être préparées, s'interrompent et se brisent au plus fort du dythirambe.

Il était environ midi; j'étais sur le chemin de Tripolitza à Argos. A ce moment de la journée, excepté quelques tortues arrêtées au bord des précipices, toute vie animale est suspendue. J'avais perdu de vue, dans la plaine, les deux villages de Sténo et d'Agio-Yitika, et descendu le revers du Trochos sur des escaliers dont les débris croulent perpendiculairement dans la vallée. Des montagnes d'un sable blanc renvoyaient une lumière pénétrante qui n'a point d'ombre nulle part. Je grimpais péniblement le défilé d'Aglavo-Campo, quand on me montra au sommet des chevaux brillant d'acier, avec des housses brochées d'or, qui piaffaient sur les rochers; des drapeaux à la croix bleue et blanche, une troupe de pallichares disséminés dans les ravins, et qui portaient chacun comme un rayon de lumière partout où ils allaient. Par S. George, c'est Barba Iani (le père Jean)[1], dirent nos guides, en me faisant signe et en s'arrêtant pour resserrer leurs ceintures et le mouchoir dont ils se font un bandeau à la tête. En effet, c'était lui qui, pour la première fois, allait faire sa tournée en Morée. Au détour d'un rocher, nous vîmes, sur une plate-forme, un homme vêtu à l'européenne assis par terre sous un mûrier, un cercle de capitaines grecs autour de lui, debout, appuyés sur leurs sabres, et près du mûrier un tacticos en faction avec la lance et le drapeau grec. Je descendis pour remettre mes lettres au président, non pas sans une légère émotion de rencontrer si inopinément l'homme qui était alors toute l'espérance et presque la seule pensée du pays que je parcourais. Je lui avouai quelle idée défavorable j'avais apporté de son administration et de sa popu-

---

[1]. Nom populaire du président.

larité; et combien, depuis mon voyage, j'avais été obligé de changer d'opinion sur tout cela. Il me répondit avec un peu de tristesse, mais avec un calme qui contrastait avec tout ce qui l'entourait : laissons-les dire; ils ne changeront pas ce qui est. Vous voyez au fond de ce ravin cette petite hutte de crin de cheval. Il n'y a qu'un moment que j'y suis descendu et que j'ai demandé à l'homme qui l'habite, s'il a quelque grief contre l'administration. Cet homme a été d'abord bien étonné de voir le chef de son gouvernement entrer sous sa hutte; mais ensuite il m'a fait ses plaintes, et j'y ferai droit si je le puis. J'en agis ainsi tout le long de mon chemin.

Le président aurait pu ajouter qu'à son arrivée dans la Morée, à Napoli, peu de jours avant, des vieillards étaient tombés à ses pieds sur la route, et les avaient embrassés et arrosés de larmes, comme ceux d'un saint sauveur.

Et, en se tournant vers les capitaines qui

étaient là, et ne comprenaient rien à ce qu'il disait, vous voyez, continua-t-il, ces hommes qui se déchiraient, il y a peu de temps; ils sont aujourd'hui plus obéissans et plus *doux que des moutons*. L'autre jour, nous avons passé une revue de troupes régulières. Tous ont été frappés et enchantés de l'effet de la discipline. Et, comme il achevait ces mots, il me présentait à sa suite, en disant : voici messieurs Nikitas, Colocotroni, Dimitraki, Colopoulo.

Beaucoup de choses m'attiraient vers Nikitas : c'est le Bayard des klephtes. Je savais que dans le même défilé où nous étions, il était le premier qui, dans la révolution grecque, avait engagé le combat, et attendu au bout du fusil la cavalerie ennemie. Depuis les côtes de Modon, je n'avais entendu parler que de sa bravoure chevaleresque, de l'amulette pendue à son cou, et de son nom de Turkophage. Je savais que c'était lui qui, dans un moment de détresse, avait donné son sabre, sa seule richesse, pour en faire quelque argent pour Missolonghi. Toute l'armée française avait admiré la beauté et la naïveté de son attitude militaire. On y racontait de lui une histoire fort touchante. Quand l'armée débarqua à Pétalidi, Nikitas vint avec trois ou quatre cents pallichares offrir ses services et camper sur la grève. Il était pris de la fièvre sous sa tente, et n'avait pour vivre que quelques olives dans un pot de terre. Lorsque les officiers allaient lui faire visite, il cachait ses olives sous son manteau. Le général en chef, à qui cela fut raconté, lui fit offrir le traitement de maréchal-de-camp. Il répondit, qu'il ne manquait de rien, que la Grèce avait encore, Dieu merci, de quoi nourrir ses soldats; et il se mit de nouveau à cacher, mieux que jamais, son pot d'olives. Si l'on voulait faire l'idéal du pallichare le plus pur, le plus entraînant, le plus poétique, d'un homme qui touche à peine au sol, qui a encore plus de grâce que de force, qui conjure sur les sommets les balles des delhis, qui s'en va arracher à un pacha au milieu de son armée, ou un agneau, ou une outre de vin, pour qui le bruit du fusil, l'éclat du sabre, est une fête d'amour, une boisson plus fraîche que le vin de Candie, il faudrait peindre Nikitas, sans lui ôter un seul trait, non pas même l'amulette suspendue à son cou. Il est grand, svelte, prêt à s'élancer. Il a les pieds rapides des hommes de l'antiquité. Quand je le vis, les fièvres avaient pâli sa noble et belle figure. Il est impossible de porter la tête avec plus de fierté et de candeur, ni de voir des yeux bleus d'où jaillisse un feu plus pur. Son génie farouche, que sa bouche voile sous des moustaches fauves, couleur des bruyères des montagnes, relève le fond de douceur, de franchise et l'enthousiasme naturel qui illumine le haut de son visage. Vêtu de blanc, sans broderies, avec le léger turban de mousseline des Souliotes, il n'y avait que son beau sabre, pendu à sa poitrine, qui pût le faire reconnaître dans le groupe où il se tenait caché. Quand le Président l'appela, au premier mot, il s'élança plutôt qu'il ne marcha avec une grâce aérienne, dont celui qui l'avait nommé avait l'air de jouir comme du plus vif ornement de sa triste souveraineté. Je ne sais si ce fut le lieu, les monts sauvages qui nous entouraient, le regret qu'il me témoigna de ne pas me recevoir chez lui à Argos, ou la pensée des dangers qui l'avaient assailli, ou seulement l'expression entraînante et chevaleresque de toute sa personne, ni si ce fut lui qui m'attira, ou moi qui m'élançai vers lui; mais pendant long-temps je me sentis pressé dans ses bras, sans pouvoir m'en détacher. La même chose était arrivée quelques jours avant dans une première entrevue à un personnage diplomatique. Aussi personne de ceux qui étaient là, et qui nous regardaient, n'en parurent-ils étonnés.

Il y avait là, vis-à-vis de nous, un homme

qui se tenait immobile, les mains derrière le dos, et le plus différent de Nikitas qu'on puisse imaginer. Avec une taille médiocre, il avait des épaules de géant. C'était Colocotroni. Sa tête énorme s'inclinait légèrement sur sa poitrine, moins de vieillesse que chargée de soucis. Sous une forêt de sourcils, qui se froncent et ombragent le haut de sa figure, ses yeux perçaient encore à travers des lunettes vertes, qu'il portait depuis peu de temps. Son teint bronzé se heurte avec des moustaches grises, qui s'avancent en flocons, et empêchent qu'on ne surprenne sur sa bouche, ni un secret, ni un sourire, ni pour aucune chose aucune sympathie. Sans que son corps fasse un mouvement, sa tête tourne lentement autour de lui, comme s'il agitait quelque sinistre stratagème, ou que du haut d'une montagne, il épiât s'il n'est point de trop près traqué par un pacha. Par-dessus sa veste d'Albanais, brodée d'argent sur un fond sombre, il porte sur les épaules deux gueules béantes de lion, bossées en or, avec des chaînes de même métal, auxquelles elles servent d'agrafes. Pendant tout le temps que je le vis, ses lèvres ne se desserrèrent que pour prononcer d'une voix sourde et rugissante, une espèce de *Buon giorno*, auquel il ne comptait certainement pas donner une si lugubre expression. Avec son buste colossal, l'âpreté sauvage de ses traits, et les nuages dont il les couvre, on le compare heureusement à l'un de ces rochers sourcilleux et chenus du Macryplai, qui affectent de loin une figure humaine. Dans ce temps le président le promenait en lesse, tout frémissant, à travers la Morée, pour le faire assister à sa popularité naissante. Quoique le vieux chef n'eût alors rien perdu de la sienne, l'épreuve était bien dure, et c'est sans doute l'effort qu'il faisait sur lui-même pour céder sans résister, qui donnait à sa figure un air plus ténébreux qu'il ne l'eut probablement jamais.

Au fond, sa situation était très-semblable à celle des Götz de Berlichingen du 15.ᵉ siècle, lorsqu'ils maudissaient derrière leurs créneaux les déloyales inventions qui battaient en brêche chevaliers et suzerains. A chaque pas dans la Morée, il ne pouvait s'empêcher de voir qu'avec lui périt toute une époque, et qu'il est le dernier soutien des temps héroïques et féodaux de la Grèce moderne. Ce serait trop de vouloir qu'il n'en fût pas chagrin. Quand même ses pieds, aujourd'hui appesantis, et qui sont en lui la seule marque de l'âge, le porteraient aussi vite qu'autrefois sur les crêtes des montagnes, il n'y serait plus roi. Comme dans sa jeunesse, il ne pourrait plus dire autour de lui : descendez au choriô, amenez les chèvres et les moutons, que nous fassions ici la sainte Pâques. S'il va par les chemins battus faire rôtir un agneau, tout de même qu'un damné juif d'Ipsamboul, il faut qu'il le paie. Il n'entassera plus sous son donjon de Caritène, ni la rançon d'un marchand d'Odessa, ni les pistolets d'argent d'un Aga, ni ses poignards de nacre et d'ivoire, ni le prix de ses belles cavales noires, ni le trésor du visir, qui grimpait à dos de mulet le sentier du pachalik, ni peut-être aussi sa part de lion dans les quêtes des jeunes filles de France et d'Allemagne. Adieu, beaux pallichares vendus à sa famille. Klephtes et capitaines, dormez dans vos cabanes. D'Argos à Carvathi, il vous faudrait un passe-port. Adieu, ceintures d'acier, balles enchantées, fusils ailés, sabres plus tortueux que serpens et vipères; n'a-t-il pas vu passer à Napoli deux mille fantassins et trois cents cavaliers, tous inconnus, tous étranglés sous le schako des Moscovites; et, pour maître, n'a-t-il pas Barba Iani, qui jamais n'a touché le fourreau d'un ataghan. Psariotes et Souliotes, Forbans et Moréotes, cherchez votre île sous les eaux, votre pain sous la cendre. La plume a tout fait, le sabre n'est rien. Les vieux klephtes sont morts.

14

Le président donna, d'un seul mot, l'ordre du départ. Le sentier étant impraticable aux chevaux, il resta à pied, ainsi que tout le cortége. Les drapeaux des lanciers le devançaient de quelques pas. Après cela, il marchait au milieu d'un groupe de capitaines, presque tous vêtus de lin d'une éclatante blancheur. Ils étaient suivis par leurs chevaux qu'on menait en lesse, et qui se cabraient à chaque instant au bord des précipices. Une petite colonne de soldats irréguliers se divisaient dans plusieurs ravins, qu'ils tentaient d'escalader sur le revers des rochers ; la marche était fermée par quelques mulets qui portaient les bagages. Long-temps je restai avec mes guides à la même place, les yeux attachés sur cette caravane, pendant qu'elle descendait au-dessous de nous en tournoyant jusqu'au fond de la vallée. Par une chaleur dévorante, jusqu'au bout, je vis marcher toujours à la tête, d'un pas ferme, ce même homme vêtu de bleu, déjà brisé par l'âge et que sa vie était loin d'avoir préparé à de semblables fatigues. Quand je pensai que le seul ressort de l'ame le soutenait dans une si rude tâche, cette scène me parut fort attachante. Tous ceux qui l'entouraient avaient l'air de se grouper autour de lui pour la défense d'une pensée qu'il leur représentait; car il était seul sans armes. L'idée me vint que ce n'était pas sans une haute Providence que cette révolution effrénée et ces longs jours de carnage avaient enfin trouvé, pour les clorre et les rallier à la société de l'Europe, l'homme le plus calme, le plus reposé, le moins guerrier, le plus rassis, l'esprit le plus moderne de nos jours. À mesure qu'il se glissait sur les rochers, on aurait dit d'un missionnaire qui entraîne à sa suite sa peuplade de sauvages à travers un désert.

Un homme d'état qui débarquerait en Grèce trouverait trois cent mille hommes en Morée, deux cent mille dans les îles, cent mille en Romélie. Cette population, distincte de génie, s'est représentée long-temps par des chefs différens. Tous ils ont perdu leur influence à mesure qu'ils se sont séparés de l'administration actuelle. Les plus braves de la Morée sont les Arcadiens; du continent, les Roméliotes. Les îles tremblent sous Hydra. Chez eux, c'est-à-dire dans l'intérieur des terres, ils sont doux, hospitaliers, obéissans; la sûreté du voyageur y est plus grande que dans nos villes. Quoique composés de diverses invasions successives, le joug des Orientaux, qui les a tous également comprimés et à la fois, a rompu parmi eux toute inégalité, et empêché de s'y former aucune hiérarchie de tribus. Par-dessus cette population harassée, décimée, mais égale, et qui n'aspire qu'au repos, s'agite, on ne sait quelle aristocratie, éprise des priviléges orientaux, et dont il importe, enfin, de démêler ici l'étrange anomalie historique. Par une suite particulière d'événemens, et par un cas unique dans la loi de composition des sociétés, les hommes conquis sont ici les patriciens; les conquérans, les plébéiens. En même temps que les émigrations slaves s'accomplissaient au moyen âge, les anciennes familles byzantines allaient se retirant et s'enfermant dans Constantinople; si bien, qu'un jour le sol fut conquis sans les grands propriétaires. Mettant à profit leur longue absence, comme si rien ne s'était passé, comme si des peuplades victorieuses ne les eussent pas supplantées, on les voit aujourd'hui qui reviennent avec les traditions des Andronic, sur lesquels s'est enté l'esprit ottoman. Aristocratie sans patrons et sans cliens, sans puissance et sans terre, séparée du passé par une race nouvelle, qui sent à chaque pas le sol lui manquer, mensonge dans l'histoire; de là, au lieu d'un ordre, réduite à n'être qu'une brigue; vive, impatiente, habile; faite pour ajouter au pays l'ornement de ses ruines, jamais un fondement réel. Au contraire, de la même manière que la population s'est introduite à petit bruit sur le sol qu'elle occupe, elle pénètre naturellement, mais sans éclater, dans les affaires publiques. Le premier problème est donc de demêler à travers le prisme des primats, l'anomalie où ils tentent d'engager l'État.

De la composition du peuple, si l'on passe à celle du sol, les neuf dixièmes des terres sont des terres nationales. C'est le trait par où se trahit le mieux, sous des formes barbares, le caractère social et tout moderne de la révolution grecque, que la division des terres ne s'y est point opérée entre les plus forts par l'ancien droit héroïque. Le peuple, en montrant des pans de murailles incendiés par des chefs, dit bien : voilà la tour de Nikitas. Mais le vrai est, qu'au milieu de tous les bouleversemens le gouvernement est resté le seul propriétaire. Il n'y a pas deux exemples qu'un sol si violemment conquis et par de si rudes mains, au lieu de tomber sous la loi des personnes, ait été conservé intact à l'idée abstraite d'un pouvoir qui, en réalité, ne se faisait sentir nulle part.

La conséquence de ces deux faits emporte avec soi la nature de la constitution politique. Tant que la fascination des idées européennes s'exercera dans toute sa nouveauté sur des tribus encore primitives, peut-être ne faut-il point tant s'étonner, si l'Europe règne en personne par un des siens à ce moment de leur histoire. Soit épuisement, soit vif pressentiment de ce qu'ils n'ont pas, il est certain que ces hommes, si forts dans le danger, ont une défiance surprenante quand il ne faut plus que vivre comme nous; et puisque la pensée de la sociabilité moderne retient sous son joug une partie de leur élan, peut-être est-il inévitable que ceci paraisse en quelque chose et par surprise dans les accidens de leur gouvernement; mais, ceci accordé, l'idée ne viendra à personne que ces avances de l'Europe parviennent à fonder autrement que pour un jour sa passagère et superficielle dictature, ni que l'hérédité se laisse exporter, si elle n'est autocthône. Or, nous avons vu que ni dans la nature du sol, ni dans la composition de la race, ne se découvre un seul élément capable de se résumer sous l'idée d'hérédité. Tout ici est spontané et soudain : peuple, terre, civilisation, histoire. Point de traditions, point de succession. La constitution sera ce qu'a été l'histoire. Le même génie slave qui a éclaté inopiné sous la main de l'Orient, saura bien reparaître tel dans l'institution de son gouvernement, et le principe électif qui a vivifié dans la guerre chaque moment du passé, continuera d'organiser dans la paix chaque moment de l'avenir.

Après la considération des races, le caractère actuel de la religion grecque est le point le plus profond de la question. Dans l'histoire des cultes antiques, tout le monde accorde que la Grèce, par son anthropomorphisme, faisait déjà schisme avec le reste de l'humanité religieuse. Non-seulement cela paraissait vis-à-vis de l'Orient, mais aussi vis-à-vis de Rome. Au milieu de la vie civile, ses dieux ne conservèrent pas comme là le génie cosmogonique, et jamais elle ne consentit à la fusion du sacerdoce et du pouvoir politique que l'Italie païenne emprunta de l'Étrurie et perpétua dans le papisme. L'hérésie byzantine est déjà toute entière dans l'altération du symbole au temps de Périclès, et l'arianisme, dont jamais elle n'a pu pleinement se dépouiller, a commencé du jour où elle a réduit les grands dieux de l'Égypte à la hauteur et à l'image de l'homme. Le mouvement de la révolution moderne a d'ailleurs réveillé dans les plus habiles un sentiment d'orgueil humain, et avec lui le principe long-temps endormi qui avait fait le schisme. Dans le peuple il a brisé plusieurs traditions; et au fond des forêts une foule de gnômes et de sylphes, restes des grandes divinités qui les peuplaient autrefois, ont disparu dans l'incendie. Ce qui frappe d'abord, c'est le délaissement où le clergé est réduit, le peu d'empressement que l'on met à le relever. L'Église grecque, ainsi éconduite du monde politique, est forcément dans une situation voisine de celle de l'Église anglicane. Il ne serait point surprenant que l'esprit du protestantisme vînt à la longue à pénétrer sous les porches des églises byzantines, et que le génie germanique et grec, qui se sont déjà unis au commencement dans l'hérésie de l'arianisme, vinssent de nouveau à se confondre à cette autre extrémité de leur histoire.

Ajoutez, en effet, qu'il n'est aucun pays où l'avidité d'instruction soit plus grande qu'en Grèce. On trouve des espèces de villes où pas autre bruit se fait entendre, qu'un continuel bourdonnement d'écoles mutuelles. Les enfans sont assis en cercle, en plein air, sous quelques branches de pin. Un papas, debout au milieu d'eux, entretient ce murmure, que les passans respectent, et que n'interrompent ni matelots, ni soldats, ni cavaliers, s'ils s'arrêtent près de là. Ils récitent ainsi des extraits de l'Évangile, faits avec beaucoup de discernement. On y a joint un petit livre des *Devoirs de l'enfant*[1], qui, dans sa rude naïveté, peint mieux le pays que tout ce que je pourrais dire. L'enfant obéissant apprend ses lettres pour devenir un bon chrétien, et avec le temps un brave patriote. Il salue les autres hommes en portant la main sur son cœur et en inclinant un peu la tête. Il se garde des pistolets, des poignards, des sabres et du feu, dont une étincelle a brûlé autour de lui de si magnifiques villes[2]. Il souffre sans pleurer la faim et la soif; il ne boit pas l'eau corrompue que boivent les animaux. Si ses mains sont gelées, ou ses pieds ou une partie de son corps, il ne s'approche pas du feu, mais il les lave dans la neige. Ce sont pourtant là les leçons qu'épèlent des

---

1. ΜΑΘΗΜΑΤΑ ΠΑΙΔΑΓΟΓΙΚΑ.
2. Ὁλοκλήρους πόλεις.

enfans de trois à quatre ans. La difficulté est d'abord de les conserver en vie ; et l'apprentissage n'est guères moins rude pour eux qu'il n'a été pour leurs pères.

A ces faits, on pourrait en joindre un grand nombre d'autres[1] ; ceux-là suffisent pour montrer que, l'initiative appartenant en grande partie au chef de l'état, ce ne serait pas trop que de l'ame de Saint-Vincent de Paule et de tout l'esprit de Pitt pour bien remplir sa tâche. Quel que soit celui à qui elle appartienne, la première condition pour bien servir la Grèce, est d'être convaincu des bases nécessaires de la révolution moderne. Toute intention qui ne se ralliera pas à l'idée d'un plan historique dès long-temps préparé sur ce pays, chancellera à l'œuvre dans les épreuves qui l'attendent. Depuis les temps de Théophile, les provinces incessamment renouvelées ne passent pas un demi-siècle sans tenter d'échapper au monde byzantin. Même sous

---

1. Voyez une note à la fin du volume.

la domination chrétienne une continuelle rumeur, et qui n'est étouffée que par la facilité des concessions, réveille de ce côté la cour théologique des Constantins. Dès le dixième siècle il est facile de suivre le mouvement de ces émigrations qui entrent d'abord furtivement, puis se soumettent, puis renaissent, puis, enfin, se fortifient sur les deux revers du Pentedactylos, presque par le même chemin que les invasions de la seconde époque dans la haute antiquité grecque. Ce qui s'agite au Levant, c'est donc l'apparition de toute une race nouvelle. Suivant la loi de toutes les migrations, elle a commencé de s'organiser là où elle touchait aux plus anciens élémens de société, et le génie slave et albanais éclate sur le sol grec par la même raison que le génie germanique a éclaté en Italie plutôt qu'en France, en France plutôt qu'en Allemagne. Loin que le passé de cette terre se retourne contre elle, toujours on a vu, au contraire, l'humanité se replier pour s'accroître, l'Arabie musulmane sur la Perse de Zoroastre, la Florence du Dante sur l'Étrurie de Tagès, et par plus grandes masses, toute entière la race indo-germanique, un jour venue du fond de l'Inde, y retourner encore par le chemin de l'Angleterre, serpent endormi autour du globe, qui lentement le froisse et l'enserre de son anneau d'éternité.

Qu'ainsi la supériorité de nos mœurs ne vous fasse pas prendre, dès l'abord, en dédain une population haletante, épuisée, éperdue, qui achèterait un peu de repos par le reste de son sang. Que la vue de cette continuelle douleur, qui vous atteindra malgré vous, ne vous aigrisse, ni ne vous endurcisse. Irrités par leur détresse, un trop grand nombre d'étrangers ont cru qu'ils achetaient assez cher le droit d'humilier ceux qu'ils servaient; ne mettez pas vos services à ce prix. Ceux qui ont laissé des souvenirs dans le fond des rochers et pour lesquels le peuple garde son pollà kalò, ne les ont jamais rabaissés; c'est ce qu'ils pardonnent le moins. Sans avoir rien fait auparavant pour cela, si c'est à vous qu'il est donné d'accomplir des choses auxquelles tant de gens de cœur ont usé ou cruellement perdu leur vie, au moins ayez pitié de ceux de Chio, de Psara, des Candiotes, des réfugiés de Romélie, et je voudrais ajouter, en particulier de tous mes hôtes. Car, bien qu'on le dise, je ne puis croire qu'un homme ait si peu de valeur que de s'en aller tranquillement, sans se lasser, trahir un reste de klephtes mutilés, qu'il verra si naïvement empressés à leur réforme; et quand même on n'y serait pas autrement enclin, cette royauté est si triste, si sanglante, si amère, que, pour y avoir un seul jour de joie et pour n'y pas périr, il faudrait y porter quelque louable pensée. En ceci, le meilleur exemple a été donné par celui que nous avons tout à l'heure perdu de vue dans le Trochos.

Du sommet du Parthénius, deux crêtes qui se séparent laissent voir un long bras de mer sur lequel nous étions suspendus. Au milieu de l'esplanade, le cheval à housse brodée d'un primat piaffait sur les colonnes et les marbres d'un petit temple, qui ne peut être que celui de Pan. Un ruisseau en arrosait les fondemens, sur lesquels une troupe de muletiers avaient déposé leurs fardeaux. Un étranger en Grèce devrait se dispenser de toute réflexion; car, presque dans chaque lieu où il se sent invinciblement arrêté, il se trouve que cette poétique et hâtive impression de voyage a déjà été là pour jamais déposée dans la pensée d'un temple et d'un culte. Je crois cependant constater un fait moral, en disant que ces rencontres de temples et ces retours à l'âge des institutions primitives, réveillaient en nous la sympathie que la jeunesse de chaque homme nourrit à son insçu avec la mythologie du genre humain. Allant et venant sur ces rochers, j'aimais à retrouver dans le sein d'un peuple le long rêve dont s'est bercée mon ame. Quand du fond des vallées j'aspirais, dans mon enfance, comme vers un asile d'espérance et de paix, vers les sommets des montagnes, quand, sous les pins clairsemés qui les dominent, je plaçais des vierges blanches et des anges aux ailes d'or, je ne savais pas que de vastes empires, pris du même vertige, s'étaient inclinés de longs siècles avant moi au pied du Mérou, du Caucase et de l'Olympe. Jours passés près des lacs, sur le rivage des mers, longs regards attachés sur les sources des grottes, qui m'eût dit, que sous ces songes se berçaient de nouveau à demi ranimés, les Néréides des Grecs, les Ondines des Germains, l'Oannès du golfe Érythrée et les Avatars du Gange. Ainsi le voile magique qui, cernant dans ma pensée l'univers et moi-même, avait enveloppé de son cercle d'azur le son répandu dans l'air, l'île inhabitée, je le reconnaissais flottant sur le berceau d'un peuple; car le premier éveil de la pensée renferme toutes les merveilles des théologies de l'Inde, de la Perse, de l'Égypte et des dieux homériques; et toute génération nouvelle apporte avec elle une mythologie entière, qui, ne trouvant plus d'écho parmi les peuples, périt où elle est née. De là, l'ame de l'homme, à l'extrémité des temps, a la beauté et la tristesse de ces ruines du Levant, que le printemps couvre sans cesse de glaïeuls et d'anémones de pourpre. Vient le vent d'été, qui fait mourir leurs feuilles, et l'on ne voit plus qu'une confusion de colonnes, des épitaphes effacées et des débris d'une langue évanouie.

Nous descendîmes sur le bord d'un torrent dans la plaine de l'Argolide. Les premiers objets qu'on rencontre sont de larges assises, formées en quadrilatère au pied de la montagne. Dans ce même endroit était placé le tombeau des Argiens morts auprès d'Hysie. Un peu plus loin, des ruisseaux divisés en trois branches, et resserrés dans des canaux, courent avec une extrême vitesse à travers de hautes herbes, et vont s'amortir à l'est dans un marais. L'hydre de Lerne n'a plus que ces trois têtes qui font tourner quelques moulins. Des chameaux s'y étaient embourbés et s'y tenaient accroupis avec leurs charges. Le fracas que fait cette eau en jaillissant au pied de la montagne, couvrait les cris de leurs guides. De fort loin on la voit bondir, et son écume blanchit justement à l'entrée d'une grotte fort obscure, qui ressemble aux fenêtres taillées dans les galeries des murs cyclopéens. Il y en a plusieurs de ce genre ouvertes sur la plaine. Leurs voûtes, qui font de grandes taches noires et mystérieuses sur le penchant des rochers, sont toutes l'objet d'un culte populaire, et la mythologie achéenne y avait déjà caché ses dieux souterrains.

De là, en rasant les flancs de cette chaîne, on aperçoit sur une crête en saillie les dentelures de la citadelle d'Argos, si légères et si menues, qu'elles semblent fléchir au vent. Vers le nord, à l'extrémité de l'horizon, les montagnes de Carvathi dressent deux pyramides grises et nues au-dessus des tombeaux de Mycènes. En face, au levant, et aux deux tiers de la plaine, les murs de Tyrinthe sur leur butte figurent une grande carcasse de vaisseau échoué dans les lagunes. Puis les minarets et les maisons de Napoli, acculés sur la droite, se noient au fond du golfe. Tous ces points séparés sont unis en cercle par des montagnes nues de médiocre élévation, et dont quelques-unes à leur sommet étaient tendues d'un filet de neige. Une mer d'un bleu de saphir fermait ce bassin et tenait en calme trois bricks, vis-à-vis d'un rivage uni et chargé de joncs. Des bandes d'oies sauvages traversaient continuellement la plaine, semblables à la fumée d'un feu de bergers qui s'évapore. Comme il n'y a ni arbres dans les champs, ni contreforts détachés des montagnes, et que la courbe de cet amphithéâtre est singulièrement évasée, il n'est pas un ravin d'où l'on ne voie ce long horizon de la mer, sans îles, sans atterrissemens et sans grèves. Mesurée géométriquement de son foyer, cette courbe est une véritable parabole, dont l'ouverture s'élargit à l'infini sur le plan du golfe. Il en résulte que de tous les paysages de la Grèce, celui-là a le plus de grandeur, et reproduit le mieux le repos et le large dessin des formes homériques. C'est aussi celui qui offrit à l'histoire la plus puissante base. Quand le génie de l'Orient y arriva encore tout humide des flots, il n'eut pas besoin, comme ailleurs, de se contraindre, dès le commencement, dans de plus étroites limites. Comme il s'était développé par masses sur les plateaux de l'Asie, il continua, sinon de croître, de se répandre à l'aise et à pleins bords dans cette avide coupe de l'Argolide. Il ne diminua de grandeur ni ses villes, ni ses murs, ni ses portes, ni ses tombeaux. Il les laissa s'amonceler dans la plaine, et continua de tailler ses marbres aussi pesans que ses granits d'Égypte. Ses monarchies restèrent aussi puissantes que dans l'Asie, ses symboles aussi vastes, et le poëme des rois d'Argos se trouva être de la famille des épopées orientales, dont il fermait le cycle.

Le chemin d'Argos était encombré de passans comme à l'approche d'une grande ville. Sous un verger de citronniers, dans un champ, on entendait des sons de guitarre et les chansons de quelques jeunes hommes couchés sur l'herbe. Un peu plus loin, une meute de chiens rongeaient et traînaient, au milieu de la rue, un cadavre de cheval. Une troupe de femmes et de jeunes filles, l'air fébrile et exténué, portaient, dans les pans de leurs robes, des mottes de terre pour combler un marais et gagner vers le soir quelques olives. Sur le sentier d'Agamemnon, trois à quatre cents enfans rentraient dans l'école mutuelle, et donnaient le salut militaire à la fille d'un primat qui traversait leurs rangs sur un cheval caparaçonné d'un tapis de soie et d'or, ou au gouverneur Basiliadi qui les regardait passer, misérablement assis sur la terre, depuis qu'un boulet lui a emporté le bras droit. Un escadron de tacticos, un grand nombre ayant encore conservé la veste et la chasuble de leurs montagnes, se tenaient mal-adroitement huchés sur des chevaux venus de l'armée française, et tels quels se disposaient à partir pour le siége de Lépante. Le bruit de leurs trompettes retentissait dans les cavernes des environs, et joignait une impression guerrière à la brise énervante du soir, qui, après s'être imprégnée des poisons de Lerne, venait doucement s'engouffrer sous les branches des cyprès. Perpendiculairement au-dessus de nos têtes, la lune reposait sur les créneaux de la citadelle comme le bouclier d'argent que les Achéens y tenaient autrefois suspendu. Long-temps nous errâmes dans un labyrinthe de maisons écrasées, formées de plateaux d'argile, la véritable plinthe de l'antiquité. Des carrefours déserts, mais nullement encombrés, de longs murs de jardins, où des chameaux font crier des pompes à chapelet, un village à demi caché dans les blés, des huttes en chaume avec des marteaux de bronze sur les portes, partout l'odeur de la nielle, il n'en fallait pas tant pour nous enchanter, nous autres nouveaux arrivés de Messénie, jaunis par la fièvre et le besoin. L'admiration de nos guides me persuada que la ville d'aujourd'hui n'est guère différente de ce qu'elle était avant la guerre. Je pensai que ceci serait bientôt vrai du pays entier, et, pour la première fois, je jouis de la voluptueuse magnificence d'une nuit du Levant, sans qu'elle me fût reprochée par la détresse et l'insomnie des hommes.

Je m'établissais sous un hangar, quand l'astinome vint m'offrir sa maison. Nous y trouvâmes un toit fermé; ce qui ne nous était plus arrivé depuis Modon. Dès le lever du soleil, mon hôte commençait avec ardeur ses fonctions. Il était à la fois le juge de paix et le commissaire de police. La meilleure partie de son temps s'employait à distribuer des passe-ports. Il était si prodigue et si fier de cette discipline européenne, que difficilement un agogiati se serait aventuré à traverser sans son laissez-passer le lit de l'Inachus, et il se montra un jour fort désappointé que j'eusse pénétré sans sa signature et son sceau dans l'enceinte cyclopéenne de Tyrinthe.

La population d'Argos[1] a augmenté d'un tiers par le nombre des réfugiés que le voisinage et la protection du gouvernement y ont attirés. Quoique la bonté de son air soit vantée en comparaison de celui de Napoli, le vent du midi, qui soufflait constamment, me

---

1. Les impôts d'Argos ont produit l'année dernière 64,000 piastres, tant par les dîmes que par les douanes; les terres des particuliers sont grevées d'un dixième pour cent. Les terres nationales affermées, d'un trentième. La valeur du territoire entier a été estimée par le gouvernement, en 1823, quarante millions de piastres.

donna dès l'arrivée une fièvre lente, en sorte
qu'il me devint bien difficile de me tenir
debout. Mon sommeil ne valait guère mieux
que celui des Atrides; c'était le cauchemar
albanais, et sous ce ciel imprégné du parfum des citronniers, je ne pouvais fermer les
yeux sans voir autour de moi les squelettes
de la Messénie se ranimer et ramper par
lambeaux sur ma poitrine. Je ne savais que
me traîner sur le toit des chapelles, où sont
flanquées tant de belles inscriptions : ou c'était
un marbre gravé pour un vainqueur des
fêtes néméennes[1], ou un tribut apporté aux
Argiens, ou la consécration d'un néophyte
des premiers temps du christianisme, ou la
pierre sépulcrale d'une femme romaine.
Quand je les avais copiées, j'aimais à entrer,
à l'heure des offices, dans les églises, où les
enfans chantaient des prières pour les rois
de France, d'Angleterre et de Russie. Le

---

1. Voyez Villoison, Hist. de l'Acad. des inscript., tom. 38, p. 48.

peuple y était fort assidu. J'aimais à voir ces figures de matelots s'encadrer dans les auréoles pourprées des figures byzantines qui sont collées sur les murs et avec lesquelles on leur trouve souvent un type de ressemblance. Les chants sont singulièrement nasillards et décrépits. La confusion des cérémonies, qui réfléchit toute la confusion des peuples et des temps survenus en Grèce, rappelle constamment que ce chaos n'a jamais été organisé par une main souveraine. Avec cela, il y a pourtant un moment où la majesté grecque et son génie d'artiste reparaissent tout entiers. C'est lorsque le prêtre, après être resté invisible pendant l'office, selon la liturgie du polythéisme, ouvre à la fin les rideaux qui le cachaient, et tout brillant d'or et d'argent, sous un toit vermoulu se montre immobile avec sa haute mitre et sa longue barbe blanche, comme un symbole de la lumière qui se dévoile quand les mystères sont accomplis.

Jusqu'ici on a dû voir que la plus ancienne ville du Péloponnèse est celle où l'on rencontre le moins de ruines. Cependant, dans cette bourgade européenne, au milieu de la préoccupation de chacun, souvent un débris de statue fiché dans un mur, ou les cailloux de l'Inachus qui meurtrissent les pieds d'une jeune fille courbée sous sa charge d'orge verte, vous rejettent à l'improviste dans l'Argos des Achéens, avec ses huttes de Pélasges, ses cinquante puits changés en Danaïdes, et une partie de son peuple suspendu aux polygones de la Larisse. Au sud-est de la ville, le théâtre était à demi déblayé, et devait servir aux réunions des députés qui allaient être convoqués. Ses gradins sont taillés dans le rocher, qui forme sa courbure naturelle. L'enceinte en était remplie de vert, de bleu de jaune, de chapelles çà et là écroulées, de torrens desséchés, d'ombres et de nuages, le tout en si larges traits, que je ne l'aurais pas changé contre l'introduction de l'Électre de Sophocle. Il faut en outre remarquer en général de ces sortes de monumens, que les gradins des roches calcaires en marquent naturellement la rampe, qu'ils sont exactement enveloppés et pressés par les flancs des collines, jetés avec elles dans le même moule, souvent parties inhérentes des montagnes. Ce qui est cause que de tous ceux de la Grèce ils semblent les plus originaux et les plus indigènes, comme l'art lui-même pour lequel ils étaient faits. Avant l'architecte, les vallées, en s'approfondissant dans l'origine, en ont tracé le plan, et il n'a presque été besoin à l'art que de déblayer le détritus des forêts et des animaux d'un autre âge, pour trouver sur le roc du déluge le vieux théâtre d'Eschyle. Aussi sont-ils en général fort bien conservés. Il y en a qui descendent, tel que celui que nous venons de visiter, sous des plateaux d'orge; d'autres, qui sont restés nus, où les chevriers vont s'asseoir; d'autres qui, sans avoir perdu une seule pierre, ont recouvert leurs marbres de gradins d'arbousiers, d'ébéniers sauvages, de myrtes et de plusieurs arbrisseaux, qui tout le jour penchés et murmurant au moindre souffle, imitent le frémissement d'une assemblée de spectateurs.

A côté du théâtre qui, au temps de Tite-Live, faisait face au marché, croule une tour romaine. L'épuisement où j'étais réduit, m'empêcha, à diverses reprises, de grimper sur les polygones cyclopéens qui supportent les frêles murailles de la citadelle de Marie d'Enghien ; je m'en consolai par le petit nombre qui en reste. Il est évident que les Doriens, en expulsant ou détruisant les anciens habitans, ont aussi peu à peu aboli les débris de la ville achéenne. Placée sur l'unique chemin des invasions, depuis les Héraclides jusqu'aux Albanais, foulée presque aussitôt que formée, Argos n'eut son libre développement que dans les premiers jours des temps héroïques ; vers l'époque d'Homère, elle était déjà éclipsée par Mycènes. De là, son histoire, à mesure qu'on s'en veut approcher, recule incessament vers des temps plus lointains. On ne connaît d'elle que son déclin, plus éclatante plus elle est éloignée. Toujours son peuple vous renvoie à un peuple plus ancien, ses héros à de plus grands héros. Vous croyez la saisir en atteignant ces longues races d'hommes qu'elle cache sous la généalogie des dieux. Mais quand vous les touchez, ces dieux se retirent eux-mêmes sur le plan de l'Asie, et se déploient dans la lointaine perspective des migrations orientales. En sorte que cette lumière, qui jaillit en apparence du centre du monde achéen, et en réalité a son foyer beaucoup plus éloigné, ne fait qu'éclairer par un continuel mirage les fondemens toujours plus larges, plus ils sont reculés, sur lesquels repose tout le système de l'esprit grec.

La véritable antiquité d'Argos, c'est l'Inachus. Au nord de la ville on traverse un banc de cailloux roulés, parfaitement de niveau avec le reste de la plaine, et qui a deux cent dix pas de large. Les pierres qu'il roule, sont calcaires, et l'on y trouve aussi quelques débris de basalte. Quoique l'hiver eût été fort pluvieux, il n'y avait pas une goutte d'eau. Il est vrai qu'à un quart de lieue plus loin coulaient deux ruisseaux, qui se nommaient aussi Zeiria ; ce qui permettrait de croire qu'ils en sont au moins des affluens. Je ne sais si l'on a remarqué que pas un des fleuves de la Grèce n'a conservé son ancien nom, même quand les villes qu'ils traversent ont gardé le leur ; partout les objets de la nature se rajeunissent et se renouvellent dans les langues ; au contraire, les mots qui tiennent à quelque chose de l'homme, tendent à se perpétuer et à vieillir comme lui.

C'était alors le temps du retour des grues et des cigognes. On entendait sans cesse leurs bandes crier au sommet de la Larisse. Des oies sauvages marchaient dans la plaine à côté des laboureurs. En suivant ces troupes d'oiseaux, qui, après avoir dans l'origine servi souvent de guides aux mouvemens des peuples primitifs, revenaient de nouveau dans les mêmes lieux, sans leurs anciens compagnons de voyage, l'idée me vint qu'il faudrait qu'un observateur habile comparât en détail les migrations des animaux voyageurs, et celles des races humaines. On serait étonné de voir combien l'histoire universelle se confond dans ces temps primitifs avec l'ordre régulier de la nature. C'est un aveu de l'antiquité, que la plupart des villes ont été construites sur l'avertissement d'un oiseau prophétique. Les Mégaréens suivent une bande de grues sur les sommets de la Géranie. Des tourterelles conduisent des Chalcidiens à Cumes. Un essaim d'abeilles montre aux nymphes de l'Attique le chemin de la Lydie.[1]

---

[1] D'autres faits de ce genre appartiennent aux symboles; le plus grand nombre ont incontestablement un sens littéral.

Errante et délaissée, l'humanité au berceau prenait pour conseillers le pélican du désert et l'alouette printanière. Réciproquement, elle étendait dans ses guides l'instinct auquel elle avait obéi. La cigogne, qui d'abord n'arrivait que jusqu'à la mer Noire, suivait peu à peu la hutte du Pélasge en Thessalie, en Argolide, et augmentait chaque siècle le cercle de son voyage. Ainsi seulement s'expliquent une foule de migrations, que ne commandent ni le changement de climats, ni l'instinct de la faim. Je ne pouvais songer sans étonnement que la grande émigration du genre humain, par la branche indo-germanique, est chaque printemps représentée et fêtée dans un continuel anniversaire par ces mêmes tribus, envoyées du berceau primitif du monde oriental, et que je rencontrais dans les mares du Zeiria. Partis de la vallée de Cachemire et des rivages du fleuve de Brahma, la famille de ces barges, de ces palmipèdes, le merle rose, le pluvier doré, le héron pourpré, le chevalier stagnatile, avaient repris, le long du Taurus, le chemin des peuples Zend. Ils s'étaient partagés dans l'Iran, entre la Perse, la Médie et la Bactriane : ils avaient baigné leurs ailes dans les marais solitaires de l'Euphrate, et près des lions couronnés de Persépolis. De là, remontant par l'Arménie jusques à l'entrée des portes Caspiennes, dans les gorges du Caucase, ils avaient passé l'hiver dans ces mêmes retraites où l'humanité s'est long-temps recueillie pour produire la souche des races helléniques, et ils avaient fait leurs nids là où sont les traditions de Prométhée. Maintenant, leur postérité prête à les suivre, ils s'en allaient en Thessalie sur les pas des Doriens, dans le bassin du Danube, sur les traces des Germains et des Slaves, pour terminer leurs courses dans les fossés des châteaux du moyen âge. Ajoutons que là on ne les voit jamais sous leurs couleurs natives. Point de pourpre, point d'éclat; un triste vêtement d'hiver, de même que les fables étincelantes de Wischna et d'Ormuzd, se chargeant peu à peu de frimas, n'apparaissent au Nord qu'à travers le voile pesant des Eddas scandinaves.

Le jour où je pris le chemin de Mycènes fut le dernier où je vis de la pluie en Grèce. Quand ce pays est une fois privé de sa lumière, il n'en est point de plus misérable. Les pentes de son sol, au lieu de se nuancer comme au nord par des touffes de mousses et une verdure fourrée, repoussent eux-mêmes par une fausse et morne lueur les ombres qui s'y arrêtent, et l'atmosphère paraît toute meurtrie à chaque point de l'horizon. De petits triangles de feu rougissaient les filets de neige qui alors n'étaient point encore fondus sur les montagnes. Le bruit du tonnerre, comme si la courbe évasée de l'Argolide l'eût laissé glisser sans le retenir, allait rouler sur les vagues et vibrer sans éclater au fond du golfe de Napoli. La plaine, ainsi que la plupart de celles de la Grèce, est couverte de cailloux roulés; ce que la mythologie expliquait dans son langage, en faisant naître l'Argolide de l'Inachus. Après trois heures, nous quittâmes la plaine pour gravir de larges et fauves croupes, encombrées de masses de rochers, qui ont roulé jusqu'au bas, et enferment d'une espèce de rempart cyclopéen les huttes de Carvathi. Ni arbres, ni arbrisseaux, rien n'y croît, et l'on n'y trouverait plus une broussaille pour y cacher l'urne d'Électre. Des cavernes éclairées à l'intérieur comme des forges par des feux de bergers, des coups de vent contre des pics pelés, des miaulemens de chacals sur les sommets, point de sentiers; au loin, au bout de la plaine, une vapeur si pâle qu'on ne peut dire si c'est le nuage ou la mer; de l'autre côté, des lambeaux de terrains jaunâtres sur un bassin de sable : partout là s'est conservé le caractère sauvage et le vague horizon d'un drame d'Eschyle. Mes guides traînaient leurs chevaux sans rien dire. Quand on n'aurait fait autre chose en sa vie que le métier de pallichare, on ne pourrait descendre au fond de ces précipices et tout à coup voir sur sa tête ces murs de Cyclopes plonger à pic sur l'eau des torrens avec leurs petites galeries noires, où se suspendent les couleuvres et les scorpions, ni entendre s'engouffrer la pluie et les hiboux sous ces portes de tombeaux ouvertes dans le flanc des montagnes, sans ressentir une vague et religieuse horreur, à laquelle rien ne vous prépare de tout ce que vous avez vu jusque là en Grèce.

Au sommet d'un tertre nous tombâmes d'abord sur une voûte conique, dont seulement une pointe perçait le sol. Le reste plongeait dans une colline qui a bien les dix arpens qu'Homère donnait à ses tombeaux. A deux cents pas de là, au haut d'une rampe rapide, deux lignes de rocs, qu'en approchant on reconnaît pour des murailles de couleur jaune, rongées par les chutes d'eau, enferment dans leur encadrement la pierre noire de la porte de Mycènes. Je ne sais si c'est la comparaison des polygones qui sont entassés sur les côtés, à la hauteur encore de quatre assises ; mais le bas-relief des lions n'a qu'un effet grêle sur ce fond de rochers. Le dessin n'en est point non plus purement égyptien. Les formes ont déjà un commencement de vie. Ces corps dressés ne gardent plus le repos des sphinx. Ce qu'ils ont gagné en mouvement, ils l'ont perdu en grandeur. Un effort naissant de correction a déprimé leurs masses. De là ils tiennent le milieu entre le style oriental et les premiers rudimens du style éginétique. Ce qu'il y a de surprenant, c'est que l'esprit hellénique a déjà imposé à ce bas-relief quelques-uns de ses caractères, quand il ne paraît encore nullement dans l'architecture. Aussi l'impression qui résulte de ce contraste est celle de la Grèce elle-même, qui, pour la première fois, cherche à se mouvoir et à se dégager en groupes plastiques sur le seuil du monument sacerdotal de l'Asie.

Presque aussi longue que le fût, la base ressemble à un autel sur lequel la colonne s'élève comme une vive flamme[1]. Autour du chapiteau se déroulent quatre cercles tangens : symboles obscurs, qui deviendront plus tard la moulure dorienne ou la volute des Ioniens. Quelque opinion que l'on ait sur son sens caché[2], qu'on y voie le culte du soleil de la Thèbes minyenne, ou la flamme du sabéisme persan monter sur un autel mythriaque, ou le boudha de l'Inde dans son enceinte pyramidale, rien ne la rend si précieuse que son indécision même. Incertaine entre le génie du symbole et la beauté de l'art, elle représente l'époque de ces hymnes homériques moitié litanies, moitié odes. Si ce monument eût disparu, qui tient à la fois de l'Asie et de l'Europe, on n'aurait jamais touché au doigt les profondes formations de l'architecture.

---

1. Le fût est plus mince en bas qu'en haut.
2. Creuzer's *Symbolik;* Otf. Müller's *Orchom.;* Ritter's *Vorhall.*

Il a fallu qu'à l'entrée d'une ville pélasgique on ne sait quel grand culte, reflet de tous les cultes, vînt se personnifier et se circonscrire sous une ébauche de colonnes. Toute couronnée de figures et de bandeaux mystiques, demi-formée, demi-liée au rocher, elle est encore sous la garde de deux lions, reste des attributs des religions de l'Égypte et de l'Iran. Mais, telle qu'elle est, on voit déjà qu'un second effort de l'art achèvera de la produire et déliera la pierre comme on délie à la vierge sa ceinture, pour l'envoyer toute libre, et svelte, et revêtue d'acanthes et vivante au soleil, clorre le chœur sous le fronton des temples.

Quand on parle d'un monument de la Grèce, on se représente involontairement quelques marbres régulièrement superposés, quelque reste de portiques qui réfléchissent en faisceaux de lumière l'éclat dont nous sommes accoutumés d'environner son histoire, ou quelques colonnes penchées au sommet de montagnes d'un bleu diaphane, et qui imitent des mâts de vaisseaux brisés et emportés par des vagues d'azur. Soit qu'on emprunte ses images à l'histoire ou à la poésie, elles sont toutes également contredites par ce que l'on appelle le trésor d'Atrée. Au pied d'une colline dépouillée, quoiqu'on y entende constamment le grelot des chèvres, nous arrivâmes au versant du couchant, vis-à-vis d'une porte à angles droits, par où l'on descend dans l'intérieur de la montagne. Presque semblable à celle que nous venons de quitter, les murs dont elle est flanquée sont composés de moins grandes masses, et comme elle est entièrement dégagée des terrains environnans, rien n'empêche qu'elle n'apparaisse en entier dans sa grandeur colossale. Par-dessus l'architrave, qui a plus de vingt-sept pieds de long, s'ouvre une niche en pyramide[1]. La blancheur des murailles et des plinthes, encadrées à la manière des ca-

---

1. On voyait, il y a quelques années, des restes de chapiteaux et d'ornemens qui, peut-être, en comblaient le vide; je ne sais comment ils ont disparu.

vernes dans les flancs irréguliers des rochers et dans les bruyères de la colline, cette blancheur qui redouble l'obscurité du fond, rend le seuil si solennel, qu'il paraît que l'antiquité se fiait à cette seule terreur pour en défendre l'entrée. Quand vous l'avez franchie, vous arrivez sous un dôme alongé en pointe, en forme d'un clocher de cathédrale. Seulement, au lieu de se courber en arceaux, les assises se superposent en cercles parallèles, qui toujours diminuent de rayons, et l'on en compte ainsi plus de trente-trois. Le sommet était crevé, et laissait tomber à plomb, à travers toute l'épaisseur des terrains, un jet de lumière sépulcrale sur les cendres d'un feu abandonné. A droite de l'entrée principale je marchai vers une autre porte, toute pareille, mais plus petite, qui s'ouvre sur une salle où il est impossible de rien distinguer sans torches. C'était sans doute là qu'était enfoui le trésor d'Atrée. Dans le dôme même, malgré la crevasse, ce n'est pas sans peine qu'on reconnaît la place de quelques clous et les interstices des pierres, d'où l'eau suinte abondamment. On sent qu'on est parvenu en cet endroit au point extrême du monde grec, et qu'il n'y a plus qu'à écouter autour de soi les sources des fontaines. Quand les yeux, fatigués de cette obscurité, cherchent quelque lumière du côté de la porte, ils rencontrent deux crêtes à pic qui bouchent cette ouverture à moins de deux cents pas. Tout cela fait que ce monument tient à la fois d'une grotte sauvage et de la grandeur d'une civilisation régulière. Au milieu des ténèbres, tantôt il vous semble être dans les entrailles d'une montagne, dont les cabires ont taillé les cristaux avec leurs marteaux d'or, tantôt au faîte d'une pyramide égyptienne, qui s'abaisse à la mesure de l'Europe et fléchit sous ce nouveau génie. L'époque qu'elle représente est cette société dont Homère n'est que la fin et l'expression perfectionnée. Si le tombeau conserve un type plus primitif que l'Iliade, plus étranger à tout ce qui a suivi en Grèce, il s'en rapproche par la beauté de l'exécution, où la rudesse des Cyclopes a tout-à-fait disparu; et rien mieux que cette architecture ne vous fait comprendre l'organisation du poème achéen. Cette forme insolite qui renvoie à des temps que jamais l'histoire n'a atteints, et vous révèle dans la Grèce une Grèce inconnue, dont la première est la perpétuelle contradiction, aussi grave, aussi profonde, aussi colossale que l'autre est éclatante, légère et mesurée; ce mystère qui enveloppe une si évidente grandeur, l'impression sépulcrale de ces murs livides, tout ici répond à la renommée des Atrides et renouvelle l'épouvante des fables des Achéens. Je ne puis m'empêcher de remarquer que l'horreur qui s'attache à ces traditions a été une fois reproduite avec un génie funèbre au moins égal dans les dernières scènes de l'épopée germanique. Or, si la critique moderne a retrouvé, sous le massacre des convives des

Nibelungen, le souvenir confus d'anciennes populations aux prises l'une avec l'autre, je serais tenté de croire du festin des Atrides et de tout ce sang répandu, et de ce tombeau même, qu'ils perpétuent aussi quelque événement national des migrations ; car jamais souvenir de familles, ni querelles de prince, n'auraient poursuivi d'une terreur et d'une haine semblable toute une race d'hommes.

Quand on sort du tombeau, on découvre, en face, des masses noires, qui donnent l'idée d'une crête de roc lentement délitée par les eaux; elles se prolongent depuis la colline de la porte aux lions jusqu'à un ravin profond, en suivant la coupe même des terrains. Là, elles pendent sur le précipice, et remontent à l'est contre le plan d'une montagne pelée jusqu'à la cime. Ces masses ouvrent sur le torrent des espèces de soupiraux et de petites portes terminées en pointe, où un homme peut à peine passer. Quelques blocs ont croulé jusqu'à terre, et dentelé le sommet; mais rarement, par accident et sans altérer au loin le repos des lignes de ces murailles. J'en ai compté en plusieurs endroits vingt-cinq encore entassés les uns sur les autres : ils sont assez semblables entre eux ; un grand nombre approchent de la forme cubique. Si on les considère sans nulle préoccupation de système, ces blocs, solides par leur masse, négligemment équarris, vermoulus sur les bords, usés par les lichens, mais dans leur ensemble œuvre de géans, siècles amoncelés, frappent d'abord d'une intime analogie avec ces vers d'Hésiode ou des oracles, dont le temps a rongé quelques faces, vers de Cyclopes aux larges bases, aux mots groupés en polygone, que nul homme ne peut ébranler de leur place, et qui seulement paraissent ce qu'ils sont dans la complète superposition de leurs assises. Partout semblables à eux-mêmes dans l'Italie et dans la Grèce, on n'y trouve nulle part ni singularités de climats, ni capricieuse empreinte de tribus attachée à leurs couches; et sous leurs piliers et leurs colonnes tous les ordres sont encore confondus, comme aussi tous les dialectes dans l'épopée. S'ils se distinguent des murs du temps de Périclès, qui librement dévalent des montagnes, plus blancs que les cascades, légers, serrés, aiguisés en cristaux, c'est de la même manière que la pesante litanie de Linus et d'Orphée se sépare du vers flexible, à mailles régulières, aux bords bien enchâssés de Pindare, ou, comme l'ancien chœur d'Eschyle, élève ses colosses vis-à-vis des jeunes filles de Sophocle, assises, vêtues de lin, sur le bord des fontaines. Mais leur architecture remonte plus haut que pas un de ces poèmes; et des monumens que nous avons rencontrés jusqu'ici, seuls ils reproduisent éternellement, dans leur caractère complet, ces temps où tout se déployait par larges masses dans le génie de l'histoire: races encore intactes, tribus, castes, sacerdoces, symboles aussi grands que le monde, peuples cachés sous des héros, âges des dieux perdus dans l'infini. Cette époque, que la science recompose péniblement, qu'on lui nie à mesure, ces longs jours d'Orient, ces cultes sortis d'Égypte, ces colosses d'idées qu'on dit n'être qu'un leurre, on peut les voir en plein soleil, en beaux blocs chenus où les chèvres vont paître, les lézards grimper, où les femmes en passant posent à l'ombre leurs jarres de lait et filent leurs cotons.

Pour les anciens eux-mêmes, à mesure qu'ils perdirent le caractère des temps primitifs, ces murs devinrent des prodiges impossibles à expliquer; cet étonnement paraît déjà dans Euripide. Quoiqu'on ne sache, il est vrai, comment l'esprit de la Grèce sortira de ce chaos avec ses proportions et ses harmonies, il ne faut pas se méprendre sur sa barbarie. Le plan s'achève avec tant de puissance, la lutte avec la nature se montre si orgueilleuse et si intime, que l'art atteint ici à une profondeur plus mystique que dans les colonnades des temples. C'est une réflexion qui vient constamment nous étonner au pied de ces murs, que l'architecture parvient à ses plus puissans effets dans les âges héroïques des peuples. Au moyen âge, les cathédrales; au temps des Achéens, les tombeaux des Cyclopes; à l'Orient, âge héroïque du genre humain, nécropoles, temples, pyramides, toujours plus majestueux, plus ils sont reculés vers le berceau du monde.

Rien, au reste, ne m'a plus profondément frappé que l'arrangement naturel des terrains dans le voisinage de ces enceintes. Non-seulement à Mycènes, mais dans plusieurs autres lieux de l'Argolide, j'ai remarqué que les pentes découvertes des montagnes, qui sont toutes de même formation, imitent à s'y tromper des constructions cyclopéennes. Les couches calcaires sont rangées et désunies d'une manière très-semblable à ces assises. Dans plusieurs endroits il faut quelque attention pour savoir où celles-ci commencent. Il y en a même où le roc lui-même est plus régulier que les polygones. Si l'on observe que ce fait est général, que les formations géologiques du Péloponnèse reproduisent partout ces stratifications artificielles, on ne pourra s'empêcher de reconnaître que ce système de construction est indigène sur ce sol. Mais il en est tout autrement de la forme pyramidale de leurs ouvertures : d'une part, leur ressemblance est frappante avec la coupe des monumens de l'Égypte ; d'ailleurs il est certain que cette forme n'a pu être naturelle et nécessaire que sur des terrains granitiques, où les roches se découpent elles-mêmes en pics, tels que la haute Égypte ou sur les plateaux de l'Asie centrale. Il faut bien que ce type soit forcément imposé à la nature de la Grèce, puisque tout le développement de l'art ne sert qu'à l'y abolir. A celui qui concilie à la fois les traditions humaines et l'observation immédiate des lieux, il ne reste donc qu'à considérer ces monumens comme le produit d'un génie national, élevé aux larges conceptions de l'Orient, et qui déjà les a accommodées à la cosmogonie de la Grèce et de l'Italie.

Ainsi, pour tout reprendre d'un mot, les murs des anciennes villes se confondent avec les couches souterraines du globe, et des races d'hommes que personne ne connaît, achèvent le sourd travail qu'un orage éternel a entassé dans ses abîmes. Ainsi les tombeaux s'engouffrent sous les grottes. A mesure que se retirent les mers primitives, sur le bassin qu'elles ont creusé se courbent d'eux-mêmes des théâtres plus onduleux que leurs flots, plus blancs que leurs nappes d'écumes sous l'aile des orfraies. L'horizon des monts alongés en terrasses, leurs nervures dépouillées, leurs corniches bleuâtres, leurs angles saillans sous les bruyères, leurs frontons dont le soleil au couchant décrit les droites lignes, se répètent à leurs sommets, mais plus habilement unis et rapprochés dans la merveille des temples, dans leurs frises, dans leurs architraves, dans leurs degrés, qui ainsi, sans que je puisse dire de quelle manière, reproduisent en même temps l'immuable harmonie de ces vallées et la mobile beauté des races d'hommes qui les ont habitées. Ainsi le temple, le théâtre, l'enceinte, et le mont diaphane, et la colline aux flancs ouverts, et les couches de marbre, mutuellement se mirent dans leurs formes et s'achèvent l'un l'autre. Les pans de la montagne et ses zônes diverses d'arbres, de verdure et de climat, comme autant de degrés préparés pour la fête, conduisent au portique. Puis le portique et ses corniches renouvellent dans leur pureté première les cristaux des rochers dépolis par les torrens, le dessin des sommets usés par les tempêtes. Merveilleux types d'art, toute chose autour d'eux, dans l'ombre et la lumière, tend à s'en approcher sans pouvoir les atteindre ; et nous touchons aux lieux où l'architecture n'est rien autre que le moule idéal de la nature, reproduit par l'humanité, et sur lequel se sont mystérieusement organisés, dans l'origine, la cosmogonie et le génie d'une contrée.

Le lendemain, dès le point du jour, nous comparions les ruines de Tyrinthe à celles de Mycènes. De loin on voit surgir leurs buttes du milieu des orges et des roseaux en forme d'un grand polygone. L'étroite voie qui circule à leurs pieds dans les marais, est continuellement fréquentée par les habitans de Tricka et de Dallamara qui se rendent à Napoli. Dans l'intérieur, que des terres encombrent, il y avait un champ labouré, une petite cabane de jonc, et je finis par trouver deux femmes endormies au fond des voûtes. Dans un sol aussi découvert, ces murs ne font qu'un seul monument, et le parallélogramme qu'ils tracent du nord au midi pourrait être comparé, pour la pureté des angles, au grossier périmètre d'un temple. Ils sont encore, en plusieurs endroits, hauts de quarante pieds. A en juger par les débris, ils devaient avoir un tiers de plus, lorsque Hercule en précipita Iphitus. Les plus grosses pierres que j'aie mesurées ont neuf pieds de long sur cinq de hauteur. A peine ébauchées, l'ensemble entier forme un système de roches superposées, mais fréquemment interrompu par un chaos de blocs, de pyramides renversées, comme si le tout avait été écrasé par les masses supérieures. Vers le milieu, de l'est à l'ouest, sont deux larges brèches, dont l'une est le reste d'une porte. Une autre ouverture, terminée en pyramide, regarde sur le golfe. Ces ouvertures sont flanquées d'espèces de tours carrées, qui, au lieu de s'avancer en dehors de la ligne d'enceinte, comme des ouvrages militaires, retirent au dedans leurs murailles de vingt-quatre pieds d'épaisseur. Près de là j'ai trouvé une énorme base unie à son pilier, et un plateau taillé de moulures sur ses bords. Plus loin l'enceinte a été détruite de main d'hommes. L'extrémité du midi est crevée à l'un de ses angles par une galerie souterraine, à voûte pointue, qui s'engouffre sous les murs. On peut y pénétrer à plus de quarante pas. Elle est revêtue de niches, dont l'une seule est ouverte vis-à-vis d'un sommet couronné d'un monastère. Franchement, l'idée de faire de tout cela un camp retranché, est une idée romaine et moderne, tout-à-fait au-dessous du caractère primitif de ces monumens[1]. Je puis assurer que ces

---

[1] Euripide, en appelant ces murs οὐράνια, leur donne, ce semble, une grandeur et une origine cosmogoniques. Les ruines de Saturnia et de Cossa en Italie sont parfaitement semblables au *Ieron* ou sanctuaire de la Sabine. Il y avait en Italie une ville pélasgique consacrée à Pan, et que les Romains appelaient *Castrum Inui*. Les dieux n'avaient alors que des enceintes sacrées, bâties par les Telchines ou Cyclopes. (Pausan., *Bœot.*, 19; Petit-Radel, Mém. sur les villes d'Espagne, p. 26.) La question qui résulte de ceci, est de savoir si le temple grec n'est pas formé sur le sanctuaire pélasgique ou sur le plan des villes primitives. Homer. II, v. 559. Pherecyd., *Fragmenta.* Eurip., *Electra*, v. 1158. Varro *ap. Servium*, lib. 1. Gell. *Argolis.* Hirt, *Geschichte der Baukunst.* Micali, *Ital.*

murs ont eux-mêmes encore, plus que le génie de la guerre, la solennité d'une enceinte sacrée. Si, à l'origine, l'histoire des peuples se confond dans celle des cultes, ainsi la ville est en même temps le sanctuaire. La nation vit dans le temple. Les Pélasges se bâtissent des demeures éternelles pour y passer ces longs jours fabuleux qui lentement se résument et s'entassent sous la figure des dieux. Religions, théogonies, à mesure qu'elles croissent à l'ombre, remplissent de leurs mystères ces monts crevés en pyramides, ces souterrains percés de niches, ces larges tours de Babel, qui, comme le prêtre sous son voile, se retirent et s'amassent derrière un voile de rochers. Monstrueuse et mystique, la pensée d'un sacerdoce reste obscurément imprimée à ces murailles, de la même manière que le symbole de la croix s'élève avec la nef des cathédrales chrétiennes, ou que le culte des sept planètes gravite autour des sept enceintes des villes orientales.

Un marais semé de joncs sépare Tyrinthe de Napoli. C'est de toutes les villes du Péloponnèse la seule qui soit restée debout. Par malheur la forêt d'oliviers qui remplissait la plaine à l'est, a été brûlée sans qu'il en reste une souche. Mais j'entendis un homme de la foule s'écrier que cela même ferait la fortune du pays, si partout on reléguait désormais sur les penchans des montagnes cette culture paresseuse, et si la plaine était entièrement livrée aux céréales. Une sorte de langueur pestilentielle pèse sur ces petites rues noires, sous ces chemins couverts, sur ces hôtels à piliers torses, où s'abritent les mosquées. Des gens du peuple m'aidèrent à rechercher les inscriptions, dont les Turcs défendaient autrefois l'approche. Je descendis dans les fossés. Mais partout c'est Venise qu'on rencontre, Venise qui a renouvelé le Levant, en changeant en force maritime le Péloponnèse, qui avait toujours été chez les anciens une puissance de terre. Sparte, Argos, Messène, elle a poussé toutes les villes à la côte. Aujourd'hui encore ses citadelles se roulent sur les pics des golfes, comme des banderolles au haut des mâts. Ses môles et ses phares surgissent sur les rivages. Ses petites voies continuent de chercher à travers les montagnes les plages de la mer. Il est vrai qu'elle parle trop souvent de son éternité [1] dans ses fastueuses inscriptions. Mais, enfin, plusieurs de ses tours ont été conservées avec les temples grecs; et le lion de Saint-Marc, qui en plusieurs endroits est resté sur les portes, paraît avoir acquis au Levant, en moins d'un demi-siècle, la vénérable et inoffensive antiquité des lions de Mycènes.

Ce fut un heureux jour pour nous que celui où nous échappâmes à la langueur de Napoli pour gagner le haut des montagnes qui conduisent à Némée. Par bonheur le temps des jeux et des luttes à la course était

---

1. *Hoc æternitatis monumentum posuit.*

passé ; car, puisqu'il fallait nous coucher à demi sur nos chevaux, et nous lier à nos étriers de corde, nous aurions sans doute prêté à rire, à l'assemblée des Argiens. En laissant Mycènes sur la droite, nous entrâmes dans le défilé du Trétos, qui s'ouvre au nord. Mes guides me montrèrent l'endroit où Nikitas gagna son nom de Turkophage, en détruisant le corps d'armée de Dramali. Ils gravirent sur les quatre murailles qui lui ont servi d'embuscade, et y déchargèrent leurs pistolets. Dans l'antiquité, ce chemin était celui des voitures, et dans plusieurs endroits on trouve encore les traces des roues des chars profondément marquées sous la bruyère. Le fond de la vallée n'est qu'une suite de bosquets, au-dessus desquels surplombent des pans de rocs nus. Je n'ai point vu de plus charmant ruisseau que celui de Cervesatcha, recouvert au printemps des guirlandes en fleur du craschi, véritables feux follets, qui font jaillir leurs flammes bleues tout le long de ses rives. Nous quittâmes le chemin de Corinthe pour grimper à gauche par un petit sentier de chèvres. En plusieurs endroits les crêtes sont entr'ouvertes par des cavernes où la fable peut avoir caché le lion d'Hercule, quoique l'entrée en ait toujours été fort écrasée. Chemin faisant, je me représentais sur ce sentier quelque Argien, arrivant tout haletant sur ce sentier pour disputer le prix : lui qui entend un lointain murmure de peuple ; puis de l'autre côté, par-delà les bruyères, toute cette foule assise sur le penchant de la montagne, des enfans qui tressent des couronnes de persil ; des juges vêtus de noir ; une ode célébrée avec des danses vis-à-vis du sanctuaire ; puis des voix qui s'appellent, puis une trompe qui publie le nom de Jupiter Néméen. Du sommet j'aperçus au-dessous de moi un vallon parfaitement nu et désert, qui se prolonge du nord au midi, et se renfle à son milieu, de façon qu'il figure un stade naturel.

Au couchant brillent les neiges du Cyllène, et au nord s'étend un plateau taillé en autel, qui doit être le mont Apase. Je ne sais comment Pindare retrouverait ses collines ombreuses dans ces ravins jaunes et pelés. Il ne reste pas un arbre du bois de cyprès qui remplissait une partie du bassin. Seulement au milieu on aperçoit trois grandes colonnes de temple et au-dessous plusieurs débris de marbre, qui ont l'air de ballots qu'une caravane a déchargés sous les palmiers d'un khan. Deux de ces colonnes, qui sont cannelées et d'ordre dorique, supportent encore leurs architraves. Les autres ont roulé leurs tambours avec tant d'ordre sur l'herbe, qu'il est évident qu'elles n'ont point été détruites par l'homme. Le plus grand nombre pourraient être relevées. La cella entière a conservé son pavé, où une foule d'ornithogalles et d'orchis dessinent des étoiles de mosaïques en émeraudes. Je ne vis là qu'un berger qui s'embourbait en poursuivant quelques moutons dans un marais, et sur une éminence les arceaux d'une fontaine turque, qui est certainement celle où les sept chefs de Thèbes, pressés par la soif, furent conduits par la nourrice d'Opheltès. L'origine de ces jeux est aussi vieille que l'origine de Thèbes. Il est remarquable qu'ils ont commencé par des cérémonies lamentables, pareilles à nos mystères du moyen âge. Dans leur esprit allégorique, les courses des chars dans Olympie imitaient au printemps l'arrivée du dieu du soleil sur son char; le souvenir des danses des Néréides dans la nuit des jeux isthmiques appartenait au génie maritime des Ioniens; les Héraclides qui dominaient à Némée, y établirent la course et la danse armée, véritables images de leur république militaire. Et quand tous ces jeux, qui d'abord avaient ainsi chacun leur caractère, se réunirent ensemble, ce fut la solennelle représentation de la carrière entière des peuples helléniques.[1]

---

[1]. La question des jeux ainsi considérée sous le point de

L'Orient compte ses années par les âges du monde; Rome, par ses consuls; la Grèce, par ses fêtes. Car son histoire est elle-même une longue olympiade, où chaque race apparaît à son tour pour ajouter à l'art une forme nouvelle. Les Achéens, les premiers arrivés, tracent dans leur chemin le cercle de l'épopée et le ferment pour jamais. Les plus nouveaux, les Doriens, brusquement survenus, tout d'un bond et presque sans passé, d'ailleurs restés les maîtres, apportent le dithyrambe et commencent l'ère du poème lyrique. Dans sa vie plus compliquée, lutte obscure et tragique de deux âges, la population Éolienne-Béotienne, vient créer peu après et s'approprier tout le génie du drame. Quand ainsi ces peuples se sont suivis, en bons lutteurs, dans l'ordre que l'art lui-même

---

vue des races, est encore à traiter, et manque en entier dans Ott. Müller. Voy. Pind., *Olymp. IX*, St. 4; xiii, v. 158; Dissen, *Explicationes*, p. 220; Thiersch, *Einleit.*; Creuzer, *Symbol. sup. olymp.*

aurait choisi, et qu'il ne reste plus rien à faire, l'histoire s'écroule sans bruit avec le temple de Némée. Et moi, qui follement me laissais préoccuper de ces idées, au point d'en oublier la fièvre et le sommeil, à mesure que je m'accoutumais à ne plus m'étonner de fûts de colonnes et de pavés de temple, non plus que de gerbes de lumière brisée, ou de ruisseaux taris, je commençais à croire que c'est, non pas la fantaisie de l'homme, mais l'éternelle beauté qui s'est elle-même produite au jour et tout le long du chemin me poursuivait dans la merveille du monde grec.

Nous rejoignîmes le chemin vers un khan construit près des débris d'un temple. En face s'élèvent les terrasses de Cléone, et au loin la crête de l'Acro-Corinthe, haute de plus de quinze cents pieds. Le reste de la route traverse des terrains de poudingue et d'argile blanche, dont les potiers faisaient leurs vases, et qui sont coupés par des lits très-profonds de ruisseaux. Je ne sais si la détresse de la Morée, qui peu à peu se communique au voyageur et mûrit sa pensée, fut cause de cette impression ; mais aucun lieu ne me parut d'une si accablante tristesse que le plateau de Corinthe. Il faut voir à toute heure ce beau bras de mer, si bleu, si uni, si limpide et si mort. N'attendez pas qu'il paraisse au large, ni sur la côte, une seule petite voile de caïque. Du matin jusqu'au soir on n'y voit que les hirondelles et les corbeaux qui traversent l'isthme. De l'autre côté, au loin dans la Livadie, la croupe alongée du Parnasse élève ses neiges à son sommet, et à sa base trace vers le plein du jour un rayon d'or tout le long du golfe. Sur le rivage de la Morée de longues terrasses de craie joignent l'isthme par une anse, qui décroît et se ferme en corbeille, où est venu s'amollir tout le rude génie du Péloponnèse, au pied du roc volcanique de l'acropole. Une forêt d'oliviers traînait ses branches échevelées vers des grèves plombées, et dans la même direction, sur une esplanade plus élevée, les décombres de Corinthe ont roulé pêle-mêle à environ trois quarts de lieue de la mer. Le flômos et les orties, qui couvrent partout les murs, annoncent de loin un sol putride, qui repousse ses habitans. Des os d'hommes et de chevaux craquaient à chaque instant sous nos pieds, et en même temps qu'il sortait de tout cela une odeur fade et cadavéreuse, on voyait s'élever un blanc minaret, comme un aga debout sur un champ de carnage. Vis-à-vis, les colonnes intactes et cannelées du magnifique temple de Neptune, au nombre de sept, ne semblaient avoir été conservées dans tout le luxe des Bacchiades que par une amère ironie de la Corinthe albanaise. Quand on arrive à la ville du côté de la mer, on trouve un cirque, dont aucun voyageur n'a parlé, quoiqu'il ait plus de quatre-vingt-dix mètres de long. Tout à côté sont des grottes, qui servaient peut-être à enfermer les bêtes féroces. Une partie des habitans s'étaient réfugiés dans l'une d'elles, et y avaient été écrasés peu de jours avant mon arrivée. Ceux qui avaient survécu, n'avaient fait que se traîner un peu plus loin dans une autre de ces grottes, et il n'était déjà plus question de la mort des premiers. Nous finîmes par tomber sur la cabane d'un ingénieur français, occupé là à dresser le plan d'une ville. Il était assiégé de klephtes et de pallichares, dont chacun venait requérir ses conseils pour relever sa tanière. Ce que j'espérais encore moins, fut la rencontre d'un Philhellène saxon, commandant de la citadelle, qui vint nous rejoindre et nous demander des nouvelles des universités allemandes où nous avions été tous les deux. Ce souvenir imprévu de science et de paix mit le comble à la misère de ces grèves. Tant que le soleil continua autour de nous de brûler les carcasses des mosquées et des chapelles, pour nous désaltérer et pour achever par son contraste le tableau que nous avions sous les yeux, nous nous plûmes jusqu'au soir à ranimer l'un dans l'autre ces images du Nord; ces petites villes, bien encloses d'eau, de montagnes et d'amandiers, qui se déroulent à l'entrée des vallées, comme le chapelet que l'hermite déroule à l'entrée de sa grotte, ces sources où viennent boire les biches et les faons sous le balcon des électeurs, ces vieux empereurs debout sous leurs niches de lierre, ces vieux manuscrits à l'ombre sous leurs agrafes d'or, les bateaux des pélerins et les cantiques plus frais que le flot qui les berce, le son des orgues de Noël, mêlé de pluie au fond du bois des châtaigniers, et ces docteurs, ces maîtres en toutes choses, le jour, la nuit, tout à leur aise penchés dans leur esprit au bord de l'univers, pour en suivre la trace, mieux qu'un pêcheur sur sa tartane aux flancs de neige qu'il sent bondir.[1]

---

[1] Nous avions surtout en vue dans ce passage l'université de Heidelberg. Perpendiculairement à la vallée du Rhin, s'ouvre, en serpentant, celle du Necker. Celle-ci, en petit

On sait que les Turcs interdisaient l'entrée de la citadelle, et que, depuis Spon, aucun voyageur n'en avait décrit l'intérieur. J'y montai le lendemain. Le chemin qui y conduit, et qui exerça tant de fois l'esprit de stratagème de l'antiquité, est taillé dans un roc noir et volcanique ; pavé en plusieurs en-

---

l'image de la première, est, comme elle, bordée de ruines ; mais les montagnes plus rapprochées, la verdure plus vive, les forêts plus épaisses et plus voisines de l'eau, les contours plus brusques, les masses de granit plus à nu, lui donnent un caractère de mouvement et de précipitation qui contraste avec la pensée solennelle et paisible que roulent les flots du Rhin. Des deux côtés la rivière est bordée par la forêt Hercynienne, qui, à gauche, prend le nom de forêt Noire, et à droite a conservé celui de bois d'Odin. L'aspect fauve de ces chaînes de montagnes, les solitudes profondes qui s'y trouvent, l'esprit encore natif des habitans, rappellent en plusieurs choses les couleurs de Tacite. On rencontre çà et là dans l'intérieur quelques vestiges des Romains. Je ne puis oublier la situation si pittoresque et si mélancolique du château d'Éginhart. On en a fait une collection d'armes des plus précieuses, et j'y ai vu les trophées de Germanicus unis à ceux de Wallenstein et des héros de la guerre de trente ans. Le Necker, avec son eau vive imprégnée de la couleur du grès, se glisse droits, sa pente est douce, et il circule obliquement et long-temps à l'abri du feu des remparts. Mais en face un fortin isolé le bat en droite ligne, et doit être un débris de celui que les croisés y élevèrent au treizième siècle sous le nom de *fort Montesquiou*. Après avoir passé un pont-levis flanqué de redans,

---

par replis sous les forêts, comme un serpent à l'ombre des chênes. A l'endroit où il débouche dans la plaine, la place étroite qu'il laisse entre son lit et la montagne, est occupée par l'université de Heidelberg. D'abord fondée par des pêcheurs, cette petite ville s'est peu à peu accrue sous la protection du château des électeurs, qui la domine. Ces ruines fameuses, placées à mi-côte sur un escarpement prolongé, mériteraient seules une longue description ; si peu de débris du moyen âge conservent des masses plus imposantes, encore moins en est-il qui offrent dans leurs périodes une telle variété. Depuis les colonnes en granit de Charlemagne jusqu'aux combles en ardoise des Médicis, toutes les époques de l'art y ont trouvé leur place. Les statues féodales des chevaliers, l'empereur Barberousse dans sa niche de lierre, surtout la suite entière des électeurs, les uns à demi renversés, avec leurs épées et leurs bulles toutes couvertes de fleurs ; les autres encore debout et intacts, font face à la sculpture payenne du seizième siècle. Il y a de grands pans de tours couchées dans les fossés ;

on entre dans une grande enceinte, et le chemin continue de s'élever en spirale jusqu'à une seconde porte. Un groupe de troupes régulières nous reçut à l'entrée, enveloppés de leurs manteaux albanais, seule partie de leurs anciens vêtemens qui leur ait été laissée. Des constructions italiennes et des combles en ar-

---

de petits balcons ruinés, d'où la vue s'étend sur les sentiers des forêts voisines, et sur la plaine de Bade, sillonnée à son milieu par le double lit du Rhin. Autant cette ruine est variée dans son architecture, autant elle l'est dans la nature des catastrophes qui l'ont hâtée. La plus grande partie a été dévastée par la mine. Il en est d'autres qui ont été brisées par le tonnerre. Enfin le temps y a aussi mis la main. Il en résulte que l'impression qu'elle laisse est singulièrement mélangée, comme elle. Ce lieu mélancolique et rêveur, vrai séjour d'un poète, n'a pourtant encore jamais été décrit. Sans doute il est des paysages plus vastes, d'un caractère plus sévère ou plus grand; mais aucun qui soit plus achevé dans son tout, qui ait une harmonie plus touchante et plus recueillie. Il n'en est point qui fournisse dans les plis de ses montagnes tant de retraites, de fraîches eaux, de silence, d'ombre, de ravins solitaires. Tout vous invite à vous circonscrire dans cette vallée si bien enclose, qui, s'enfermant elle-même de ses replis, imite le mouvement de l'ame qui se presse et se resserre autour d'une pensée.

doise annoncent d'avance que la citadelle n'a point été prise d'assaut. Sous quelques embrasures de couleuvrines, plusieurs débris de polygones cyclopéens, restes des rochers de Sisyphe, que Strabon avait déjà remarqués, trois inscriptions très-frustes, enveloppées chacune dans des couronnes de lauriers, ne valaient guère la peine d'être si mystérieusement gardés par les Agas. L'Acro-Corinthe a souvent été comparée à l'Ithôme; seulement son aire a toujours été au moins quatre fois plus vaste; elle a aussi plus d'eau, et la source que Pégase a fait jaillir du sommet, suffit encore à sa garnison de tacticos. C'est de là qu'une sentinelle regarde tout le jour les deux mers, à ses pieds les caïques qui rentrent dans Cenchrée, au loin Égine, Salamine, et le long promontoire des monts Onéens tendus de feu jusqu'à Colone. Il était assez matin pour que plusieurs îlots fussent bordés d'une ceinture de nuages, qui étaient descendus pendant la nuit jusqu'au niveau de l'eau, et formaient sur la mer autant d'auréoles. Le soleil, qui colorait au couchant les neiges du Parnasse et de l'Hélicon, laissait encore dans l'ombre le fond du golfe de Lépante. Un amas confus de crêtes lumineuses et de pentes noires étaient amoncelées derrière nous dans la Morée. Au-dessus de ces deux mers, quand le vertige me prenait, et que je m'attachais aux créneaux pour voir à travers leurs meurtrières une partie de ces contrées à mes pieds, pressées, rapetissées et hachées dans les flots, je trouvais que cela ressemblait tout-à-fait à ce que l'on voit du haut des huniers d'une frégate, quand au-dessous du mât les voiles se courbent, que les canots et les chaloupes pendent aux agrès; que les faisceaux d'armes, les ancres, les câbles, les ballots de la cargaison sont rangés dès le matin en bon ordre sur le pont; et peu à peu terres, îles, peuple, Grèce, histoire passée, présente, tout me semblait un grand et unique vaisseau qui m'emportait sans secousse sur un fleuve éternel.

En descendant de la citadelle, nous partîmes pour Sycione, en passant par la forêt d'oliviers. C'était jusque là la seule que nous eussions vue intacte. Rien n'est plus gracieux que ces pâles arceaux qui ouvrent en tous sens leurs pleins cintres sur la mer. Le dernier ruisseau, que l'on traverse sur un pont à environ trois lieues, est le Riaski ou l'Asope. De l'autre côté les cabanes en terre de Vasilica sont écrasées sur un plateau. C'est là qu'il faut monter pour voir la plus magnifique décoration dont puisse être entourée une ville grecque. Sycione passait pour la plus ancienne construction des hommes, et sa forme est marquée et se reconnaît encore par la coupe même de son plateau. Assise sur un gradin d'argile blanche, dont les flancs, parallèles à la mer, lui font de tous côtés une enceinte naturelle, elle a derrière elle l'amphithéâtre du mont Cyllène, qui s'élève en se retirant jusqu'à la région des neiges. Presque en face par-delà le golfe, les glaces du Parnasse s'étendent sur des groupes bleu d'azur, que tachent de noir plusieurs vallées. Du côté de l'isthme, une baie fermée par des rocs en ballons, et vers Corinthe par de basses grèves qui s'y enfoncent toujours plus, s'arrondit en lac. Maintenant que, sans une seule ombre, tout cela soit embrâsé plutôt qu'éclairé d'une lumière, qui tantôt a la blancheur de la craie, tantôt le vitrage de la glace, tantôt pétille comme un incendie tout le long des rivages, tantôt rayonne sur les rivières comme des lames de sabre et des ceintures d'acier qui descendent des ravins; vous croirez que cette grande pelouse, où chante l'alouette, n'a été choisie, dans une situation si facilement accessible et à une lieue du port, que pour la seule convenance de l'art, et les magiques effets d'optique par une population de peintres, de statuaires et d'architectes. La citadelle, qu'Aratus escalada pendant la nuit, a conservé une de ses tours carrées. Un beau fût de colonne, qui se penche sur le bord

d'un petit ravin, imite une stalactite au-dessus
de la grotte de Stazouza. Tout à côté sont
couchés, dans des sillons d'orge, les soubassemens du temple de la fortune Acræa. Que
n'aurais-je pas donné pour retrouver sous ce
soleil la basilique gothique que les croisés y
construisirent! Malheureusement on ne trouve
plus nulle part que leurs châteaux. Le théâtre,
où le peuple de Sycione se réfugia vers le
matin quand fut abolie la tyrannie de Nico-
clès, est presque intact à une fort grande distance à l'ouest: il regarde sur la mer, et ses
côtés sont percés de deux portes souterraines.
Au milieu de la plaine nous trouvâmes un
peu d'ombre sous de grands pans de murs
cyclopéens, hauts encore de douze assises,
du reste fort réguliers, et les seuls, je crois,
qui forment un monument isolé et non une
ligne de forteresse. Ils appartenaient sans
doute au gymnase. Vis-à-vis de ces masses,
des salles en briques romaines, peut-être l'enceinte des empereurs, ont dans leurs ruines

l'indigence et la laideur des décombres des chaumières albanaises. L'éloignement où plusieurs de ces vestiges sont les uns des autres, assigne à la ville une très-vaste étendue. Mais, dans ce grand atelier, qu'est devenue la vie d'artiste? Il fallait y arriver quand les vases séchaient là au soleil sur ces flaques d'argile dont ils étaient pétris, qu'au loin les statues, toutes blanches et nouvelles, semblaient des sources vives, suspendues dans le fond des ravins, et que les tableaux de Lysippe et d'Apelle, et de tout un peuple de disciples, étaient étendus au pied des buttes de craie qui mènent à la grève. Il était naturel que la ville qui régla les dernières phases de la vie politique de la Grèce par la ligue achéenne, vînt aussi clorre le développement de l'art par l'ère de la peinture qui y manquait encore. Dans les écoles elle établit les mêmes oppositions que celles qui venaient d'éclater entre les peuples; et au milieu de ce grand atelier, presque en vue d'Athènes, de Thèbes et de

Sparte, l'art se trouva constamment au centre même de la vie grecque. D'ailleurs, si l'on cherche le fond commun de l'histoire de Corinthe et de Sycione, pendant que dans l'isthme les deux mers se rapprochent et se cherchent, que la géologie de deux contrées s'y confond, il se trouve que deux civilisations différentes, partout ailleurs opposées, s'unissent et se pénètrent à cette entrée du golfe. Les religions du Taygète et celle de la chaîne de l'Œta, qui ailleurs se repoussent, ici s'atteignent et se ramifient au bas de l'Acro-Corinthe. Comme les deux serpens de Laocoon, les races du Péloponnèse et les races de l'Attique et du nord, ailleurs séparées, suspendent et nouent leurs anneaux sur le rivage autour de l'autel de la Vénus phénicienne; selon que l'une est maîtresse de l'autre, ou l'aristocratie ou la démocratie domine dans leurs villes. Continuellement reprise, cette lutte intérieure de deux génies, de la politique passant dans l'art, fit naître ici les premières et informes péripéties du drame; et afin que cette opposition fût mise dans sa dernière lumière par l'architecture, les volutes de l'Ionie, jusque là fermées et closes sur leurs colonnes, viennent en terre dorienne s'épanouir et s'effeuiller sous la brise de la mer d'Asie, pour former le chapiteau des Corinthiens, et une seconde fois reproduire la langueur de leur vie.

En rentrant le soir dans Corinthe du côté de la mer, je copiai un cippe en dialecte attique. Je ne connais que Cyriaque d'Ancône[1] qui ait auparavant publié une inscription grecque de la ville même. Ainsi de tout cela il reste maintenant cinq ou six lignes dont la moitié est pour un proconsul qui a relevé les murailles du port.

Le chemin de Corinthe à Épidaure, que j'allais prendre, était peu fréquenté dans l'antiquité; il ne l'est presque plus de nos jours. Le plus souvent il faut se faire soi-même un

---

1. BŒCKH, *Corp. inscript.*

sentier à travers les bruyères des montagnes. Mais aussi le pays est plus neuf, point ravagé par la guerre, et les habitans y conservent des traits plus primitifs qu'ailleurs. J'avais pour guide un soldat de la garnison de Missolonghi, qui l'avait été d'abord de lord Byron, et ne parlait jamais de son ancien maître sans joindre un *pollà kâlò* au nom de sa seigneurie. Vers midi, nous descendîmes dans une vallée couverte au levant d'une forêt d'oliviers, et au couchant d'un bois de pins d'où sortait la ferme ou métoki du monastère de Phanéromagui. Deux caloyers assis sur l'herbe donnèrent leurs mains à baiser à nos pallichares, puis ils nous firent monter dans une grande cellule, dont les fenêtres avaient été à demi murées, de manière à former des meurtrières. A travers ces ouvertures on voyait les sommets du mont Cyllène, et la pointe grise de l'Acro-Corinthe sur le fond de neige du Liakosa. Nous eûmes bientôt des œufs, des gâteaux d'orge, une outre de vin et d'excellent miel. Quand j'offris de payer, les moines se récrièrent hautement, et je ne pus les empêcher de charger nos chevaux des provisions que nous avions laissées. A une demi-lieue de là, nous rencontrâmes le monastère avec ses vingt caloyers, ses douze tours, ses longues murailles, çà et là écroulées sur le bord d'un défilé où ne passent que les tortues. La plupart de ces retraites sont ainsi placées dans les lieux les moins célèbres, comme si les fondateurs eussent fui jusqu'au bruit du passé. Depuis ce ravin on suit des filons de porphyre sur tout le versant oriental de l'Argolide.

Vers le soir nous atteignîmes l'escarpement d'Agio-Iani. Si j'avais entendu des cornemuses, j'aurais pu me croire dans un village de Suisse ou de Savoie. Non-seulement les Turcs n'y ont pas brisé une pierre, et n'y ont pas paru dans la guerre; mais dans la paix aucun d'eux n'y a demeuré. L'ordre et le repos étaient si grands, que l'on y paraissait presque ignorer ce qui était arrivé dans le reste de la Morée. Un parent du papas vint nous offrir sa maison; le prêtre était assis en nous attendant vis-à-vis de sa porte et tressait des corbeilles de paille. Je ne sais lequel était le plus blanc, de son turban, de son manteau, de sa tunique ou de sa barbe, qui se mêlait avec les tiges d'osier. Quand il se leva en étendant la main sur sa poitrine pour nous recevoir, il était impossible de voir un air de tête plus antique, plus de repos et de grâce, un ovale plus parfait, un buste plus ressemblant au buste d'Esculape. Déjà pareille analogie m'avait frappé dans les cellules de Phanéromagui, soit qu'en effet la famille des Asclépiades ait laissé son type aux environs d'Épidaure, soit qu'avec le clergé de ces montagnes se perpétue une race primitive dont cette caste n'était qu'un rameau détaché. Dans l'intérieur de la maison, une image de S. George, collée au mur au-dessous d'un fusil albanais, rappelait seule la mission chrétienne de mon hôte. Du reste, sa femme lui témoignait un respect excessif. Quand elle avait placé devant lui, sur un petit trépied, un gâteau cuit sous la cendre, elle s'en allait manger ses olives dans un coin séparé, sans prononcer une syllabe. Il y avait aussi un enfant de douze ans, qui avait le frisson de la fièvre, et était étendu par terre à côté d'une grande jarre d'eau. Nous craignîmes toute la nuit qu'il ne mourût à côté de moi; il devait être prêtre à son tour. Dans les momens de relâche, il se mettait sur son séant et récitait, d'une voix très-douce, les litanies avec son père. Ce qui donnait un sens profond à l'intérieur de cette petite famille, était de penser comment depuis son origine grecque, grâce à ce lieu retiré, le paganisme, puis le christianisme naissant, puis un jour le tribut d'un pacha d'Orient, puis maintenant la liberté moderne, c'est-à-dire la série entière des révolutions humaines, de père en fils s'y était peu à peu introduite sans plus de bruit que ces corbeilles d'osier, rangées l'une après l'autre, chacune selon sa saison, au-dessus de nos têtes.

Au point du jour, à peine nous eûmes perdu de vue le village, qu'il fallut nous orienter sur des sommets taillés en lames, où l'on ne rencontre aucun pas d'hommes. Dans le fond des vallées, quelques chiens, qui hurlent à côté d'un troupeau, rappellent que le dieu agreste de ces montagnes a été allaité par des chèvres. Au reste, je ne connais que le vieil Eschyle qui se soit aventuré, et encore dans un seul vers, à cheminer à travers ces ravins. Il y a dans la Morée, par-delà les belles scènes que l'on trouve sur le chemin des villes, une nature fauve, sillonnée et chenue, qui n'a point été peinte au vif par l'atticisme des historiens, ni des poètes, ni reproduite, en général, par la civilisation grecque. Il en faut chercher l'empreinte seulement dans le génie sauvage des mythologies primitives, et, à un autre temps, dans les chants albanais, qui leur ressemblent au moins par leur rudesse. Du sommet de l'Arachné nous aperçûmes le golfe Saronique avec une partie de Salamine, d'Égine, d'Anchistri, et plusieurs îlots, comme autant de fleurs brodées sur un tapis bleu de ciel. Des avenues naturelles d'oliviers et des bosquets de chèvrefeuille nous conduisirent jusqu'à la porte du monastère de Taxiarchi. Dans ce bassin si frais il y avait là quelque chose de la grâce de l'Église grecque, et je ne sais quoi, à l'entrée de ces voûtes, des suaves rêveries de S. Basile et de S. Jean Chrysostôme. Un enfant nous apporta, dans une galerie, les mêmes provisions que nous avions eues la veille. Il y joignit un grand plat d'huile. Malheureusement les caloyers, qui étaient plus de trente, étaient tous absens. Je ne trouvai que deux moines, étrangers comme moi. Ils arrivaient du détroit de Zeitoun. Je demandai si ce n'était pas là qu'était mort un certain Léonidas. Oui, oui, à Zeitoun, s'écrièrent les moines et les pallichares, et le soldat de Missolonghi proposa de vider notre outre au nom de Léonidas, de Byron et de Capo d'Istria, auxquels nous devions, à cette heure, de trouver de si excellent vin dans un si bon monastère; et jusqu'au coucher du soleil les cellules, les voûtes, le porche de la chapelle, retentirent de nos exclamations. Vers le soir nous entrâmes dans Ligourio, que l'on prend, à cause de ses débris, pour l'ancienne Lessa.

Pendant que les agogiatis ramenaient nos chevaux, que des loups avaient pourchassés pendant la nuit, le démogéronte me montrait, du seuil de notre porte, un bassin cultivé, le mamelon déchiré du Tithion, puis au bas la place du grand temple d'Esculape. Pour des voyageurs qui avaient traversé, comme nous, l'Épidaurie, j'imagine que ce dut toujours être un extraordinaire étonnement que de trouver, au sortir de ces ravins, le dieu de la contrée, moitié d'or et d'ivoire, sur un trône ciselé. Pour moi, en ne regardant que le rapport des traditions populaires avec le caractère local du pays, et en ne cherchant dans la poésie du culte que le vif et original souvenir de la nature que nous avions rencontrée la veille, j'avoue que j'eusse infailliblement préféré ce dieu dans son premier état, au milieu des Pélasges, lorsqu'il n'était encore qu'un petit nain agreste couché sur la bruyère, à polir les cristaux, à cueillir des simples et tresser des fils d'or sous des lames de jaspe, nain de même famille que les lares du Latium, le Tagès des Apennins, les gnomes d'Écosse, les sylphes des Carpathes, ou que la fée Ham, qui dénoue comme lui au matin, sur les grèves du nord, ses blonds cheveux pour secouer autour d'elle la lumière du jour.[1]

---

1. Paus., *Corinth.*, 29; Apollod., *lib.* 3; Strab., *lib.* IX, 17; Off. Müller, *Minyer*, p. 104, 283; Creuzer, *Symbol.*, II, 158; Grimm., *Hausmärchen.* Voyez surtout une excellente introduction à la dernière édition de Warton, *History of poetry.*

Mais, sans se soucier du génie intérieur de cette contrée, les Doriens, en arrivant, donnèrent à ce type pélasgique la grandeur et la grâce de leur Apollon hellénique. De ces cavernes, la famille des prêtres le transporta en pompe partout où ils émigrèrent, jusqu'à ce qu'enfin le savoir-faire du nain d'Épidaure, toujours croissant avec la caste, allât de la métropole se résumer dans la colonie de Cos, sous la science et les aphorismes d'Hippocrate.

L'enceinte sacrée est encore à présent plantée d'arbousiers, qui devaient fournir de charmans ombrages aux convalescens. Les cornes de quelques murailles en brique s'élèvent du milieu de ces buissons, et des débris et des plaques de marbre tracent au loin de longues et blanches allées sur les tertres : vous diriez de la mélancolie et de la splendeur d'une villa romaine. Je descendis dans les réservoirs ou les bains d'Antonin. Sur la gauche, je vis le pavé circulaire du Tholus ; un peu au sud, je lus trois fragmens de cippes, restes des *ex-voto* que les malades suspendaient dans le temple. Mais la véritable merveille de Ligourio, c'est le théâtre de Polyclète, dans la colline qui ferme l'horizon au levant. Ses soixante gradins, tous intacts, ciselés sur les bords, atteignent encore jusqu'au sommet. Seulement à la place de la population du Iéro un frais bosquet a surgi à travers les pierres, et de larges masses de cocoretscha, les bouquets jaunes, les branches épineuses du spalakita, laissent tomber leurs draperies et leurs franges d'or sur ses siéges de marbre. Dans l'intérieur du proscénium on trouve de beaux fragmens de porphyre. Avant la Grèce, il y avait des tombeaux et des temples; mais point de théâtre. C'est le monument qui lui appartient le mieux avec l'art pour lequel il est fait. Avant elle, l'épopée avait déjà paru dans l'Orient, et avait elle-même trouvé son type dans le développement séculaire et presque incertain de l'humanité dans l'Inde. La race araméenne, tant la Chaldée que les Hébreux, avaient dans leur vie plus rapide presque épuisé l'élan de la poésie lyrique. Mais, pour que l'art dramatique se montrât à la fin, il fallait que ces deux sources de poésie, jusque là séparées entre des races différentes, vinssent, avec tout le reste, se montrer et se mêler dans le monde grec, au sein de ces religions demi-indiennes, demi-persannes, dont il fut la première fête. Ce qui était déjà dans l'histoire un dialogue sanglant, l'opposition des traditions et du culte des Éoliens dans la vie des Doriens de Corinthe et de Sicyone, acheva d'éclater dans les formes de l'art. Depuis ce jour jusqu'au drame moderne, tous les théâtres de l'antiquité, de la France et du nord, ne sont que différens actes d'un même drame, où s'enclôt peu à peu la pensée du genre humain lui-même. A mesure que les races vont divisant leurs cours, que la colonne grecque se partage en faisceaux gothiques, le chœur, qui remplissait d'abord la scène, lui-même aussi peu à peu se partage et vient s'épandre un à un dans l'action. Chacun de ses membres s'anime par degrés d'une vie indépendante; si bien qu'au lieu d'un peuple figuré par un groupe immobile, la scène est à la fin plus divisée, plus agitée, plus chancelante que ces bois d'arbousiers quand le vent du matin les ébranlait sur le théâtre du Iéro.[1]

Nous nous enfonçâmes bientôt dans une forêt de pins, au-dessus d'un ruisseau. Encore aujourd'hui je ne comprends guère que le tyran Phalcès, en fuyant sur son char à travers ce chemin, n'ait pas été précipité dans le torrent. Au sortir de cette vallée tortueuse, nous nous trouvâmes au-dessus du golfe Saronique. Un vent violent le couvrait d'écu-

---

1. Ceux de Sicyone ont inventé la tragédie, et ceux d'Athènes l'ont achevée. Thémist., 19, 487; Suidas, Θέσπις; Bœckh., *Tragœd. princip.*; Herrmann, *De poemat. comico-satyrico.*

mes, et plusieurs petites îles toutes blanches ressemblaient à une escadre qui arrivait de l'Asie mineure à voiles déployées. A nos pieds, dans l'anse d'Épidaure, deux caïques se heurtaient et claquaient l'un sur l'autre. A l'extrémité d'une langue de terre noire, crevée de mares, les restes de l'ancienne ville d'Esculape pourrissaient sous quelques plantes humides, d'où s'exhalaient les miasmes des fièvres du printemps. Les maisons basses du village étaient elles-mêmes à demi embourbées dans cette plage. Un campement de Roméliotes, tels que nous en avons déjà décrit quelques-uns, descendaient vers l'embarcadère. Mes guides retrouvèrent dans ces tanières quelques femmes de leurs parens qu'ils croyaient mortes depuis long-temps. Je ne pus m'empêcher de remarquer que ces misérables hordes, que j'avais rencontrées à Corinthe, à Sparte, sur le penchant de l'Ithôme, et que je retrouvais à Épidaure, suivaient machinalement la même marche et s'arrêtaient dans les mêmes lieux que les invasions venues du nord dans la haute antiquité. Du reste, et le promontoire sur lequel s'étendaient leurs peaux de loups, et le port, et la plage, et l'enceinte des montagnes creusées en forme de grottes où l'oiseau de mer s'engouffre vers le soir, tout ici avait les grêles proportions de cette petite république des Asclépiades, qui, acculée sur la grève, ne s'acheva jamais que dans ses colonies.

Si les matelots n'eussent pas refusé de se mettre en mer par le gros temps, je me serais embarqué le jour même. Au lieu de cela, nous allâmes passer la nuit sur la crête de Piada. On y grimpe par un chemin en spirale, taillé çà et là dans des rochers de jaspe, au-dessus d'une plaine d'oliviers la plus fraîche et la mieux ombragée que je puisse me rappeler. Les masses ruinées d'un vieux château pesaient sur les galeries en bois du village, et les touffes de nopals et de flômos, que le mauvais air fait croître ici en grand nombre, agitaient des espèces de bannières autour des chapelles byzantines. Une partie des habitans, avec le démogéronte et les prêtres, étaient couchés et à demi endormis sur une plate-forme. Au lieu des plaintes ordinaires, ils en étaient à s'amuser de contes sur Napoléon, que leur faisait un vieux pirate hors d'âge. De toute la révolution ces hommes n'avaient vu de près que les paisibles débats de la constitution d'Épidaure, qui, par hasard, avait été promulguée dans leur village. Pendant qu'ils s'endormaient sous leurs enclos de figuiers d'Inde, nous autres étrangers nous remportions chez nous quelque chose de la détresse de chacun de nos hôtes. Et, malgré cet air de fête, en regardant derrière nous pour la dernière fois les sommets de la Morée que nous allions quitter, nous vîmes bien que la mâle et salutaire douleur de tout un peuple, qui le soir, le matin, chaque jour, s'amasse dans la pensée du voyageur, souvent à son insçu, est après tout le plus riche gain qu'il ait à retirer du fond de ces vallées.

Le 12 au matin, quoique le vent n'eût pas diminué, un Hydriote vint m'offrir son caïque, où nous descendîmes à l'instant. Le chef-d'œuvre de la Grèce moderne, où elle a mis toute son industrie et son audace, c'est le caïque. Dans les temps où nos canots sombrent sur les quais, ces barques traversent en toutes saisons les mers du Levant, depuis les côtes de la Morée, jusque dans l'Asie mineure. Chaque île a sa mâture, qu'on reconnaît de loin. Si la voile est arrondie à l'antique, elle sort des anses des Cyclades, de Syra ou de Milo. Au contraire, si la carcasse est alongée outre mesure, si le mât est penché à l'avant, si les voiles d'une grandeur disproportionnée sont effilées et coupées en ailes de goéland et se renversent sur chaque flot, c'est un arrivage albanais d'Hydra ou de Spetzia. Il y avait dans le nôtre, sur une longueur de moins de quinze pieds, un entrepont à l'arrière pour se blottir en cas de pluie, une boussole à demi brisée, une ancre pour s'échouer sur le premier rocher, et deux petites échelles de cordes, où grimpaient deux enfans de six à sept ans, digne équipage de ce bâtiment de haut bord. Chacun d'eux tenait le pan d'une voile, qu'à chaque coup de vent ils carguaient ou dépliaient, comme s'ils eussent balancé dans leur hutte le berceau d'un de leurs frères. Quand une lame nous inondait, ils grondaient le vieil Hydriote, qui se contentait de répondre *c'è troppò, ma che fare?* Nous cherchâmes à nous jeter sur l'écueil de Métopi, sans pouvoir y réussir; et c'est ainsi qu'en moins de deux heures nous fûmes lancés vers le quai d'Égine, au milieu d'une flottille de felouques et de bateaux semblables au nôtre[1]. Les vaisseaux de ligne sont

---

1. Déjà dans l'antiquité chaque ville maritime se glorifiait d'avoir inventé une espèce particulière de bâtimens.

obligés de mouiller à une demi-lieue à l'ouest de l'île.

Tant que je restai à Égine, des nuages blanc de neige qui rampaient sur la mer, à hauteur des grands huniers des bricks, cernaient tout le jour les bords de l'île et le promontoire de Méthana. Des carcasses de vaisseaux turcs, qui y étaient plongés, figuraient au large un incendie de brûlots jusqu'à ce qu'une fraîche brise de nord-ouest, qui ne manquait jamais de s'élever vers sept heures, dégageât en un instant l'horizon, et montrât en plein les côtes de l'Argolide, de Colouri, de l'Attique, une ceinture d'écueils et plus près une foule de barques qui profitaient de ce signal pour hisser leur pavillon de partance. Depuis le rivage le sol se renfle par d'insensibles degrés. A une lieue s'étend un rideau de montagnes sans arbres, séparées en trois pics, et de l'autre côté deux chaînes plus hautes s'échelonnent jusqu'à la pointe orientale de l'île. Ce terrain, d'un tuf marneux, caverneux, le même que celui de Sicyone, a la blancheur sèche d'un étalage de poterie. Ce n'est que vers les cimes qu'il se teint du gris des bruyères. Sur les rivages, en face de la Morée, s'éparpille un labyrinthe de petites cases carrées, de la hauteur d'un homme, véritable ville de Myrmidons, qui d'ailleurs en ont été les premiers fondateurs. Quoiqu'il y eût encore près de onze mille habitans[1], réfugiés de toutes les parties de la Grèce, Chiotes, Épirotes, Athéniens, dont la vie se passe dans une continuelle et douloureuse attente de leur sort à venir, je ne puis me rappeler au milieu de tant de populations rivales que l'inquiétude devrait aigrir, d'autre bruit que le bourdonnement des écoles mutuelles, le carillon des cloches de Pâques, la

---

1. Dénombrement de la population d'Égine en 1829 :

Indigens.		3300	
Domiciliés	hommes	1624	10889.
	femmes mariées ou veuves	2175	
Enfans.		3790	

sonnerie des agrès dans le port, ou le claquement des moulins à vent au-dessus du lazareth. L'ancienne et naturelle querelle du Péloponnèse et de la Grèce du nord, que Thucydide croyait finie, reprise naguères par les Moréotes et les Roméliotes, puis des masses échue aux capitaines, et des capitaines à des chefs civils, ne prolongeait plus son murmure que le soir à la lampe, sur le tapis de Zaïmi ou dans le donjon aux quatre tours de Coletti. D'événemens, on n'en apprenait guère, si ce n'est par hasard la consécration de quelque église nouvelle. D'autres fois c'était le ministre Coletti qui convoquait autour de lui, en grand cercle, l'assemblée des électeurs épirotes. Des marchands de Janina interrompaient violemment sa harangue officielle, tandis que de vieux klephtes, à la tête rasée, jouaient avec la longue mèche noire qui tombait de leurs crânes, et avec ce sourire de Faune qu'ils apportaient des grottes du Pinde, se montraient disposés à faire un usage plus confiant de leurs droits politiques. On se préparait aussi de tous côtés à célébrer la Pâques. Ce jour-là, les Éginètes sont encore ceux d'Aristophane et d'Apulée. Chacun s'embrasse dès le matin en se rencontrant; et il n'est si étroite tanière qui ne réunisse ses habitans autour d'un plat d'agneau. Ce qui ajouta à notre joie, fut d'apprendre que nos voisins d'Éleusis, depuis long-temps immobiles, avaient fait la veille dans la nuit une irruption dans les retranchemens des Turcs, et leur avaient enlevé pour la fête mille moutons. Le seul qui n'en voulût pas être, était peut-être quelque primat de Dimitzana, suivi de son tiniote, qui fait brûler devant lui sa pipe d'ambre. Aux yeux humides de Basilique, à l'allure engourdie d'un pacha à peine réveillé des parfums du Bosphore, et s'il le fallait vif, leste, encore un coup chef de bandes, dans tout pays orateur de tribune, qui un jour a sauvé la Grèce pour s'en faire un camée au doigt, laissez-le porter sans encombre sur le divan des diplomates d'Angleterre encore cette diatribe contre les forfaitures de Capo-d'Istria. Les femmes, ici deux fois plus nombreuses que les hommes, car une grande partie sont veuves, avaient ménagé en secret pour ce jour quelque ancienne parure. Les Albanaises de Livadie laissaient tomber, en entrant à l'église, leurs longues tresses de cheveux noir de jais sur des draperies blanches et plates en forme de patènes, telles que nos diacres en portent. Les Psariotes avaient deux bandeaux de soie flottant jusqu'à terre; et elles collaient sur leur bouche un demi-voile, comme un sceau de mystère, pendant que leurs fronts et leurs yeux découverts avaient encore à la porte des capitaines toute l'audace du lendemain de l'explosion de leur île. Les Moréotes aussi avaient changé leurs turbans. Mais dans cette variété de costume et d'origine, soit communauté de misères, soit même degré de culture, dominait entre toutes un même caractère, beauté sans passion et sans vie, rude et morne, en cela absolument pareille à ces groupes uniformes des statuaires de l'antiquité et du moyen âge, au début de leur art. Quand le soir arrivait, elles se réunissaient en rondes autour de la maison du président. Sous un ciel où pas une étoile n'était voilée, elles continuaient leurs danses au bruit du tambour de basque pendant une partie de la nuit. Elles y joignaient des chants de leurs pays; mais prononcés si bas qu'ils ne servaient qu'à réveiller dans ceux qui les écoutaient un dernier et vague écho de cette poésie populaire. Vraiment, par tous vos chants, Psariotes au voile blanc, Moréotes et Livadiotes, c'est venir de trop loin à la fête de Pâques. Là-bas, dans vos cabanes, je n'ai trouvé ni pain, ni vin quand j'avais soif, ni natte pour dormir. Les loquets sont restés ouverts; les vampires sont entrés. Quel ménage y font-ils? Les serpens s'y roulent au foyer, comme des colliers de paras tombés du col des fiancées. Les joncs, plus diligens que vous, y filent en votre place les quenouilles de coton que vous deviez suspendre au toit avant le mois d'Avril. C'est l'heure où les pirates amarrent leurs caïques, où les klephtes reviennent pour manger leur pain d'orge. Et klephtes et pirates, qu'ils frappent à vos portes où j'ai souvent frappé ; un hibou leur dira que vous dansez dans les îles au tambour de basque, sveltes, avec vos longs cheveux, le soir jusqu'à minuit.

Dans cette île qu'un muletier traverse en deux heures, si les couches des terrains, usés par le remous des eaux, se distinguent plus facilement que dans l'intérieur du continent, il en est de même des débris des peuples qui l'ont habitée l'un après l'autre. Trois races différentes, lentement superposées sans se détruire, se laissent voir à nu dans les trois formations des religions d'Égine. Pélasges, Achéens et Doriens, à mesure que l'une de ces invasions est subjuguée par l'autre, le Dieu où elle a empreint son image idéale lui survit sans vieillir, et reste jusqu'au bout égal au dieu des conquérans. Du reste ce petit monde, justement appelé la Phénicie de la Grèce, pourrait presque être considéré à part, tant il prit toujours à tâche de se mouvoir et de s'aventurer à sa guise. Quoiqu'il fût, dès son origine, lié au système du Péloponnèse, une fois qu'il eut décidé par sa flotte la victoire de Salamine, l'esprit des Héraclides s'y développa avec tant d'ardeur et d'impatience en vue des côtes ennemies, qu'il ne put attendre que la lutte contre Athènes se fût organisée ; et témérairement engagé, il fut détruit l'année même où éclata la guerre qui fit triompher sa cause. Si, dans son isolement, il eut sa politique et son droit particulier, il eut aussi son art. C'est une chose aujourd'hui établie, que l'école éginétique, si long-temps mise en doute, n'est pas autre chose que le type de la population dorienne, ou coulé dans l'airain, ou sculpté sur le marbre. Même rigueur, même immobilité, même persistance des formes consacrées que dans le culte, les lois et les institutions nationales. Ce que dans les migrations de cette race l'île de Crète avait été pour la religion, l'île d'Égine le fut pour l'art, et son peuple d'athlètes fit les statues des vainqueurs des jeux pour lesquels Pindare faisait ses odes. Après les savantes recherches que cette école a suscitées de notre temps, il restait à savoir comment elle a fini. Jusqu'au bout a-t-elle persisté à se distinguer de l'école attique, ou s'en rapprochait-elle par degrés? La raideur historique des groupes de Scyllis se perdit-elle peu à peu dans l'idéal de Phidias, comme Pythagore a préparé Platon? ou est-ce ici le point où s'est brisée la chaîne ailleurs continue du monde grec? Le manque de monumens rendait la question jusqu'ici insoluble. Peu avant mon arrivée dans l'île, on découvrit, près de l'ancien môle, un grand bas-relief qui paraît destiné à l'éclairer un jour. Les caractères de l'inscription, le nu des personnages, les costumes pendans et naturels, à la place des draperies pincées des statues connues jusqu'ici, des cheveux onduleux au lieu de flocons maniérés, démontrent à la première vue qu'il appartient à tout une autre époque que ces monumens; le sujet est lui-même fort compliqué. Une femme assise tend la main à un jeune homme. Vis-à-vis d'eux un vieillard est debout, les mains croisées sur la poitrine. Deux autres têtes d'hommes, dont l'une regarde par derrière toutes les autres, achèvent la scène. Les figures ont un peu plus de la moitié de la grandeur naturelle. Si l'exécution en est peut-être encore sèche et froide, la confusion tient lieu de mouvement; à ces groupes sveltes et naturels il ne faut qu'une pensée qui les éveille pour qu'ils se meuvent avec toute la grâce attique. Cette comparaison nous était d'autant plus facile qu'il y avait à côté d'eux un second bas-relief, apporté peu de jours avant de

Salamine. Celui-là, vivant et onduleux, représentait deux jeunes hommes, dont l'un étendait la main gauche vers l'autre dans l'attitude de lutteur. C'était une bonne fortune de rencontrer ainsi par hasard, à côté l'une de l'autre, les deux écoles de l'antiquité dans leur plus haute perfection. En voyant ces restes de deux populations acharnées à se détruire, et pourtant si semblables, si bien modelés l'un sur l'autre, il fallait croire qu'il y a quelque chose de saint dans la puissance de l'art qui peut ainsi éteindre les antipathies des siècles, et, comme la paix du tombeau, rapprocher et confondre dans une même pensée et dans un même type de beauté ceux que la terre et l'eau tiennent divisés en tout le reste jusqu'à leur mort.

Un peu à l'est de la ville, les lagunes sont crevées de tombes, qui forment là une véritable nécropole. Celles qu'on ouvrit contenaient de beaux vases, dont plusieurs avaient pour dessin le grand œil de Bacchus-

Osiris. Je recueillis aussi un long décret de
ces rois de Pergame, auxquels l'île fut vendue
trente talens. Au-dessus d'un vieux môle,
au milieu des moulins à vent, une colonne
du temple de Vénus reste debout. Chandler
en vit deux, qui portaient encore leurs architraves ; mais les plus belles ruines sont à
l'extrémité est de l'île ; et j'ai peine à concevoir quel souci de voyage empêcha Pausanias, partout ailleurs si patient, de faire les
deux ou trois lieues qui lui restaient pour
les voir de ses yeux. Plusieurs bassins de
marne, creusés en fournaise, les séparent
du côté du couchant. Ce n'est que rarement
que l'ombre d'un cyprès tombe sur ce sol
brûlé. Depuis long-temps les commentateurs
y cherchaient un ruisseau qui leur manquait[1] ; nous en trouvâmes deux, avec une
eau tiède pour nous désaltérer, et nous con-
sentons sans peine que ce soit là l'Asope de

---

1. Otf. Müll., *Æginet.*, p. 6.

la troisième Néméenne. Au centre de l'île, les cases du palaiochorio, qui tient la place de l'Oea pélasgique, pendent agglomérées en forme de cristaux sous une large voûte de rochers. Enfin une dernière chaîne, entourée à ses pieds par la mer, à mi-côte par d'épaisses bandes d'agnus castus, se couronne au sommet d'une avenue de vingt-quatre colonnes cannelées et doriques, nonchalamment éparses sur un plateau de bruyères dans le lieu le plus pittoresque et le plus solitaire de la Grèce. Vous les prendriez de loin pour les restes d'une futaie magique aux troncs de marbre, où les oiseaux connus des klephtes, aux becs d'argent, aux ailes d'or, viennent chanter les prophéties guerrières de Tsamados et de Karaïskaky. Mais quand vous les touchez, et que par-delà la mer vous apercevez subitement le Parthénon d'Athènes sur la rive opposée, c'est une idée du peuple dont il est difficile de se défendre, que les anciens habitans ont choisi cet endroit pour se mesurer avec leurs ennemis et rivaliser de plus près dans leurs ruines. Des fouilles venaient de découvrir les trois degrés du péristyle, et l'inscription : *A Jupiter panhellénien;* il n'est donc plus permis d'avoir un doute sur le dieu de ce temple.[1] Plus élancé, plus pur, évidemment moins ancien que celui de Corinthe, je le placerais, dans l'histoire de l'art, quelques années avant le Théséum d'Athènes. Des fragmens cyclopéens, à demi enfouis, prouvent qu'il y a eu deux âges dans sa construction, comme on reconnaît deux âges dans le culte pour lequel il fut bâti. L'architrave, qui pend encore sur vingt-quatre colonnes, était peinte en bleu, de la même nuance que la mer et le ciel. Un autre décidera si les fameuses statues découvertes sous les tronçons de la cella, représentent une scène des Æacides ou la défaite de Xerxès. Ces pesans archers du

---

1. WAGNER, *Bericht*, etc., p. 195.

Taurus, ces couronnes de Mithra, ces arimaspes de l'Iran, avec leurs ailes étendues sur les frontons, montrent du moins, quel qu'en soit le sujet, une singulière et ardente préoccupation de l'Asie. Si âpres et si rudes qu'on les fait, probablement qu'ils sont en sculpture ce que les Perses d'Eschyle sont dans le drame, et le colosse d'or et d'ivoire, dont il ne reste qu'un seul fragment, était sans doute fait du butin de Platée [1]. Ce qu'il y a de sûr, c'est que le culte lui-même de Jupiter panhellénien n'éclata dans sa pompe

---

1. En Allemagne, où sont maintenant ces statues, les uns les font remonter jusqu'à Callon dans la 65.ᵉ olympiade; d'autres veulent que cet artiste soit au contraire le dernier en date de l'école éginétique. Avec cette richesse de génie et cette manière souveraine, dont il manie toute chose, SCHELLING laisse voir pourtant ici un soin sordide des temps primitifs, jusqu'à vouloir presque repousser ces marbres dans les âges homériques. WAGNER, *Bericht über die Æginetischen Bildwerke*, p. 166; C. MÜLLER, *Ægineticorum liber*, p. 100, 107; THIERSCH, *Epochen der Bild. K.*, 73; PAUS., *lib. II, c.* 32; *lib. VII, c.* 18; HÉRODOT., IX, 7.

qu'après la guerre médique. Il appartenait d'abord à une tribu. Mais quand la Grèce morcelée commença à se recueillir contre l'Orient dans un même génie, elle personnifia cette ère nouvelle dans un culte nouveau, où s'unirent tous ses peuples, ainsi qu'à Salamine. Égine, maîtresse dans le combat, qui consuma sa vie entière pour le salut de cette époque, fut naturellement un centre de la réforme, et la destinée de cette île et tout le secret de son histoire se déposèrent désormais dans l'idée toute politique de Jupiter panhellénien. Ainsi, depuis la guerre des Mèdes jusqu'à celle du Péloponnèse, s'éleva sur le sommet de l'île, pour être vu des côtes et des rescifs, et du milieu des flots, et des ports de l'Attique et des grèves de Mégare, non pas le trophée d'une bataille, mais le trophée d'un siècle. C'est l'arche où s'entassent dans le danger commun les races de l'Occident; suivant que l'alliance se renoue ou se brise, on y retourne ou on l'oublie.

Et à cette heure, où le pêcheur s'en va à Colouri amarrer son bateau, où un aga nous regarde des bords du Pirée, où le flot est uni, où les îlots scintillent, où la nature est toute entière occupée à dorer un nuage, chaque matin cet âge se réveille sous ce portique, blond et paré des débris de la Perse, pour effrayer les corbeaux et les orfraies des côtes.

Car, si je songe qu'au milieu des dernières guerres les ruines de l'antiquité se sont elles-mêmes défendues, et que je n'ai vu nulle part qu'il leur manquât une pierre, là où les hommes de nos jours ont perdu leurs toits et leurs manteaux, et qu'il nous reste enfin de chaque temps le témoin le plus nécessaire, au lieu de la mélancolie ordinaire des voyageurs, je serais bien plutôt porté à croire de plusieurs monumens, qu'ils sont immortels à l'égal des pensées qu'ils représentent. En même temps que dans le système du monde une étoile s'éteint sans que personne s'en soucie plus que de la lampe d'un pêcheur, de siècle en siècle dans le monde de l'histoire un temple disparaît avec une époque entière. Mais de toutes parts les péristyles de la Grèce, les cathédrales du moyen âge, les pyramides de l'Orient, ne chancelleront à la fois sur leurs bases, que lorsque le genre humain, qui leur prêtait invisiblement sa force, lui-même défaillera; afin que, sa course accomplie, celui qui l'a envoyé puisse compter les bornes sur son chemin.

Nous allions ainsi nous asseoir de longues heures sur les marches du temple de Jupiter panhellénien. Nous n'étions alors qu'à quelques milles d'Athènes. Du haut de ce promontoire, nous apercevions en face de nous l'île de Salamine, dont les sommets à angles aigus, couleur de craie et alongés en pointe parallèlement à l'isthme, déchiraient de leur soc la nappe d'un bleu foncé que la mer étendait jusque sous nos pieds. Sur le second plan, les montagnes plus hautes de Mégare traçaient au nord une ligne d'azur jusqu'à l'acropole de Corinthe. Vers le sud, des rivages marqués par des lignes blanches et presque étincelantes bordaient d'une lisière de feu la chaîne hérissée du mont Hymette et fuyaient vers le cap Colias. Mais nos yeux ne pouvaient se détacher d'une masure de forme carrée, la seule qui parût dans cet horizon et qui ressemblait à une ferme ou à un monastère abandonné. Elle était à notre droite, assise sur des collines légèrement élevées, et les ombres des montagnes, qui se prolongeaient jusqu'à elle, la détachaient vivement de tout le reste. C'était là le Parthénon; la ville entière nous restait cachée dans les replis du terrain et derrière les rochers de la citadelle. Il est difficile de peindre ce que nous ressentions alors. Les regards attachés pendant de longues soirées sur ces pierres, dont nous ne pouvions distinguer la forme, je ne sais quel charme prodigieux, et qui ne ressemblait à nul autre, se glissait dans notre ame. Ce n'était pas une ville en décombres, mais un être réellement animé, un être souffrant et enchaîné, qui était caché derrière la montagne. L'impossibilité d'en approcher me pénétrait d'une tristesse amère. Quand la chaloupe, qui croisait à l'extrémité de Colouri, faisait un mouvement et voguait vers le Pirée, j'aurais voulu être le matelot qui la montait. Je la suivais avidement jusqu'à ce qu'elle carguât sa voile, ou qu'elle revînt sur son sillon.

Cette séduction devint si forte que je résolus de n'y plus résister. Quelques chefs du gouvernement me représentaient que les Turcs étaient récemment irrités par une double attaque : l'une aux avant-postes d'Éleusis, l'autre jusque sous les murs de la citadelle, et dans laquelle ils avaient perdu deux mille têtes de bétail ; que ma qualité de Français me ferait infailliblement soupçonner ; qu'il ne se trouvait dans le port aucun bâtiment neutre; que l'arrivée sur une barque ennemie était impraticable. D'autres, que j'aimai mieux croire, me fortifièrent dans mon projet. Le consul d'Autriche me donna une lettre pour le bey, qui malheureusement se trouvait à Négrepont. Au milieu de ces délais, le hasard me fit rencontrer trois officiers du génie, que je décidai à m'accompagner : ils se déguisèrent, et nous achevâmes les préparatifs. Nous naulisâmes un caïque avec trois matelots d'Hydra. Nous y portâmes des provisions de rhum et de tabac, et nous prîmes avec nous un interprète, homme d'Athènes, parlant un peu le turc, l'albanais, et dont l'intelligence nous rendit les plus précieux services.

Un soir, nous quittâmes le port à la nuit tombante, afin d'arriver le lendemain en plein jour sur les côtes de l'Attique. Le soleil se couchait à notre gauche, sur les montagnes d'Épidaure. Pendant que la lune s'élevait lentement au-dessus des sommets d'Égine, la colonne du temple de Vénus, enveloppée de ses reflets, semblait un fanal dont la lumière s'est éteinte dans l'orage. Le vent était tombé, la mer unie et silencieuse, notre voile latine pendante au mât. De temps en temps on entendait un coup de rame; la mer phosphorescente brillait alors de mille étincelles; des gouttes, des lames de feu, que l'on eût dit vivantes et organiques, s'allumaient, s'éteignaient des deux côtés de la barque, et le gouvernail laissait par derrière une longue traînée de flamme. Puis un matelot commençait à demi-voix une chanson, qui à peine s'élevait au-dessus du murmure des flots. Vers le milieu de la nuit nous fûmes hélés par une chaloupe canonnière, qui vint nous visiter : c'était une barque semblable à la nôtre, armée d'un canon, et la seule qui croisât devant Salamine et le Pirée; elle nous laissa passer sur un permis des autorités grecques. La brise du matin ne s'était point encore levée. Nous continuions d'avancer en silence, à la rame, comme si nous allions surprendre Athènes avant son réveil. Le soleil parut enfin entre le Parthénon et le monument de Philopappus, au moment où nous entrions dans la première enceinte du port. Ses bords, presque à fleur d'eau, laissaient la vue s'étendre sur une vaste plaine, qui déroulait en face ses masses d'oliviers. Du milieu de ce terrain uni, s'élevait en vive arête à environ deux lieues une chaîne stérile et isolée. Le pic du mont Anchesme, qui à cette distance se confond sur le même plan, la termine par sa crête déchirée, connue du peuple sous le nom de prison de Socrate. La courbe redescend ensuite vers la droite, s'incline sous le Parthénon et se relève légèrement jusqu'au monument de Philopappus, qui la couronne en forme de piton. Elle courait presque perpendiculairement sur le mont Hymette, dont elle reste néanmoins séparée ; celui-ci, plus élevé, d'une teinte fauve, dépouillé d'arbres, encaissant dans les plis de ses ravins d'étroits et rares torrens de verdure. Par-delà la crête de la citadelle, la plaine remonte insensiblement, forme de petits mamelons et va se perdre à l'horizon dans les flancs bleus du mont Pentélique. Vers l'ouest, le bassin est fermé par des lignes plus molles et des croupes grisâtres. A mesure qu'elles se rapprochent de la mer, elles vont en s'abaissant, se couvrent de hautes herbes, et forment enfin comme des espèces de vagues immobiles, qui pressent et refoulent les flots du Pirée. Ce paysage n'a ni la mollesse de la baie de Naples, ni le génie grandiose de la plaine d'Argos. Pour être pittoresque, il n'a pas assez de cimes dentelées, d'angles et d'ombre; de toute part inondé de lumière, ses lignes régulières et calmes lui prêtent plus de magnificence que de hardiesse. A mesure que nos yeux plongeaient dans son atmosphère embrasée, une idée de beauté toute semblable au génie athénien nous venait de chaque point de l'horizon. Il nous semblait que ce type de style, commun à Platon, à Thucydide, à Sophocle, avait pris une figure immobile dans les coupes de ces montagnes, et que le génie de Phidias avait lui-même courbé et arrondi les cimes du Pentélique et du Pœcile.

Nous rasions les bords du Pirée sans apercevoir nulle part aucun signe de vie; pas une barque, pas un homme, pas un animal : un silence profond, comme si cette terre était complétement déserte. Au fond de l'anse blanchissaient les décombres du monastère Saint-Spiridion, qui a été renversé dans la dernière expédition. Au moment où nous allions y échouer notre barque, trois soldats turcs sortirent d'une batterie construite à la droite sur la colline Munichie, et descendirent précipitamment vers nous. Nous étions impatiens de voir quel accueil ils feraient à nos Grecs. Arrivés à portée de voix, l'interprète leur cria que nous voulions parler à l'aga. Il sauta à terre avec l'un de nous, et monta vers la redoute, accompagné d'un Albanais. Les deux autres restèrent pour nous garder, et s'éloignèrent un peu vers une fontaine turque, où ils eurent l'air de faire leurs ablutions. Cependant des delhis passèrent près de là au galop, suivis d'une meute de chiens, sans détourner la tête pour nous regarder. Au bout d'une demi-heure l'interprète redescendit avec de bonnes nouvelles. L'aga nous souhaitait la bienvenue, et allait nous envoyer un cheval pour porter nos bagages dans Athènes. Nous nous établîmes en attendant sous une voûte du monastère. Des soldats errans s'arrêtaient et se pressaient autour de nous. Presque nus, l'air farouche et affamé, rodant autour de nos provisions, ils finirent par s'en emparer, et un jeune Égyptien tomba ivre sur un petit baril dont il avait fait choix. Tantôt ils se levaient, se renvoyaient l'un à l'autre un boulet qu'ils avaient déterré sous les décombres, tantôt ils faisaient quelques pas, tiraient un coup de fusil sur les pierres ou sur la mer, et venaient se rasseoir à nos côtés sans faire aucun geste, ni prononcer aucune parole. Quand un de nos matelots devait apporter quelque chose à terre, il le faisait avec effroi, tournait à chaque pas la tête derrière lui, affectait un faux air de confiance, et ne retrouvait de repos que lorsqu'il avait gagné sa barque. Une fois l'un de nous s'éloigna à une très-faible distance, les Albanais se dirent entre eux que nous étions des espions, auxquels il fallait trancher la tête, et l'interprète fut obligé de nous rappeler : j'eus ainsi le temps de les considérer de près. Ils avaient la taille haute et d'une fierté singulière, la tête étroite et longue, le front élevé et plein de pensées, les yeux sombres, sanglans, hagards, les épaules couvertes d'une peau de mouton, une ceinture armée de deux pistolets et d'un long yataghan; une tunique retombait jusque sur leurs genoux. Ils avaient les jambes et les pieds nus. Un long fusil, avec une crosse en fer, brillant et barriolé d'arabesques de cuivre, ne les quittait jamais, même lorsqu'ils s'asseyaient pour manger. J'étais surtout frappé de l'air de préoccupation, de mystère et d'énergie intérieure qui se montrait dans tous leurs mouvemens.

Après deux longues heures d'attente, l'aga nous envoya un cheval sur lequel nous chargeâmes nos provisions. Nous vîmes s'éloigner hors de portée de fusil notre barque, qui allait attendre notre retour en face du port, et nous prîmes les devants à pied et par un soleil ardent. Après quelques minutes de marche, nous atteignîmes les premières traces des longs murs. Elles s'élevaient au-dessus du sol à la hauteur d'une assise, laissaient de longs intervalles sans paraître, ou ne montraient que des pierres sorties de leur alignement et isolées à la distance de quelques pieds. Cette ligne se prolongeait dans un terrain marécageux, couvert au loin de hautes herbes. Des troupeaux de chevaux tout sellés y paissaient çà et là, sans qu'on vît aucun homme pour les garder. De loin à loin nous rencontrions les fossés et les retranchemens construits par les Grecs dans la fatale entreprise où périt Karaïskaky. Les Turcs n'ont pas songé à en détruire un seul, et les pallichares les retrouveront dans le même état où ils les ont laissés. Ces traces nous quittèrent, quand nous entrâmes dans la lisière de la forêt d'oliviers. A tous momens des masses d'arbres brûlés et étendus sous nos pieds interceptaient notre route. Nous la retrouvions en attachant nos yeux sur les colonnes du Propylée et du temple d'Érechtée, qui se distinguaient alors nettement, et blanchissaient à travers le feuillage. L'Albanais qui nous accompagnait, déchargeait son fusil en courant devant nous, à la face de quelques soldats endormis dans des mares, sous de hautes herbes, et qui se dressaient en sursaut, en se jetant sur leurs armes. Au bout d'une heure, nous sortîmes de la forêt, et nous entrâmes en rase campagne. Au pied de la colline du Musée, des cyprès élevaient leur flèche au-dessus des dômes des caroubiers et des sycomores. Nous traversions des champs de blés presque mûrs. Sur la gauche, non loin des jardins de l'Académie, la tour carrée d'Hadgi-Alli ressortait sous les ombrages des oliviers. La nature, au lieu d'être épuisée et morte, comme dans une partie du Péloponnèse, semblait ici envelopper et couvrir de ses riches rameaux le grand tombeau dont nous n'étions plus éloignés que de quelques pas.

Une pente unie nous conduisit au pied d'un mur en terre, haut de dix pieds, et nous nous trouvâmes tout à coup dans cette ville assiégée et bloquée, sans que personne eût encore fait attention à nous. Nous pensions être familiarisés avec l'impression des ruines, et nous nous étions armés contre les séductions d'Athènes; sa misère surpassa notre attente. Sur le revers de la montagne, où la ville s'éle-

vait jusqu'à mi-côte, et dans le demi-cercle
qu'elle traçait à sa base, des maisons en terre
éboulées étaient roulées en tertres jaunâtres,
où l'œil ne connaissait plus aucune forme;
celles qui étaient encore debout, les toits démantelés, les murailles entr'ouvertes, laissaient l'impression d'une destruction plus récente. Il en était qui n'avaient conservé que le
seuil de la porte ou quelques degrés de petits
escaliers en marbre. On nous montra la place
de celle de M. Fauvel. Tout avait disparu,
excepté deux fragmens de statue, deux colonnes cannelées, et une inscription sur un
bas-relief : monumens touchans, par où se
faisaient reconnaître les foyers de notre antiquaire. Nous marchions au pas de course
à travers les masures, les cours, les jardins,
sans suivre aucun alignement, n'évitant que
les citernes, qu'on rencontre fréquemment,
et quelques cadavres à demi couverts de
terre, soulevés des deux côtés par des planches, et qui répandaient une odeur pestilen-

tielle. Il fallut passer presque sans nous arrêter et sans les reconnaître devant le fronton d'un temple, sous un portique, dans une enceinte de pilastres. Nous nous sentions pénétrés pour ces restes de ce respect qu'inspire une destinée qui vient d'échapper à de grands dangers. Une haute fortune en avait pris soin et venait de les sauver, comme s'ils étaient encore nécessaires au monde. Leur teinte dorée se détachait sur un terrain jonché de débris byzantins, vénitiens, arabes, d'où ils surgissaient rayonnans d'une immortalité nouvelle. En descendant dans la partie basse, au-dessous du gymnase de Ptolémée, nous entrâmes dans une passe étroite, qui forme le bazar. Des deux côtés de la rue s'étendent horizontalement des branches de pin, dont l'ombre s'épaissit sur des mares d'une boue noire et croupissante. Quelques hommes pâles, armés jusques aux dents, sont assis dans cette obscurité, à côté d'une provision de lait caillé; d'autres jouent aux échecs, ou tiennent sur leurs genoux une espèce de mandoline, dont ils tirent de temps en temps un son faible et maigre. Des groupes de femmes esclaves, les seules que les Turcs aient laissées dans la ville, se tiennent debout et voilées, comme les chœurs des Suppliantes. Le silence morne qui règne de tous côtés, est à peine interrompu par le bruit aigre, traînant, nasillard des musettes d'une musique militaire. Des hibous, aveuglés par le soleil, battent de leurs lourdes ailes les murs d'une église byzantine, pendant que du haut d'un minaret une famille de cigognes reste immobile et penchée sur son nid. Des palmiers d'Afrique, qu'on s'étonne de rencontrer sur ce sol et qui semblent être des compagnons de l'émigration égyptienne de Cécrops, ajoutent à ce tableau l'impression vague et douloureuse du désert.

Nous nous arrêtâmes à la porte du bimbaschi ; elle était encombrée de soldats réguliers, qui composent aujourd'hui la population d'Athènes. Nous trouvâmes le successeur de Périclès assis sur une natte, à l'angle d'un mur, dans une galerie extérieure. Une tête qui s'agite comme par ressort, et horizontalement sur un corps complétement immobile, des traits que de longues fatigues ont sillonnés et qui n'ont conservé que l'expression du meurtre, des regards que leur fixité ferait croire pénétrans, les accens d'une voix forte, brusque, impérieuse, tout cet éclat de dignité ne laissait pas d'être un peu compromis, en ressortant sur une muraille blanche, où la main d'un soldat a dessiné au charbon la caricature d'une frégate et d'un pacha. Le bim-baschi paraît avoir près de soixante ans. Il a fait la guerre d'Égypte avec le même rang qu'il occupe aujourd'hui. Il nous reçut froidement, sans nous demander qui nous étions, d'où nous venions, ce que nous voulions. On nous avait prévenus de la singulière manie que ce chef a contractée de raconter la bataille qu'il dit avoir gagnée contre Bonaparte aux pyramides, et nous étions préparés à subir avec résignation le souvenir de ce désastre. Tant de douleur nous fut épargnée; il nous interrogea sans hâte et sans soucis sur le départ du général français, qu'il appelait le pacha de Modon, sur le nombre des troupes en garnison dans les places fortes, sur les desseins de *Capo d'Istria*, et sur les préparatifs des Grecs. La nouvelle de la prise de Lépante, que nous connaissions depuis un mois, ne lui était point encore parvenue, ou peut-être feignait-il de l'ignorer. Il passa de là à de violens reproches contre un capitaine anglais, qui, il y avait peu de temps, avait tenté d'emporter un fragment de statue sur sa frégate. On nous expliqua plus tard pourquoi ce Tartare faisait si bonne garde des marbres de Phidias. La vérité est que, peu de jours avant notre arrivée, le peuple s'était ameuté et avait failli lapider deux Francs, en criant que ceux qui achetaient aujourd'hui les pierres du chemin, achèteraient demain la citadelle. Puis il se radoucit, et nous obtînmes sans peine l'autorisation de rester deux jours dans la ville, à la condition de ne toucher à aucune pierre. Il en vint jusqu'à s'informer avec intérêt du lieu où nous passerions la nuit. Nous ne pûmes nous empêcher de trouver quelque dignité dans le repos et l'hospitalité de ce geolier d'Athènes.

En le quittant, nous fûmes recueillis par deux médecins français, que leur mauvaise fortune a attachés à sa chaîne; ils nous conduisirent prendre quelque repos auprès d'un Arménien dont ils avaient fait leur aide. Dénués de tout, même d'une lancette, on leur avait donné deux soldats pour les épier plutôt que pour les servir. Ils manquaient de pain et n'avaient point de solde. L'un d'eux sortait à peine d'un accès de frénésie, dans lequel l'autre lui avait lié les pieds et les mains. Entre plusieurs récits qu'ils nous firent, je fus frappé de l'atrocité d'un supplice que le bim-baschi avait fait subir quelque temps auparavant sous leurs yeux à l'un de ses prisonniers : cet homme, qui était un ancien scribe des environs, avait été écorché vif, des pieds jusqu'à la tête, et suspendu ainsi, par des crochets de fer enfoncés dans la poitrine, à un olivier, où il vécut tout un jour.[1]

Du milieu de ces images, si nous revenons sur des monumens tant de fois décrits que ceux d'Athènes, notre excuse est dans l'époque où nous les avons visités. Tant de dangers les menacent, qu'il est bon de constater encore une fois leur existence. La revue suivante ne peut donc être considérée que comme une brusque reconnaissance dans des jours de désastre. Ce furent nos hôtes qui nous servirent aussi de guides.

---

1. Je tiens d'une autre source non moins certaine qu'un médecin, philhellène français, ayant été pris au Pirée par une bande d'Albanais, sa taille un peu replète les mit de bonne humeur, et qu'ils le pendirent à un arbre, où ils le tirèrent à la cible toute la matinée.

Le premier monument que nous avions remarqué en entrant dans la ville, à gauche du chemin et placé sur une petite éminence, est le temple de Thésée. Une des colonnes a été atteinte d'un boulet; une autre de la foudre. Je ne sais quelle main pieuse a ceint cette dernière d'un cercle de fer. Ce vieux trophée de Marathon est encore un des restes les mieux conservés de l'antiquité. Le moment le plus glorieux de l'histoire athénienne a pris sous ce marbre une forme immobile et éternelle. En même temps que son péristyle dorique lui donne un caractère religieux et saint, son peu d'élévation au-dessus du sol, contre la loi constante des temples de reposer sur trois marches, le rapproche des flots du peuple. S'il est vrai que ce monument de Thésée a servi de modèle au Parthénon, ses proportions ont grandi dans la copie dans le même rapport que le héros et le dieu. Placé sur le chemin du Pirée, au milieu de la ville, presque confondu avec les édifices civils, il repose au sein de la nation qui s'en est fait un trophée. Au lieu que le temple de Minerve domine la contrée comme une pensée céleste, isolée sur le rocher de Cécrops. De l'un à l'autre, l'art s'est élevé de la symétrie d'une tribu victorieuse à l'impression de grandeur de la nature entière, personnifiée et circonscrite sous le type athénien. Ce Théseé était lui-même la personnification de la race ionienne. Il en avait le génie ardent, vaniteux, inconstant, et l'histoire primitive de ces populations s'est résumée dans le poème de sa vie. Il apparut dans les champs de Marathon comme le génie d'Athènes, et c'est sous sa sauve-garde que fut placé l'honneur de cette journée. Je remarquai à cette occasion qu'à la différence des modernes, jamais une gloire plus récente n'a nui chez les Athéniens à la gloire des temps passés. Loin que les âges historiques aient éclipsé chez eux l'éclat de la mythologie, ces deux périodes réfléchirent constamment l'une l'autre leur grandeur mutuelle. Les jeunes trophées de Miltiade étaient consacrés par les vieux souvenirs de Thésée comme le culte antique des vainqueurs des Amazones était rajeuni par la pensée du vainqueur de Darius. Nous n'avons pas cherché les cendres du héros que Cimon rapporta de Syros pour les placer dans le sanctuaire. Nous aimâmes mieux examiner les bas-reliefs qui couvrent les Métopes. Déjà mutilés au temps de Stuart et de Dodwell, ils ne le sont pas davantage depuis les dernières guerres. Les têtes ont surtout attiré la fureur des iconoclastes. Quant à leur importance pour l'histoire, c'est d'offrir pour la première fois l'alliance des travaux d'Hercule et des fables de Thésée. Voilà donc ces deux représentans, l'un de la race dorienne, l'autre de la race ionienne, longtemps rivaux, qui s'unissent dans les sculptures de Micon. L'instant passager où les populations grecques, jusque là ennemies, vinrent à former un corps unique contre l'Orient, vit ainsi sur les frontons du temple qui consacre leur liberté commune.

On nous montra près de là une statue qu'on venait de découvrir en remuant des décombres : c'était un torse colossal, terminé par une queue de poisson. Les parties inférieures de ce Triton semblaient n'avoir pas été achevées. Nous remarquâmes un peu plus loin un bas-relief aussi nouvellement retrouvé. Il représente assez grossièrement le branchage d'un olivier. Le tronc est entouré des replis d'un serpent. Nous crûmes y reconnaître, sous une exécution byzantine, l'arbre symbolique des traditions de Moïse.

En descendant un peu vers la droite, nous passâmes sous le portique dorique que Wehler prit pour les restes d'un temple de Rome et d'Auguste. Les inscriptions ont montré depuis qu'il appartenait à la nouvelle place publique et n'a été achevé que dans les premières années du christianisme. Les quatre colonnes cannelées supportaient autrefois sur leur acrotérion la statue de Lucius Cæsar. Pendant long-temps une famille de cigognes s'est emparée de la place du neveu d'Auguste, et tous les voyageurs sont accoutumés à en donner des nouvelles, l'un après l'autre; elles ont fini par disparaître à leur tour. Dans le tumulte de ces dernières années, qui n'aurait cru comme elles les branches des forêts plus solides que les portiques d'Athènes? Celui-ci était caché et enveloppé par des murailles modernes, qui sont aujourd'hui renversées. Il se montre ainsi à découvert dans toutes ses parties. Nous n'avons pu reconnaître si les arches que Stuart dessina dans une maison voisine existent encore. Pendant que je commençais à copier près de là un décret d'Adrien, qui marque évidemment la destination de tout ce terrain, je fus assailli de pierres par quelques soldats que je n'avais point aperçus : il fallut rejoindre mes compagnons.

Je les retrouvai vis-à-vis d'un haut mur,

sur lequel se détachaient sept colonnes corinthiennes. La couleur noire des pierres qui le composent le fait remarquer de loin. Vers le sud il est flanqué d'une église byzantine, dont la coupole s'appuie sur des colonnes et des pilastres qui lui ont un jour appartenu. Les uns veulent que ce soit le temple de Jupiter olympien, d'autres le Parthénon d'Adrien; enfin, il en est qui le prennent pour le Pœcile. L'incertitude de la critique montre bien l'incertitude de son caractère. Tel est au reste le sort de tous les monumens des Romains dans Athènes, que l'histoire ne sait qu'en faire et quel nom leur donner. On reconnaît sans peine, malgré l'éloignement des temps, ceux de la guerre Médique ou de l'époque de Périclès, et l'on reste embarrassé de ceux d'Auguste et d'Adrien. Aussi bien que les premiers, ceux-ci ne sont plus une création nationale, un accident nécessaire du sol, que tout explique et dont la tradition se perpétue comme d'un événement commandé par la nature même. Brillans amas de marbres, où ne respire ni idée, ni ame, ni conviction, un jour il plut à un empereur d'en faire des temples, des gymnases, des agora. Parmi les longues et sévères colonnades d'ordre dorique, que la simplicité grecque a répandues sur son sol, chargés plutôt qu'embellis des ornemens exagérés de l'ordre corinthien, ils ressemblent à des matrones de Juvénal, mêlées par le hasard aux processions des vierges voilées d'Éleusis.

On nous fit voir au sud-est de l'entrée de l'agora la tour octogone d'Andronicus. Sur ses faces sont sculptées les figures des vents qui emportent dans des draperies les fruits des diverses saisons. Stuart[1] a montré qu'elle était en communication avec la fontaine de clepsydre aux propylées, et qu'elle servait à la fois d'hydromètre et d'horloge solaire. Il est d'autant plus singulier que Pausanias n'en

---

1. Voyez les notes de Creuzer sur la dernière édition des Antiquités de Stuart.

dise pas un mot, qu'il en est déjà, ce semble, question dans Varron. Le pieux voyageur aura donné peu d'attention à ce monument civil, qui, au reste, est le seul de ce genre dont on retrouve des traces dans Athènes. Malgré son importance, il est de médiocre beauté. Les Grecs seuls ont aimé l'art avec désintéressement, l'ayant beaucoup pratiqué pour leurs dieux et très-peu pour eux-mêmes ; sans chercher à l'abaisser à leurs besoins de chaque jour, ils l'ont laissé se développer dans son monde héroïque et divin. Ils consacraient de merveilleux temples à leur pensée, et n'avaient pour leurs corps que de chétifs abris : ils avaient les plus beaux portiques de l'univers, mais de misérables chaussées dans les campagnes, des ponts étroits et mesquins sur les rivières. Quand on parcourt le sol où ils ont vécu, et qu'excepté quelques murs d'enceinte, on n'aperçoit nulle part aucun reste de monument d'utilité publique et immédiate, on dirait qu'ils se sont

apliqués à effacer derrière eux les vestiges
de l'existence matérielle. Au contraire, ceux
qui les ont suivis ont abandonné les som-
mités de l'art au profit de l'économie civile.
Ceux-là ne se vantent pas de leurs temples,
de leurs statues, de leurs théâtres; ils ont
des villas, des aqueducs, des ponts qui apla-
nissent les montagnes et des voies éternelles.

En continuant à l'est, nous arrivâmes sur
le penchant de la colline de l'acropole auprès du monument choragique de Lysicrate,
plus connu sous le nom de Lanterne de Dé-
mosthène. On a peine à concevoir comment
cet édifice si frêle a résisté à la destruction,
quand le monastère, dans les murs duquel
il était enclavé, a été consumé et rasé jusqu'aux fondemens. Quelques réparations y
ont été faites nouvellement par M. Fauvel
peu avant son départ. Une des colonnes reste
vacillante et privée de son chapiteau; la
délicatesse de ses bas-reliefs est cause qu'ils
sont fort altérés; néanmoins on y reconnaît

encore les pirates tyrrhéniens changés en dauphins par Bacchus, et l'excellence d'exécution des temps d'Apelle et de Lysippe. On sait qu'il a été érigé 340 ans avant l'ère chrétienne sous l'archontat d'Évanétus, en souvenir de la victoire remportée par les enfans de la Phylé Acamantide aux fêtes de Dyonisus. Il a lui-même la grâce capricieuse et le doux charme de l'enfance. La petitesse de ses dimensions (il a cinq pieds et demi de diamètre), ses proportions légères, son toit arrondi en forme de coupe, la fleur de marbre qui le couronne, même quelques irrégularités dans son ordre, qui est le corinthien, tout contribue à lui donner le caractère et l'élégance naïve d'une ode d'Anacréon. Ce n'est pas sans étonnement que nous contemplions au pied du vieux rocher de Pélasge, et dans une scène de désolation qui renaissait à chaque pas, cette image de tout ce qu'il y a de plus gracieux dans les premières espérances de la vie, et ce sourire de l'art grec nous sembla de bon augure au sein de la détresse d'Athènes.

Le jour tombait; nous revînmes monter à cheval près du bazar. Nos guides nous conduisirent à l'est dans cette partie de la ville qui a conservé plusieurs maisons turques. On nous fit traverser un grand espace vague, situé sur l'emplacement du Colyttos et du Prytanée, et que cernaient de toutes parts, comme un camp de sauvages, des huttes de feuillage et de terre. On en voyait sortir quelques paysans grecs, qui se font pardonner leur séjour en cultivant les champs des environs. Le centre était occupé par des troupeaux de bœufs d'une meilleure race que celle que nous avions rencontrée dans le Péloponnèse. Une pièce de canon, la seule mesure de défense que nous eussions encore remarquée, était placée sur son affût en face de la porte, qui doit répondre à celle de Diomée. Des tombeaux de marbre, surmontés de turbans, la bordaient des deux côtés, et témoignaient qu'un grand nombre de chefs étaient morts depuis peu dans la citadelle. Nous prîmes à droite un sentier, au milieu de champs de blé très-élevés, où les assiégés mettent leur plus grande espérance. Ils se préparaient à les faucher dans quinze jours, et supposé qu'ils ne fussent pas prévenus par les maraudeurs de Lepsine, leur subsistance était assurée encore pour tout l'hiver.

La brise de mer s'était levée et agitait au loin ces champs de blé, sous lesquels est cachée la ville d'Adrien. Cette verdure mouvante nous rendit plus frappant le groupe des colonnes du temple de Jupiter olympien. Au milieu des images champêtres qui les environnent, elles donnent involontairement l'idée de hautes gerbes de marbre, qu'un moissonneur divin a oublié d'emporter dans son aire. Arrivés à leur pied, nous en comptâmes treize, réunies entre elles par des architraves; trois autres étaient isolées dans la direction du sud-ouest. Jusqu'où la main peut atteindre, leurs cannelures ont été rompues pour être plus tard réduites en chaux. Elles étaient d'abord au nombre de cent vingt, de soixante pieds de haut sur six et demi de diamètre, et formaient un diptère, qui joignait à l'élégance attique l'immensité orientale. Plus grand que tous ceux de la Grèce, il ne le cédait qu'à celui de Diane d'Éphèse. Dans sa cella, une statue en or et en ivoire égalait les colosses de Rhodes et de Rome. Pour couronner cet œuvre, il avait fallu sept siècles; c'est-à-dire que, tant que l'histoire d'Athènes avait duré, il avait continué avec elle de s'agrandir et de changer. Il ne fut achevé que lorsque la destinée nationale fut elle-même close; étant de ce petit nombre de monumens qui, dans leur progression épique, aussi vieux dans leurs fondemens qu'une race autocthone, toujours repris et toujours incomplets, sont la mesure et l'image de l'existence entière du peuple qui les érige.

Le vieux temple, commencé par Deucalion, refait par Pisistrate, enrichi par les rois de Macédoine et les successeurs d'Alexandre, dépouillé par Sylla, consacré par Auguste, est terminé par Adrien, comme le génie des races helléniques, d'abord tout sacerdotal, puis ramené à l'idée d'art par les révolutions intérieures, agrandi par les conquêtes de l'Orient, n'est cependant achevé et clos dans sa carrière que par la venue de l'empire romain.

On a mis en doute si le temple construit par Adrien occupait le même emplacement que celui dont parle Thucydide, et quelques archéologues n'ont fait aucune difficulté d'en reconnaître deux de différentes époques. La tradition, suivant laquelle Deucalion avait lui-même consacré dès l'origine une nef à Jupiter à la place où s'éleva depuis celle de l'empereur romain, prouve assez que ce sol avait été sans intervalle la propriété du dieu. On ne change pas à son gré des fondemens ainsi révérés. En outre, des traditions semblables s'appliquaient à tous les temples de Jupiter, et repoussaient leurs origines dans les obscurités des temps homériques. Celui d'Olympie avait été fondé par Érechtée, celui de Dodone par des Pélasges, celui d'Égine par les Thessaliens d'Éaque, c'est-à-dire que tous ils remontaient à l'ère de la domination achéenne, et comme le caractère de cette époque est de ne montrer encore au vif aucune individualité de tribus bien décidée, mais seulement le mouvement universel qui les emporte toutes, ainsi en est-il du culte qui les domine. Quand les populations, en se développant, reçurent une figure distincte, non-seulement elles prirent un dialecte et des institutions propres, de plus chacune résuma son histoire dans une divinité nationale à laquelle elle se voua plus immédiatement. Les Doriens donnèrent à l'Apollon leur profondeur mystique. Le Neptune eut la vie agitée et les formes inconstantes de la race ionienne. Le génie de l'Attique se personnifia dans sa Minerve; l'histoire ténébreuse de Thèbes se déposa dans les mystères du Bacchus cadméen. Jupiter seul continua de répondre à la grandeur native de la Grèce entière. Le plus vaste de tous, le moins fixe dans sa forme, il réfléchit dans son immensité la vie de tous ces peuples encore mêlés et confondus, et fut le lieu de la mythologie où ils se rencontrèrent, partout ailleurs opposés ou divers.

Une tradition moderne témoignait, il y a quelques années, qu'un intérêt populaire s'attachait encore à ces ruines. Quand l'une des colonnes fut renversée par la mine, les Raïas qui avaient leurs cabanes aux environs, crurent entendre chaque soir un long gémissement sortir de ces marbres. Ce regret poétique devint si vif, que l'autorité turque fut obligée de lui sacrifier le vaiwode lui-même. Pour nous, nous n'entendîmes que le souffle du vent dans les herbes, et que les hurlemens des chiens qui s'élançaient jusqué sur les croupes de nos chevaux. En peu d'instans nous descendîmes par une pente presque insensible vers le lit de l'Ilyssus. Il est si encaissé dans un fond de verdure, son murmure est si faible, ses bords sont si rapprochés, qu'on ne l'aperçoit qu'en le touchant. Son cours est tracé dans la plaine par les ondulations de petits buissons d'arbousiers, sous lesquels il a l'air de se cacher tout honteux de sa gloire. C'est là qu'il traîne sans bruit, sur un sable fin, un filet d'eau de quelques pouces de profondeur, mais d'une limpidité parfaite. Malgré les avertissemens des voyageurs, nous n'étions point encore parvenus à nous en faire une image assez humble. A grand'peine a-t-il une toise de largeur; même ses bords encaissés au milieu de la plaine, qui laissent peu ou point de traces d'alluvions récentes, et la disposition d'un pont dont on voit encore des restes, prouvent, malgré d'autres inductions, que son urne était déjà avare aux anciens jours de la Grèce. Nous nous arrêtâmes quelques instans à considérer son eau aux rayons de la lune qui venait de se lever sur les sommets de l'Hymette. Comme au temps de Cécrops, il poussait lentement à la mer quelques feuilles de myrtes et d'arbousiers. Involontairement nous attribuions à cette onde fugitive un vague souvenir des choses qu'elle réfléchit dans son sein. C'est ce sentiment du voyageur isolé que les races d'hommes traduisent dans leur langue, en prenant les fleuves de leur contrée pour les chefs et les premiers héros de leur histoire.

Nous cherchâmes inutilement les platanes qui ombrageaient près de là le lycée d'Aristote. De l'autre côté du ruisseau, nous gravîmes les petites collines d'Agræ, fauves, couvertes d'une herbe desséchée, mais où Diane a fait sa première chasse. Un enfoncement naturel y forme le stade où s'épuisèrent les mines du mont Pentélique. Il n'y reste plus une seule pierre, tous les marbres ayant été réduits en chaux. On ne comprend pas que Pausanias lui donne la figure d'un croissant. Ses deux côtés, qui s'alongent parallèlement sur un espace étroit, et se terminent à l'est par un arc de cercle, montrent assez qu'il n'a jamais pu avoir cette forme. Il est encore plus étonnant que les cartes de Barthélemy le placent sur la rive droite de l'Ilyssus.

Nous rentrâmes dans la ville par le même chemin que nous venions de suivre. La lune était alors au haut du ciel. Quelques-uns de ses rayons argentaient sur la gauche les grèves de la mer, qui elle-même se reposait après la longue agitation du jour. La montagne de l'acropole était enveloppée d'un rideau de vapeurs bleuâtres que soutenaient çà et là des fûts de colonnes et des pans de murailles. Un air léger apportait de sa base une odeur d'orangers. Même ce faible bruit que l'on entend à l'approche des villages, avait cessé. On eût dit qu'un songe voluptueux de sa gloire passée tenait assoupies toutes les douleurs d'Athènes.

Combien dans cette nuit, malgré son abandon, elle nous sembla plus belle, plus touchante, plus riche que Rome avec ses villas et le bruit de ses fêtes! La plupart des voyageurs qui nous ont précédés, se sont plaints que l'impression sérieuse des ruines fût distraite par les légèretés et les médisances de la ville moderne. Nous en vînmes à considérer comme une bonne fortune d'y avoir été conduits dans ces temps de désastres. On eût pu se croire arrivé le lendemain de l'incendie de Xerxès ou des massacres de Sylla. Privée de ses habitans, livrée à un maître étranger, sa tristesse âpre et poignante réveillait elle-même les pensées d'un autre âge. Même ce qu'il y a aujourd'hui de moins triste en elle, ce sont les ruines. L'œil, fatigué d'errer sur un sol brûlé par l'incendie, sur d'ignobles décombres, sur des huttes de branches de pin, cherche, pour s'y reposer, les colonnes et les murailles de l'antiquité. Le nuage ne les couvre pas comme les nôtres de son lourd manteau. La pluie ne tombe pas goutte à goutte de leurs pans démantelés ; ni le lierre, ni la bruyère ne s'échappent de leurs fissures. Au lieu de cela, leurs lignes droites, même brisées, conservent encore quelque chose de complet, où rien ne montre ni vieillesse ni décrépitude. Leurs assises sont interrompues, non usées, ni croulantes. Je ne parle pas de leur couleur rosée, où les premiers rayons du jour se sont déposés dès l'origine. Loin de recéler sous leurs pierres noircies les mystères du passé, on croirait toucher un flot de lumière qui s'est revêtu d'une beauté immobile et palpable. La jeunesse éternelle du génie attique s'est transmise à ses ruines, et jusque dans sa chute il garde la grâce et l'éclat de la victoire. De cela résulte une impression singulièrement mâle et forte, où le sentiment distinct de l'héroïsme tient la place des vagues rêveries qu'éveillent les monumens du nord.

Le lendemain nous étions à la pointe du jour sur le chemin du bourg d'Acharnæ. Nous traversâmes sur la gauche le lit desséché du Scirus. Là nous laissâmes la route tracée, pour nous jeter à travers des terrains vagues et incultes. Un peu en avant s'étendait le bois d'oliviers. Des tours, des maisons carrées, disséminées sur la lisière, heurtaient de leur teinte jaunâtre la verdure pâle de la forêt; et, quoique désertes et à demi détruites, elles donnaient un singulier air de vie et d'élégance à tout ce voisinage de l'académie. Nous atteignîmes les deux petites éminences du bourg de Colone, distantes l'une de l'autre d'environ deux cents pas. Quand Œdipe vint y terminer sa vie errante, elles étaient couvertes de lauriers, d'oliviers et de vignes; les Furies y faisaient leur séjour, probablement ensevelies dans les mines d'airain dont parle le scholiaste :

aujourd'hui le vieillard de Thèbes n'y trouverait plus même le poirier sauvage sous lequel il cacha sa mort. Sur la moins haute de ces buttes on voyait le temple de Neptune, plus ordinairement situé au bord des flots, sur les promontoires de Ténare, d'Égine, de Trézène, ou sur l'isthme, en vue d'une double mer. Ce devait être ici une rare poésie que ce dieu de l'Océan, encore tout trempé des eaux de la mer et transporté dans la paisible obscurité de ces bois. On lui donnait dans cet endroit le nom d'Hippius, et on lui attribuait la gloire d'avoir le premier dompté le cheval, peut-être par cette analogie que saisissent tous les peuples primitifs [1], entre des flots qui se hérissent d'une crinière d'écume, et un cheval qui se courbe, s'écoule, se dérobe comme l'onde. A la place

---

1. C'est ainsi du moins que dans l'Edda poétique les vaisseaux en pleine mer sont des chevaux d'Odin, qui se couvrent d'écume, qui hennissent et bronchent sur les flots, etc. *Eddische Lieder*, von GRIMM : *Saga von Norna-Gest*, p. 137.

de l'un de ces temples s'élevait, il y a encore peu d'années, une petite église qui aujourd'hui a disparu. C'est au pied de ces éminences que naquit Sophocle et que Platon vint se retirer à la fin de sa vie. C'est aussi là que fut convoquée, dans la guerre du Péloponnèse, l'assemblée où Périandre fit abolir la constitution démocratique d'Athènes; résolution importante malgré son peu de durée, puisqu'elle montrait que le génie de Sparte pénétrait avant ses armes dans les murs de Périclès.

Nous redescendîmes dans la plaine, et nous suivîmes au nord des sentiers ombragés. Des deux côtés étaient des champs, que des paysans grecs labouraient tranquillement; des delhis à cheval les traversaient au galop dans la direction de Thèbes. On entendait au loin des coups de fusil. Après avoir passé quelques murs en terre qui bordent le chemin, nous arrivâmes aux bords du Céphyse. Son cours, bordé d'oliviers, de touffes de myrtes et de vignes sauvages, est encore plus caché que celui de l'Ilyssus; mais il a plus d'eau et une eau plus courante. En hiver, il inonde une partie de la plaine. Un petit pont à deux arches est suspendu sur son lit, qui, un peu plus bas, n'a que trois pieds de largeur. Strabon dit qu'il a son embouchure sur le rivage de Phalère. Comme nous ne l'avons nulle part rencontré en venant du Pirée, il faut qu'il se perde aujourd'hui dans les marais formés au nord de ce dernier port.

En marchant de là à l'est, nous vînmes mettre pied à terre dans le village de Padischah. Il ne répond à aucun bourg fameux de l'antiquité; mais il était connu par ses jardins et ses belles plantations de cyprès, qui sont aujourd'hui dévastées. Pendant que nous déjeûnions à la porte d'une cabane grecque, des soldats réguliers, armés d'un fusil de fabrique européenne et de deux pistolets d'arçon à la ceinture, formèrent le cercle autour de nous. Ils se distinguèrent des hommes errans que nous avions trouvés au Pirée par une froide et morne réserve. Des enfans de quatre à cinq ans se glissèrent à travers leurs rangs, pour venir auprès de nous; mais à peine nous leur eûmes donné quelques morceaux de pain, qu'ils se sauvèrent à toutes jambes pour les dévorer dans leurs huttes de roseaux. Nous ne vîmes pas d'autres habitans. Avant de rentrer dans la ville, on nous conduisit, à gauche de la route de Thèbes, dans un champ couvert de têtes humaines. Les cadavres étaient cachés sous de hautes herbes. Tous les crânes qui blanchissaient sur le sol, détachés des corps, étaient là depuis plusieurs mois. Ce sont les restes des prisonniers faits par la garnison. Nous savons néanmoins que les esclaves pris dans les dernières attaques, et notamment dans celle qui a précédé de deux jours notre arrivée, ont été conduits sains et saufs jusqu'à Négrepont.

Il était trois heures quand nous rentrâmes dans la ville. L'intervalle de deux jours qui nous avait été accordé, allait expirer, et l'interprète nous pressait de ne pas attendre le coucher du soleil. Il y eut quelques difficultés pour les chevaux, que deux Arabes nous amenèrent. Un jeune Grec se mit à courir à côté de nous pour nous servir de guide, et nous passâmes de nouveau aux pieds de l'Aréopage et du Pnyx; mais au lieu de suivre le chemin de la veille et les longs murs, nous voulûmes prendre à droite, dans une autre partie de la forêt que celle que nous connaissions. Des arbres brûlés et couchés sur le sol arrêtaient à chaque instant notre marche. Nous perdîmes le sentier et nous ne le retrouvâmes entièrement qu'après avoir revu le Céphyse. Il coule en cet endroit à fleur de terre, dans une plaine découverte qui doit sa fraîcheur aux débordemens du ruisseau en hiver. Nous nous amusâmes à poursuivre au galop des sarcelles qui se baignaient sur ses rives et qui ne fuyaient chaque fois qu'à une trentaine de pas. A mesure que le moment approchait de quitter le sol d'Athènes, chaque image que le hasard nous présentait, nous devenait plus précieuse. Un peu plus loin nous passâmes à côté d'un corps de cavalerie. Les chevaux s'abreuvaient dans le ruisseau; les hommes étaient assis sur l'herbe, nous tournant le dos, et ne firent pas mine de nous apercevoir. Nous traversâmes avec peine des marais, formés au fond du Pirée par les cours d'eau du mont Ægalée. Notre barque, qui nous attendait au milieu du port, nous avait déjà aperçus, et faisait force de rames pour aborder. Le même groupe d'Albanais qui nous avaient accueillis la veille, nous avaient précédés dans les ruines du monastère. Les uns retirés sous les voûtes, les autres debout et errans au haut des tours, tandis que l'obscurité du soir augmentait par degrés, ajoutaient une singulière tristesse à ce départ. Pendant quelque temps nous les vîmes encore s'agiter, passer leurs fusils à travers les brèches des murailles, grimper sur les décombres, à mesure que nous nous éloignions, jusqu'à ce qu'enfin et ce dernier mouvement, et le rivage même, et les masses blanchâtres de l'acropole, se confondissent dans une même ligne humide, qui se balançait avec notre caïque, qu'un vent d'ouest commençait à contrarier.

Après quelques efforts pour lutter, le vent continuant de nous barrer le chemin, on cargua la voile, et les matelots proposèrent de se laisser dériver sur les côtes de Salamine. Mais au lieu de les atteindre, la lame nous poussa sur le petit îlot de Psyttalie. Il est désert, sans traces de végétation, et imite dans sa forme une écaille de tortue. A dix heures du soir, nous trouvâmes justement sur ses bords un creux de rocher pour nous y échouer et y passer la nuit. Nous étions alors précisément au centre de bataille de la flotte de Xerxès. Le front de ses lignes s'étendait un peu en avant. C'est dans cette île qu'avaient été placés avant l'action quatre cents barbares, qui furent égorgés par Aristide, et dans cette journée que la Grèce accomplit l'œuvre de sa destinée. Pour la première fois la lutte était engagée corps à corps entre le génie immobile et jusque là tout-puissant de l'Asie et l'esprit novateur des races helléniques, et jusqu'au soir le monde ne sut que penser de son issue. Mais quand les galères du grand roi, ébranlées par l'orage, vinrent à gémir et à se heurter sur cet îlot, il parut bien que la conduite de l'univers allait passer à d'autres mains. Pendant que le colosse de l'Orient, mutilé et ruiné, rentrait pour jamais dans le fond de ses temples, Sophocle, encore enfant, couronné de feuillage, célébrait par ses danses, sur le promontoire opposé, l'émancipation de l'adolescence du genre humain. Et maintenant on entendait le chant plaintif d'un de nos matelots, qui avait quelque ressemblance avec le murmure étouffé du vent dans un rescif. Un autre ramassait des coquillages sur la grève. Notre caïque, caché dans l'ombre du rocher, était entouré de mille petites langues de feu, qui tantôt s'attachaient au bord de l'île, tantôt rasaient la surface de l'eau, ou plongeaient à quelques pieds et étaient là plus lumineuses qu'en pleine mer. Le flot était tout-à-fait brisé et mort. Nous-mêmes, fatigués de ces deux journées, après avoir encore un peu pensé à la grandeur et à l'abandon de ces lieux, nous finîmes par nous envelopper de nos capotes et par nous endormir avec l'équipage, appuyés contre le mât, et ayant la grande ourse presque au-dessus de nos têtes.[1]

---

1. Il y a plusieurs raisons pour qu'Athènes devienne la capitale du nouvel état grec. La principale est que, la puissance réelle de cet état se trouvant dans sa marine, la ville du Pirée serait au centre même de la force nationale. La nature lui a donné le Négrepont pour retranchement indispensable du côté de la terre.

Les clefs de la place sont au sommet de la colline du Musée,

Tant que durèrent les fêtes de Pâques, aucune barque ne quitta le port. Pour sortir de l'île, je m'embarquai sur un trabacolo dalmatien, qui me fit regretter souvent les felouques d'Hydra. Après avoir longé la Morée, sans y avoir trouvé rien à vendre que quelques patates à Patras, il allait porter sa cargaison dans les îles de l'Asie mineure. L'équipage, que le capitaine réduisait à la famine, menaçait constamment d'abandonner son bord. Les uns et les autres se promettaient de se venger sur la Grèce par la renommée qu'ils allaient lui faire, de retour à Trieste. Du reste, ils avaient pris sur une grève pour pilote côtier un pirate et renégat de Rhodes. Cet homme, d'une rare beauté, avait été blessé à Navarin sur une

---

qui n'est séparée de la face sud de la citadelle que par un ravin. Dans l'antiquité, cette éminence a toujours été enfermée dans l'enceinte de la ville et fortifiée dans les momens d'alarmes. La première œuvre d'une administration militaire serait d'y construire un ouvrage avancé. Les Turcs n'y ont pas même un poste.

frégate turque, et depuis ce temps il conservait à Ibrahim une fidélité fanatique. Errant dans la Morée, il avait attisé partout sa haine contre ses compatriotes. Maintenant il espérait rentrer dans la flotte égyptienne, et y trouver encore une occasion de se battre contre eux. Nos matelots italiens s'amusaient de sa fureur concentrée et de ses longs soupirs, toutes les fois qu'au gouvernail il tournait les yeux à l'arrière vers le Péloponnèse. Au milieu de leurs querelles capricieuses, le sombre repos de ce pilote, son désespoir contenu, sa beauté même, ses cheveux noirs et bouclés, ses yeux fixes et durs, sa préoccupation d'une unique pensée, qui n'aurait pas reconnu là au vif, et vraiment penché sur sa galère, un de ces renégats qui ont fourni au poète le type grossier du Giaour, du Corsaire et d'une partie de Lara? Toute la journée nous restâmes par le travers de Poros. Le soir une brise nous poussa, à minuit, entre le cap Sunium et la pointe de Zéa. Quand le jour parut, nous nous trouvâmes en calme au milieu des Cyclades. A l'avant, la longue crête d'Andros, qui s'élève et s'abaisse comme la crinière d'un cheval marin, était suspendue au cap de Négrepont, et de l'autre côté à Tinos, qui en semble le prolongement. Syra, Trémia, les flancs plus abruptes de Dziria, la ligne écrasée de Zéa, semaient autour de nous autant de vapeurs bleues qui rasaient nonchalamment la mer, d'ailleurs si légères et si diaphanes, que j'aurais cru volontiers que le soleil levant allait en un instant les dissiper. Dans ces longues journées où la voile frappait de tout son poids contre le mât, où l'équipage restait endormi à fond de cale, où le flot sous la quille se recouvre à peine de quelques floques d'écume, ce repos de la mer et cette monotonie des terres causent une inexprimable langueur. Mais pour peu qu'une brise vienne à souffler, tout cet horizon s'émeut aussitôt. Ces îles se bercent sans se désunir; partout où le vent vous conduit, vous êtes au centre d'un cercle nouveau; si bien que rien ne rappelle mieux la grâce et l'uniformité de ces chœurs de femmes albanaises qui toute une nuit se balancent sans jamais entièrement ni se fermer ni se briser. Il faut que cette illusion soit ancienne, puisque c'est elle qui a donné leur nom à ces îles; et je m'imagine que quelque matelot dans l'antiquité, en les regardant de cette même place, aura involontairement songé au chœur des Heures qui se bercent et se donnent la main autour du temple de l'Apollon de Délos.

Le 30 Avril il s'éleva un vent violent de sud-est, qui, pendant deux jours, nous fit faire fausse route, et faillit échouer notre massif embargo sur plusieurs de ces côtes. Le trosième au soir nous finîmes par nous jeter dans une anse d'Andros. Ce petit port, qui a été long-temps le repaire des pirates de l'archipel, se signale de loin par deux rochers blancs. L'entrée en est semée de brisans à fleur d'eau. Notre pilote les évita avec l'indifférence d'un homme accoutumé depuis long-temps à ce parage, et nous fit jeter nos trois ancres dans un étroit amphithéâtre de montagnes boisées, sur un fond de moins de cinq brasses. Derrière nous les vagues bouillonnaient avec fureur dans un long canal. Quelques maisons basses, adossées à la grève, ruisselaient de l'écume que le vent chassait sous leurs portes à plein cintre. Les habitans, du plus loin qu'ils nous avaient aperçus, étaient venus s'asseoir en cercle sur le rivage, et, avec ce mélange de couleurs et d'habits bigarrés, vous auriez dit de notre bord des fleurs marines arrachées et amassées là par le sirocco. En approchant d'eux, nous vîmes qu'ils observaient entre eux, et avec nous, une espèce de quarantaine. Ils se croyaient attaqués de la peste. Par-delà le village, sur une haute crête, le soleil à son couchant effleurait les créneaux et les tours d'un monastère. Cette citadelle religieuse s'accordait parfaitement avec la renommée toute martiale des trois cents caloyers d'Andros. Je ne sais comment leurs ancêtres, dans la guerre médique, quand Thémistocle vint demander le tribut, eurent le courage de répondre que la famine et la disette ont été de tout temps les deux divinités protectrices du pays; car il y croît de belles moissons jusque sur le bord de l'eau. Mais tel est le génie de ces îles. Éternellement indécises entre l'Europe et l'Asie, depuis les temps de Xerxès jusqu'à ceux d'Ibrahim, sans histoire et sans plus de passé que le flot qui les baigne; tout leur effort a été dans les âges héroïques de se réveiller de leur langueur pour couronner un jour d'un rêve paresseux de poésie les cimes de leurs côtes.

La nuit et le jour suivant le mauvais temps continua. Dès que la brise tourna à l'ouest, nous partîmes, et à midi nous étions déjà à la barre du lazareth de Syra. Une foule de petits bâtimens à l'ancre annonçaient de loin que ce port va devenir pour l'Archipel ce que celui de Délos était dans l'antiquité. Plus de vingt mille étrangers se sont réfugiés sur ce rivage désert, il y a quelques années. Les anciens possesseurs de l'île, qui sont du rite latin, se tiennent tristement confinés sur leurs sommets, et n'ont aucune communication avec la nouvelle ville grecque. Au bas sont ces fameux chantiers, où des ingénieurs, sans plumes ni compas, construisent avec les bois de Prévésa ces briks ailés, les meilleurs voiliers du monde. Dans ces petites rues du bazar, quand on arrive du continent, il fait bon voir s'entasser les amandes de Chio, les vins de Naxos, les raisins de Patras, les huiles et les soies de la Morée, les cordages de l'Olympe, le tabac de Volo, les riz d'Alexandrie, les laines de la Romélie. Mais comme depuis les côtes jusqu'au sommet l'île forme un cône parfait sur lequel la ville grecque et latine grimpe en spirale, à mesure que l'on s'élève de cercles en cercles, il faut avouer qu'à proportion l'activité et le bruit diminuent. Le mugissement de la haute mer, le clapotement des rivages, le retentissement des chantiers, le fracas du port, le brouhaha du bazar, le cri des moulins à vent, le bruit plus léger des pavillons des consulats; puis, si l'on atteint encore plus haut à la région de la population latine, le murmure endormi du fuseau d'une femme accroupie à sa porte, la plainte d'un capucin quêteur, les lèvres à demi balbutiantes d'un évêque au fond de sa bibliothèque, jusqu'à ce qu'enfin au sommet ce dernier reste d'un bruit lointain s'efface et disparaisse dans la cellule d'un hermite de Gênes, qui, seul dans le couvent français, regarde tout le jour, sans y songer, les brigantins et les goëlettes qui là-bas glissent à ses pieds, de la grosseur du gland de son bourdon.

Il se trouva que j'arrivais précisément pour

assister aux élections de la ville basse. Elles auraient dû être closes le dimanche précédent; mais soit dépit, soit indiscipline, l'assemblée, au lieu de nommer ses électeurs, avait proclamé Capo-d'Istria pour député, électeur, dictateur, à son choix. Depuis les esprits s'étaient calmés; les populations avaient été partagées, et chefs et peuple ne parlaient plus qu'en souriant et la tête baissée de ce coup d'état de pallichare. De bonne heure la cloche de Saint-George appela les réfugiés de Chio à l'église, pour y reprendre de nouveau l'œuvre de la dernière semaine. Du porche, où l'on se réunissait, les yeux rencontraient Délos, Myconi, et à droite, les teintes plus pâles de Naxie et de Paros. L'intérieur de l'église, que soutiennent de grandes colonnes torses, en forme de candelabres, était déjà encombré. Les démogérontes me firent asseoir à leur table. Quand chacun eut fait inscrire son nom, le rideau du chœur s'ouvrit, et il en sortit un prêtre environné d'enfans et de flambeaux. Il apporta le livre de l'Évangile, et commença quelques chants nazillards, auxquels toute l'assemblée répondit par de vifs battemens de mains. Il lut ensuite en tremblant le serment, que répétèrent ensemble, et par trois fois, chacun des assistans. Ces matelots à demi nus, autour des spirales des colonnes, sur les degrés de la chaire, dans la haute stalle de l'archevêque, ou collés sur les fresques dorées du chœur, la main droite tendue sur l'Évangile, tous ces yeux qui perçaient la figure éteinte et stupéfaite de ce vieux caloyer, plus que cela le souvenir des désastres que cette scène ranimait dans l'assemblée, tant chacun mettait de sérieux et d'émotion au moindre mouvement, formaient un mélange de passion et de solennité que je n'avais point encore rencontré. On s'attendait à ce que le prêtre ajouterait une instruction verbale à la cérémonie. Mais ce vieillard, tout nouvellement sorti de quelque monastère, était si déconcerté de tout ce qui se passait autour de lui, il tournait des regards si supplians sur la muraille, qu'il finit par se récuser et se cacher sous les manteaux des démogérontes; et c'est ainsi qu'en toute rencontre l'Église grecque ne se sent pas le cœur de recueillir les honneurs que l'État veut lui faire. Un groupe de primats, dans leurs caftans, s'agitaient et tempêtaient sous le porche. Çà et là quelque capitaine d'une haute taille accourait machinalement au moindre bruit. Quant au peuple, sans avoir l'air de s'inquiéter ni des uns ni des autres, et sans jamais proférer une syllabe, il paraissait uniquement occupé à ne rien faire que de bienséant et de conforme aux bons usages. Les pieds nus, la tête découverte, ils venaient à la file, lentement, silencieusement, déposer dans deux cartons leurs boules de sapin à la barbe de quelques fanariotes. Sur la fin on ouvrit les lettres de plusieurs familles disséminées à Égine et dans d'autres lieux, et qui envoyaient ainsi leurs suffrages. Toutes les décisions furent prises à la presqu'unanimité, et les applaudissemens éclataient à mesure qu'un démogéronte proclamait un nom nouveau, qui se trouvait toujours choisi avec un singulier discernement parmi ceux que des habitudes européennes et quelque reste d'aisance tenaient également éloignés des intrigues des primats et de l'ignorance de la foule. Ainsi on voyait là une population vagabonde, depuis plusieurs années privée de son territoire, et qui nommait tranquillement les juges, les officiers municipaux et les représentans, dont elle aurait eu besoin sous les amandiers de son île. Je ne sais si quelque chose est plus respectable que la foi dans l'avenir que ces hommes puisaient dans l'excès même de leurs malheurs. Les précautions naïves que chacun mettait à l'exercice de son droit, étaient aussi une garantie qui lui faisait illusion sur le reste. Mais le soir, quand, les portes fermées, tout le monde attendait religieusement les paroles définitives du démogéronte, que serait devenu ce grand repos, si un étranger nouvellement débarqué eût crié par les fenêtres de l'église : pauvres gens, jetez au vent vos boules de sapin, vous n'avez ni feu, ni lieu. Il est écrit à six cents lieues d'ici, que ni vous, ni personne des vôtres, ne reverrez jamais la poussière de votre île.

L'intérieur de l'île est de tous côtés groupé en pyramides d'un calcaire diaphane assez semblable au marbre. Dans les plis des rochers sont ramassés des bouquets de figuiers, des vignes, des plateaux d'orge. Il y a aussi des puits et de l'eau à presque toutes les élévations, ce qui n'empêche pas qu'elle ne soit en quelque sorte déserte et très-sauvage. De son sommet on domine tout l'archipel. C'est là, pendant qu'une pluie de Mai presque imperceptible tombait en rosée par un soleil ardent, que la brise dormait dans une caverne, que sur la mer entre les pointes de Syphno, de Thermia et de Naxie, on voyait des bandes bleues s'alonger sans bornes, parsemées de quelques voiles blanches qui se penchaient sur elles comme un lis ou une anémone des champs sur un sillon d'azur ; c'est là que j'aimais le mieux songer que le seul nom d'homme que l'île ait laissé, appartient à l'histoire des plus hautes contemplations de poésie et de philosophie. Sur ce sommet, Phérécydès rassembla, le premier, dans une prose cadencée les hymnes d'Orphée. Disciple de Thalès et maître de Pythagore, il faisait là, du haut de la civilisation mixte des Cyclades, le lien entre le génie de l'Ionie et le génie de la grande Grèce. En général, la philosophie a commencé et fini à l'écart dans le monde réfléchi des colonies. La Grèce antique projette loin de soi, dans sa philosophie, l'ombre de sa pensée sur les côtes de l'Asie, de l'Italie, de la Sicile. C'est là, tant qu'elle dure, que passent et repassent, au fond des ames, dans la grotte de Thalès, dans l'antre d'Empédocle, ces merveilles d'idées, ces songes tout divins, ces harmonies sans voix, retentissement muet de l'histoire et des hommes sur la rive opposée. Cet univers mystique, qui se croit éternel, s'amasse avec les races, se divise avec elles. Colosse aux mille pieds que l'Orient a formé, si les peuples se heurtent, éphémère et changeant, il éclate en systèmes hostiles l'un à l'autre, avec les dialectes et les tribus, et les ligues des villes, et les ordres divers des colonnes et des temples. En même temps que l'épopée de l'Ionie et l'hymne des Doriens se fondent et s'unissent dans le drame attique, de toutes parts les écoles opposées affluent et se rencontrent dans les dialogues de Platon. A peine rassemblés, ils se dispersent en atomes avec l'héritage d'Alexandre, comme un vanneur disperse sa moisson. Quand à la fin, non-seulement la Grèce, mais l'Orient et Rome, sont près de disparaître, ce triste monde se réfléchit encore au loin dans un coin de l'Égypte : lambeaux d'idées, de croyances et de doutes, sciences et climats qui croulent l'un sur l'autre, ressouvenirs de son berceau de l'Inde, rayons de l'art grec, pesans vestiges de l'esprit des Latins, mêlés aux visions de l'esprit d'un mourant; tout cela dans un temps, dans un lieu, dans un mot, dans une ame; ce fut la philosophie qui sortit de ces ruines. Ainsi, dans ce long rêve, aussi long que l'histoire, partout l'image de la veille. Un jour la Grèce se fait de son propre reflet, dans une ame retirée à l'écart, une idole éternelle; tout, unité infinie, Dieu, ce semble, éphémère autant qu'elle. Au moyen âge, un autre temps arrivé, un alchimiste divin broie à son tour pendant une autre éternité, du haut de son donjon que les anges construisent de myriades d'étoiles, la substance nouvelle des mondes et des peuples dans son creuset sans fond. Et maintenant, le moyen âge a brisé son creuset. La Grèce est là qui gît sous ses forêts d'oliviers ; hier je la cherchais sur ses mers, sur ses monts de bruyère. Rien ne demeure de l'un et de l'autre que cette ombre infinie qui persiste après eux, qui, plus le jour baisse, s'accroît et grandit dans ma pensée. Où donc irai-je toucher le corps qui l'y renvoie ?

Ici, je suspendrais volontiers mon récit, puisque les pages qui suivent sont de celles qui n'intéressent guère que le voyageur. La famine et les fièvres de la Morée nous ayant réduits à un épuisement qui allait toujours croissant, je résolus d'aller me remettre sur pied à Malte, d'où je comptais repasser ensuite facilement en Sicile et à Zante. L'occasion d'un brick ipsariote, qui me promit de me jeter en passant sur les côtes, acheva de me décider. Je m'embarquai sur le Nelson. Deux Candiotes, qui nous accompagnaient, se mirent à danser sur le pont aux cris de *vive la France !* Pendant que le bâtiment dérivait, un vieux pilote, couvert de sa chasuble de laine, faisait grincer les trois cordes d'une espèce de lyre qu'il avait faite lui-même. En même temps un enfant brûlait une coupe d'encens devant l'image de la Panagia, puis allait la présenter à chaque matelot, qui s'inclinait et faisait trois fois le signe de la croix. Nous avions pour capitaine Dimitri, le premier qui brûla un vaisseau de ligne à Mytilène. Cet excellent homme ne se résignait qu'avec douleur à désarmer ses sabords pour lester d'un chargement d'huile son navire si élégant et si élancé. Il y avait recueilli plusieurs enfans dont les pères avaient été tués sur ses brûlots. Le reste de l'équipage se composait d'une trentaine de matelots psariotes. Les cheveux blonds et bouclés sur les épaules, avec le type albanais déjà assoupli par le souffle de l'Asie mineure, rien n'égale la grâce et l'air de fête que ces klephtes de mer mettent à chacune de leurs manœuvres. A mesure que nous doublions les îles Syphno, Thermia,

Serpho avec son monastère à mi-côte dans la forêt, quand les éperviers des montagnes venaient se percher sur nos vergues, que le pilote s'appuyait sur la barre du gouvernail, comme un laboureur sur sa charrue; adieu les caps, adieu les côtes; adieu les huttes et les vieilles villes, et les tours rasées, et le pas des chevaux sur les voies vénitiennes; adieu le chant des pallichares dans les ravins, le sommeil sur les nattes, l'ombre dans les monastères, et bientôt ce soleil qui, dès le matin, aspirait l'ame avec la rosée des nuits et tout le jour la tenait au-dessus des vapeurs des vallées, suspendue et absorbée dans ses plus purs rayons. Ni demain, ni après, ni jamais ne verrai-je plus mes hôtes de Dherveny ou de Mistra, ni les forêts brûlées, ni les os sur la grève, ni tout ce que des hommes peuvent souffrir pour une pensée, sans cesser de la mettre à haut prix !

Au bout de huit jours nous arrivâmes à une lieue et demie en vue de Malte. Malgré les représentations de l'équipage, qui présageaient un gros temps, je descendis dans le plus petit canot avec quatre rameurs et le capitaine, qui voulut m'accompagner. Mais à peine avions-nous touché au rocher du débarcadère, qu'un administrateur anglais vint m'enjoindre de repartir à l'instant, puisque, mon bâtiment n'étant point entré au port, on n'en pouvait faire la visite sanitaire. Je répliquai que je ne m'opposais nullement à être traité au lazareth comme un pestiféré et qu'aucune loi ne l'empêchait. Le consul français se joignit à moi; toutes nos représentations furent inutiles. Pendant ce temps, la tempête s'était déclarée, la nuit était venue; et sur notre brick l'équipage délibérait de s'éloigner des côtes jusqu'au lendemain. Ainsi épuisés par les fièvres, nous fûmes rejetés à la mer à la nuit close et obligés, par un violent ouragan, d'aller chercher notre brick, qui courait avec ses petits huniers des bordées au large, sans nous apercevoir ; il est vrai que lorsque les vagues noires, si fortes sur ces parages, allaient nous engloutir, j'eus le plaisir tout poétique de voir notre capitaine souffler sur les flots et crier à ses rameurs, qui perdaient contenance et ne pouvaient plus lutter contre le vent : Paidia, pallichari ! regardez les démons qui s'envolent. Après plusieurs heures nous rejoignîmes enfin notre bord, où tout le monde était dans la plus grande inquiétude de Dimitri. On filait alors douze nœuds au nord-ouest. Le lendemain, comme nous approchions de la carcasse déchirée de Pandataria, la mer, ordinairement si bleue et si azurée, se couvrit de lames blafardes et argentées, telles qu'on les voit dans les mers du nord, et le mistral se déclara aussitôt. Pendant une semaine il nous ballotta dans le canal de l'Afrique et de la Sicile. Chaque matin nous étions avec une seule voile sur les côtes de Marsala, et le soir dans les eaux du Cap-Bon. Une fois, comme nous étions chassés plus près qu'à l'ordinaire vers les grèves de Tunis, une corvette, qui se dirigea à l'improviste sur nous, mit l'alarme dans l'équipage. Pour moi, le chagrin d'avoir été repoussé des côtes et une fièvre inflammatoire me tenaient étendu sur les planches de ma cabine; et je n'entendis plus autour de moi dans les longues nuits, où je restai là presque sans connaissance, que le gémissement intérieur du bâtiment à fond de câle, le roulis des yataghans et des fusils suspendus sur ma tête, et le craquement du tonnerre au haut des mâts.

DE LA NATURE

ET

DE L'HISTOIRE

DANS LEURS RAPPORTS

AVEC

LES TRADITIONS RELIGIEUSES ET ÉPIQUES.

I.

Traditions religieuses.

L'homme n'est ni le maître ni l'esclave de la nature; il est son interprète et sa parole vivante. Tous deux ceints du bandeau de l'infini, leur lutte apparente cache une intimité fraternelle ; ce que l'une déguise sous un obscur emblême, l'autre l'éclaire au jour de l'activité libre. Il achève ses pensées imparfaites; il donne une voix à ses symboles muets. Le secret qu'elle cache aux entrailles du globe, il le proclame à travers les siècles. De là l'idée cosmogonique qui, sans se savoir elle-même, se cristallise avec le règne inorganique, rampe avec le cryptogame, court avec les fleuves, gravite avec les cieux, venant à se connaître, s'apparaît à elle-même sous la figure du monde civil. Dans son mouvement lyrique et ascendant, tant qu'elle s'enfuit de mondes en mondes, de la nuit au jour, de la vie à la mort, le moment qui précède n'a point conscience du moment qui le suit. Ni le rocher ne connaît le chêne qui le recouvre, ni le chêne l'aigle que ses branches balancent, ni l'aigle le Jupiter dont il est l'envoyé. Ainsi poussé à bout, que le flot de la création, en refluant sur lui-même, roule comme dans l'univers physique des harmonies, un firmament et des sphères, mais des harmonies qui s'écoutent, un firmament qui se contemple et des sphères qui prédisent leur chute, la pensée de la création aura accompli son cours. Or, ce monde a existé; nous en voyons la suite: on l'appelle l'histoire, c'est-à-dire le miroir de l'ame universelle dans le temps et l'action.

L'histoire est la conscience de l'univers ou l'organe par lequel il se révèle à son auteur. Celui qui dans une pensée découvre toutes les pensées, dans un être tous les êtres, aperçoit le réel par l'idéal, et contemple la nature par l'humanité. Une civilisation est une pensée de l'ame du monde où la gloire du conquérant, le chant du poète, les souvenirs des générations, l'instinct naissant de la fleur, la voix inarticulée du fleuve, l'harmonie silencieuse du règne inorganique, mêlés, confondus, s'expliquant et s'achevant l'un par l'autre, ne forment plus qu'une idée, qu'une vie, qu'une parole prononcée dans l'infini. Quand le temps aura développé sous des formes analogues tout ce que l'espace renferme, quand le monde de la réflexion aura reproduit le monde entier de la spontanéité, et qu'à chaque fait nécessaire répondra un fait de liberté, le sens de l'univers sera accompli; l'absolu se connaîtra lui-même.

Avant que l'humanité se fût élevée jusqu'à se créer à elle-même une marche originale, elle ne savait que répéter en elle-même l'harmonie de l'univers, si bien faite pour l'ordre que, là où elle ne peut l'inventer, elle copie en esclave le tableau que la nature a tendu autour d'elle, soit qu'elle ne hasarde ses premiers pas que sur l'avertissement des météores, soit qu'elle se modèle sur les périodes de la création et se balance au mouvement des sphères : sa législation est alors si bien confondue avec celle du firmament, qu'il semble qu'on poursuive un vain rêve de poésie, quand on décrit sa première œuvre. Là des cités se font l'image de l'astre qu'elles adorent. Ecbatane se ceint comme d'une écharpe de ses sept murailles où resplendissent les couleurs de l'arc-en-ciel. Ici les fêtes et les danses nationales se disposent sur l'arrangement des cieux, ou les familles et les tribus se partagent, pour représenter les mouvemens pondérés de l'année dans son cours.[1]

---

[1]. *Bhagavadan. Zend-Avesta* de KLEUKER; HÉSIODE; PLUTARQUE, *De Osiride et Iside;* HÉRODOT., *lib. I et II*, edid. CREUZER et BÆHR. Comparez : VOSSIUS, *De origine idolatriæ;* RHODE, *Ueber die Bactrianer und Meder;* BUTTMANN, *Ueber die älteste Myth.;* HERRMANN, *Dissertationes;* KANNE, *Mythologie der Griechen, S. XXIV;* WELCKER'S *Trilogie;* RITTER'S *Erdkund.;* GEIER, *Geschichte von Schweden, S.* 340.

La première pensée qui agite l'humanité au berceau, est le songe de l'immortalité. Paisible et ignorée, tant que rien ne s'arme contre sa foi, on ne sait où elle est, ni ce qu'elle est. A peine la force veut la maîtriser, elle sort de son sommeil, majestueuse et triomphante, et porte au bout du monde son culte menacé ; alors commence pour elle le long du Taurus et dans l'Iran ce solennel pélerinage qui ne doit s'arrêter que sur le seuil de l'infini. L'univers naissant réfléchit son image dans les flots de l'Oxus et du golfe Érythrée ; les cigognes de la vallée du Nil l'appellent près de Memphis, et les forêts hyperboréennes courbent leurs rameaux de givre sur le dieu de Ceylan et de Java. Fécondée par la lutte, l'unité religieuse se divise, se multiplie et rayonne en tous sens. Sa force encore native se projette presque simultanément du mont Mérou à l'Albordi des Perses, à l'Olympe des Achéens, au Caucase des Scandinaves.

Entre l'histoire et la nature s'étend ainsi par la mythologie le lien merveilleux qui les unit. A travers ce chaos fantastique se dévoile un développement plus régulier que dans la synthèse des langues, plus nécessaire que dans les cristallisations du globe. La mythologie forme à elle seule un tout complet, un monde achevé. Éternellement flottante entre la nature et l'histoire, elle unit le repos de l'une à la mobilité de l'autre. Des rives du Gange jusqu'aux grèves de l'Islande, un mythe unique étend ses voiles d'or sur les berceaux des peuples. Pendant que les corps politiques épuisent toutes les variations des combinaisons fortuites et que langues, lois, institutions se dérobent incessamment à nos poursuites, la tradition fabuleuse qui les domine, assiste à leur déclin, sans en être ébranlée, ni presque modifiée. Fidèle à son origine orientale, au milieu de la confusion des migrations, des invasions, seule elle résiste au changement. N'est-il pas étrange que le règne de l'impossible, du merveilleux, de l'idéal, soit incomparablement moins varié parmi les peuples que celui de la réflexion et du réel, et que les dieux vivent plus que les empires?

Ce qui dans l'homme s'appelle sensation, spontanéité, réflexion, apparaît dans le sein de Dieu sous le nom de nature, de mythologie, d'histoire. Ces trois termes forment entre eux les trois phases de la psychologie universelle. Avant de se résumer dans le monde civil, la création se cherche et s'apparaît confuse sous le bandeau des théologies symboliques. La nature contient toute la mythologie, comme la mythologie contient toute l'histoire. Chacune aspire à s'élever au degré qui la suit. C'est la logique éternelle de l'univers et la triple révélation dont les religions primitives ont eu le vague pressentiment. La suite entière du monde civil n'est qu'une suite de symboles que l'Éternel évoque de son sein, comme l'ame de l'humanité se peint toute idéale dans sa Psyché de Thespie et son Prométhée de Samothrace.

Il faut dire à la louange du genre humain, que la conquête qui a asservi les races, n'a jamais asservi les dieux. Quand l'homme s'est résigné à déchoir sous un autre, son orgueil a été de conserver à ses idoles le rang suprême. Il savait que ces apparentes idoles étaient plus nobles que lui-même, et l'invasion et la force ont fait des parias, des castes, des périœques, des ilotes, des serfs, des esclaves; elles n'ont pas fait déchoir une seule pensée : en vain les peuples ont été séparés de leurs maîtres par un profond abîme; jamais cette différence n'a été réfléchie dans leurs cultes, et les dieux sont restés égaux quand les nations étaient esclaves. L'obstination a été telle dans tout le genre humain, que des conquêtes qui détruisaient les États ne faisaient qu'accroître le cercle des religions; ce qui était guerre, destruction, renversement dans le monde réel, apparaissait dans le monde idéal sous la forme d'alliance, de paix, d'unité éternelle. L'Achéen courbé vers la glèbe dans les champs de Sparte unissait par des liens de parenté son Poseidon à l'Apollon des Doriens qui l'avait asservi. L'Étrusque, chassé de son antique cité, léguait ses dieux à Rome, et pour monument de sa ruine, la fraternité du Janus de Vellètres et du Saturne du Latium.

Souvent le renversement d'un empire ne sert qu'à faire éclater la vertu intérieure de ses dieux. Affranchis des bornes de la cité, ils semblent revivre le jour même où l'État est en ruine. Depuis long-temps l'empire des Pharaons était détruit, quand le vieil Osiris, tout à coup renaissant du tombeau, soumit à ses mystères les jeunes filles d'Athènes et d'Italie. A mesure que l'humiliation de la Perse augmenta, son Mithra commença de régner, et quand sa chute fut complète, l'idole de l'Iran triompha depuis les palmiers de la Bactriane jusque sous les chênes de l'Allemagne. Enfin, l'Orient tout entier, vaincu et expirant, concentre sa pensée dans la foi de Jérusalem. Jérusalem, près de sa fin, éclate dans la parole du Christ. Lui-même il faut qu'il meure, comme l'Égypte et la Chaldée, pour que le génie de tout le passé, les mystères des prêtres du Gange, le verbe étincelant de Zoroastre, la sagesse de Thèbes, la tristesse de Palmyre, sortis avec lui du sépulcre, se transmettent en son nom à toutes les générations futures.

Que si la mythologie est dans chaque point de la durée une, semblable à elle-même, partout aussi elle est mobile et progressive. Non-seulement chaque anneau de cette chaîne merveilleuse se transforme avec le temps, le corps entier des fables a un mouvement ascendant et réglé. Soit que le mythe religieux enlace tout l'univers visible, ou qu'il réfléchisse les vestiges des nations primitives, ou qu'il dévoile à l'âme son secret qu'elle ignore, si je le considère dans sa forme, il vit, il respire, il s'accroît à la manière des êtres organisés. Immobile et recueilli au fond de l'Inde, comme le règne végétal dont il emprunte ses symboles, il se purifie au feu sacré des nations Zends, puis, s'alliant à la vie organique, il rampe avec le serpent des peuples sémitiques, s'enfuit avec la gazelle des Araméens, règne au désert avec les lions de Persépolis ; de là, essayant par degrés un type supérieur, il unit l'épervier d'Héliopolis, le canopus de Méroë, le dragon de Chio à une première ébauche de la figure humaine. Puis enfin, affranchi de ces grossiers liens, et se créant à lui-même un type idéal d'humanité, il resplendit sur le front de Jupiter, se balance dans la ceinture de Vénus Aphrodite, ou respire la victoire sur les lèvres d'Apollon.

Or, ce mouvement dans la forme répond à un mouvement idéal dans le sein des religions. Chaque système de mythe comprend, dans son entier développement, des élémens empruntés à la nature et à l'histoire ; mais les rapports sont différens, et ce qui domine dans une période, s'évanouit par degrés, au point de ne plus apparaître qu'en germe dans celle qui la suit. La nature remplit tout dans les cultes de l'Orient. Les époques ont beau se succéder; le mythe ne se détache point de sa base immobile pour flotter avec les émigrations des empires ou les chimères de l'homme individuel. Si l'on y aperçoit quelques vestiges des annales de l'humanité, l'univers physique les enlace si bien qu'ils sont confondus avec lui. Avec la mythologie grecque et germanique apparaît un développement plus complet. Des élémens jusque là contenus et cachés éclatent au jour; d'autres en sont affaiblis, ou du moins effacés quelque temps. Le mythe oriental s'associe peu à peu à la vie de l'humanité ; il réfléchit cette création nouvelle, il s'ébranle avec elle. Il suit sur les vagues les colonies errantes, enchaîne les tribus aux tribus, flotte sur les villes naissantes, s'attache au tissu de la parole, se balance dans l'air, et, une fois associé à l'homme, devient inconstant, irascible, contradictoire, inexplicable comme lui. En même temps qu'il s'en va flottant avec les destinées des peuples, l'orage qui agite le genre humain se communique enfin à ses antiques rameaux. Ce n'est plus le cours paisible ni des astres des Chaldéens, ni des fleuves sacrés de l'Inde, ni des cycles séculaires de l'univers visible. Au lieu de cela, il se met à s'égarer sur les pas des Doriens ou des Pélasges ; brisant et reprenant cent fois son œuvre toujours inachevée : que sera-ce lorsque du sein des races il descendra dans l'étroite enceinte de la conscience individuelle ? Alors sa carrière sera accomplie. L'œuvre des peuples voilera l'œuvre de l'univers. De même que dans la période précédente l'élément cosmogonique absorbait l'élément humain, de même ici l'histoire, paraissant à la surface, déguisera dans le mythe la formation primitive de la nature. Pendant que nul ne conteste que l'Orient personnifie l'univers sous ses fables, il s'en trouvera une foule qui ne rencontreront que l'homme dans les dieux de la Grèce; et ce sera presque une éclatante découverte que de faire apparaître sous ces idoles rongées par les siècles, et que l'ame croyait s'être érigées à elle-même, l'abîme des mondes, le soleil roulant dans son orbite, et la première théorie des lois de la nature.

On demande si l'humanité a commencé par le polythéisme ou le monothéisme. Il est certain qu'elle n'a pu débuter ni par l'un ni par l'autre. L'idée d'unité, ni celle de variété n'eurent d'expression précise dans cette première intuition de l'univers. Vaste et confuse, son caractère fut de contenir à la fois l'unité dans la variété, la variété dans l'unité. De là, le panthéisme apparaît à l'origine comme la forme primitive, d'où sortiront plus tard toutes les personnalités divines. Les tribus, en se rencontrant, se communiquent leurs dieux, et forment des alliances entre des symboles dont chacun est l'infini. Rien qu'un peuple isolé dans le désert, ennemi de tous les autres, pouvait conserver Jéhovah dans son éternelle solitude. Au contriare, plus les mouvemens d'une race ont été répétés, plus ses migrations ont été longues, plus ses rapports avec des nations étrangères ont été fréquens, plus aussi s'agrandit le cercle de ses religions. Une race s'assimile dans son cours les dieux d'une autre race encore plus que sa langue. Tant que les peuples Zends se confondent avec les Indous sur les plateaux de l'Asie centrale, la pensée religieuse forme un tout immobile. A mesure que les nations se partagent, les unes roulant sur les bords de l'Iaxarte jusqu'aux plaines de la Bactriane et au pied du Caucase, les autres dans la vallée de l'Himalaya jusqu'aux îles de la mer des Indes, ce chaos prend des formes et des limites. Les premières font éclater l'idée de dualité, qui, trouvant son écho dans les races germaniques et slaves, se prolonge et remonte avec elles, toujours plus compliquée, jusqu'aux sources du Danube et du Wolga. D'une autre part, le panthéisme du Gange enlace la Chaldée, s'unit à l'Égypte par le rameau de la Phénicie, et vient éclore dans le polythéisme grec. L'Olympe hellénique est ainsi le reflet de l'existence universelle développée dans l'Orient; il résume à la fois la nature et l'histoire, les élémens, les astres, les empires détruits. Il faut qu'il porte en lui tous les caractères dont chaque culte précédent n'a possédé qu'un seul : à la fois mystérieux et indéfini comme le brahmaïsme du Gange; enthousiaste et resplendissant comme les Izeds de l'Iran, voluptueux comme l'Aphrodite de Phénicie, vêtu de deuil comme l'Isis de l'Égypte, sévère autant que le Boudha de la Colchide, effréné autant que le shamanisme des Cimmériens. Ajoutez à cela les oppositions formées dans son sein par tant de peuplades diverses, le culte planétaire des Pélasges, la profondeur mystique de l'Apollon Dorien, le Poseidon des Achéens, le Jupiter des Hellènes, il aura la double variété de l'univers cosmogonique et historique. Ses dieux se partagent, se cherchent, s'élèvent, s'abaissent, ainsi que les chaînes de montagnes, qui divisent et rapprochent les tribus. Les uns, comme l'Apollon, suivent le mont Ossa et la vallée du Pénée; d'autres, sur les pas du Dyonisus, gravissent le rameau de l'Hélicon et la branche du Pinde, et tous ils vont se réunir, par des chaînes diverses, sur les hauteurs centrales de l'Olympe, d'où leurs regards cherchent les cimes délaissées du Caucase et du Taurus.

La mythologie est donc le symbole de la vie universelle; elle réfléchit et l'éternité et le temps, et la nature et l'homme. Mais comment ces deux termes, en s'absorbant dans son sein, s'y coordonnent-ils? Que devient leur rapport dans son règne idéal? Est-ce encore, comme ici, lutte, désharmonie, misère ? Question fondamentale qui contient tout ce discours.

Quand une race se forme et s'ébranle, à mesure qu'elle arrive à la conscience d'elle-même, elle la résume dans une unité fabuleuse qui se meut et grandit avec elle. Le sentiment de sa personnalité croissante se montre à elle comme une force extérieure qu'elle adore à l'égal de toutes les autres. En voyant derrière elle les traces de ses pères, elle se prosterne devant son propre passé; elle le reconstruit avidement; elle s'en fait une idole qu'elle enrichit de chaque conquête du présent. Si d'abord elle a dressé un culte à l'harmonie de l'univers, elle en dresse un second à l'harmonie de son histoire; et l'orbite qu'elle a parcourue dans le sein de l'humanité, lui apparaît aussi sainte que la trace de ses dieux dans les cercles du firmament. Aussi bien que la vie intime sommeillant dans les entrailles du globe, dans le mouvement des mers, dans les merveilles de la végétation, la vie d'une nation commence par se déposer dans des symboles religieux. Marquée du sceau caché de la Providence, elle se devient à elle-même un objet d'étonnement et d'adoration. Ses migrations, ses conquêtes, ou plutôt la pensée qu'elle accomplit dans le monde, se concentre dans un être divin où toutes les générations s'évanouissent. Chaque vicissitude nouvelle de gloire ou de déclin développe dans la fable une nouvelle fable. L'idéal s'accroît avec le réel; le dieu avec le peuple. Et comme pour base commune à toutes les religions on trouve l'infini sanctifié dans l'*espace* et la *durée,* une seconde formation des mythes signale l'apothéose de la force divine dans le *temps* et dans l'*histoire.*

Or, voici la pensée merveilleuse qui couronne l'édifice des religions. Ces deux époques dans la formation des dieux, au lieu de se détacher l'une de l'autre, se pénètrent et se confondent. Les héros des théogonies conservent tous un double aspect. D'abord formée du tissu de l'univers, la trame de leurs jours se recouvre des fils ondoyans des traditions humaines. Les œuvres de la création et les actes des peuples s'enchaînent, s'absorbent mutuellement dans leur immortelle essence. Et le mouvement des mondes, et le bruit des élémens, et l'île naissante, et la destinée des races d'hommes, leurs longs travaux, leur inquiet génie, tout cela se résume dans la vie d'un seul être qui n'a dans la langue du monde antique qu'un signe, une valeur, un nom. En même temps que le triple dieu des Indiens représente les phases diverses de la création, il réfléchit l'image des trois races primitives dont les luttes remplissent tout l'Orient, et qui retentit encore vaguement dans le monde hellénique d'Uranus, de Saturne et de Zeus. Si le Dionysus grec est le symbole de l'ame du monde, dans sa course mystérieuse, tantôt couvert d'une peau de panthère, tantôt du manteau traînant de l'Ionie, il résume en lui-même les migrations du genre humain des plateaux de la Bactriane sur les rivages de la Méditerranée. Dschemschid, l'image de l'année, qui se meut avec le soleil à travers les saisons, rayonne en lui la figure et les travaux de la race persanne; si bien que, partout où je regarde, les religions antiques n'expriment rien autre que la similitude, et je voudrais presque dire, l'identité idéale de la nature et de l'histoire.

II.

Traditions épiques.

Pour atteindre à la poésie héroïque des peuples, il faut remonter à leur plus lointaine origine et saisir leur vie réelle dans son germe primitif. De même, pour contempler la poésie épique de la nature, il faut soulever le voile extérieur qui en couvre la surface et l'agite au moindre souffle. Au dehors elle ne montre que sa pensée mobile, personnelle, lyrique. Ses scènes se succèdent sans s'accroître ; l'astre s'écoule comme l'onde, sans laisser après lui une trace vivante qui s'augmente avec les cieux. Également privée de passé et d'avenir, la plante se succède éternellement à elle-même. A la surface de la terre, enchaînées l'une à l'autre, les Heures se balancent sans s'unir, ni se perpétuer. Mais de la même manière que dans l'humanité le génie instantané de l'ode repose sur la base immobile et nécessaire de l'épopée, ce monde toujours renaissant, qui vit dans le règne végétal, dans les flots, les météores, qui se joue avec la lumière et avec les formes des animaux, est l'ornement extérieur d'un monde traditionnel, qui s'accroît en silence. Pendant qu'au dehors chaque souffle de vie se consume avec les individus, au dedans l'esprit des mondes a lentement marqué les époques de son histoire dans la formation géologique du globe. L'un après l'autre, les siècles se sont construit dans le roc leurs tombeaux éternels et se sont endormis sans périr dans leurs couches de granit, de porphyre, de marbre et d'argile. Si dans l'existence humaine le mouvement des migrations est marqué par les pyramides des Égyptiens, les tertres des Huns et des Germains, les inscriptions de la voie Appia, les tombeaux de Clovis et d'Alfred; si les annales civiles se sont déposées dans une suite de formations artificielles dans le Ramayana des Indiens, dans le Shanameh des Persans, dans l'Homère des tribus grecques, dans les Nibelungen du Nord, dans le cycle du S. Graal des peuples celto-romains; enfin, dans la comédie divine de la race indo-germanique, les périodes des annales de l'univers se sont de même cristallisées dans une égale série de superpositions régulières.

Tel est le premier degré dans le développement universel de l'idée épique. De cette beauté privée de vie, elle s'élève avec l'humanité à une beauté pensive et réfléchie. Ce ne sera point encore le poème à qui le langage, le chant donnent une organisation complète, le dieu vivant de l'histoire qui se meut et s'enfante lui-même dans le miracle de la poésie articulée; ce sera un intermédiaire entre la pensée mystérieuse de la nature inorganique et le jour éclatant des monumens traditionnels de la parole humaine. Il participera à la fois dans sa forme et de la régularité des couches du globe et du mouvement des annales civiles. Le rocher de porphyre qui marque dans son lit l'âge inconnu de l'univers, prendra le caractère et le symbole d'un âge du genre humain. Ou il s'amoncellera presque dans sa forme naturelle dans les temples des Indiens et des Araméens, comme le génie même de l'Orient, ou il se partagera par colonnes, ainsi que la pensée divisée de la Grèce, ou il se groupera par faisceaux dans le pilier gothique, comme les siècles et les civilisations écoulées se pressent et s'unissent dans la conscience du moyen âge. Le poème immobile des montagnes devient un poème héréditaire, qui s'accroît avec les peuples. Depuis qu'il est démontré que des temples de Thèbes jusqu'à la cathédrale gothique il n'y a qu'une modification continuelle d'une forme primitive, l'architecture est relevée jusqu'à l'idée d'épopée silencieuse de l'humanité. Art impersonnel, ses monumens ne s'achèvent que par l'œuvre des générations. Souvent ce qui a été commencé avec une idée s'achève avec une autre. De même que dans le poème héroïque on distingue les différens dépôts des âges, ou un mythe sacerdotal qui s'est changé dans une fable historique, ou le polythéisme qui, sans se détruire, s'est voilé sous un élément chrétien, on reconnaît sous l'obscurité des voûtes l'œuvre et la main de tous les temps précédens. Aussi, dans les grandes époques d'art, ne sait-on à qui rapporter l'idée et la gloire de ces monumens. Formés du génie de tous, ils ne sont en réalité la propriété d'aucun. La puissance personnelle trouve si peu à s'y exercer, qu'ils ne sont dans un même siècle qu'autant d'exemplaires différens d'un même type. Marqués d'un caractère de nécessité, que ne reproduit à ce degré aucun autre ouvrage d'art, si l'on peut nommer leurs auteurs, ce sont presque toujours comme des familles de Rhapsodes, qui se transmettent et achèvent l'un après l'autre une tradition de génie. Les constructeurs du temple de Delphes, de Mantinée, Agamèdes, Trophonius, sont évidemment des générations personnifiées aussi bien qu'Orphée et Linus. Plus près de nous les masses de l'architecture gothique nous laissent voir de père en fils une généalogie entière d'hommes et d'idées, confondus dans un unique monument. Depuis Constantin jusqu'à Léon X il a fallu onze siècles au catholicisme pour élaborer le plan de son édifice, et quand Alberti, Bramante, Raphaël, Michel-Ange, y eurent mis l'un après l'autre la main, il resta encore inachevé. Ajoutons, enfin, comme dernier caractère, que, seul de tous, cet art possède déjà sa complète beauté dans les âges épiques de l'humanité. S'il est pareil au poème héroïque dans son essence, il lui ressemble encore plus par l'époque de son apparition dans le temps. L'architecture est dans l'art l'expression réelle, le génie personnifié de l'Orient. Non-seulement il s'y est montré dans toute sa puissance, mais aussi il s'y est montré seul, tous les autres lui étant restés subordonnés. Le même caractère d'immensité, de repos, d'éternité, d'infini, qui marque les civilisations de l'Inde et de l'Égypte antique, est éternellement déposé dans la pensée de l'art qu'elles ont prise pour signe. Surtout il est éminemment symbolique comme elles. Moins il imite d'objets, plus il représente d'idées. Privé de voix, de couleurs et de mouvemens, le caractère de sa langue est le génie allégorique des langues primitives. Les autres arts échappent peu à peu au symbole dans le même rapport que les époques où ils ont acquis leur vie indépendante. L'architecture est à la statuaire ce que l'Orient est à la Grèce. La statuaire est à la peinture ce que la Grèce est au monde moderne. Car, ainsi que la nature est construite sur la loi pure des mathématiques, l'histoire se meut sur l'idée divine de l'art. L'une poursuit dans une courbe éternelle la formule des Keppler et des Galilée, qu'elle n'atteint jamais. L'autre tend par une égale approximation à l'archétype de l'Iliade, du Parthénon de Phidias et du Christ de Raphaël.

Enfin s'écoule avec les peuples un fleuve éternel de poésie qu'ils puisent dans leur sein. En même temps que leur dieu se repose sur l'urne des siècles, il la penche et se mire sur ses ondes, non pas en traits incertains et voilés comme à la surface de la nature, mais face à face dans un miroir vivant, aussi profond, aussi pur que la conscience spontanée du genre humain. Soit que le flot uni réfléchisse dans ses abîmes les monts sacrés de l'Himalaya, soit que les colombes de Sémiramis, les licornes de Persépolis, le griffon d'Égypte, le cheval de Juda, la gazelle des Araméens, viennent se désaltérer sur ses bords, soit que, multipliant ses détours, il berce dans ses eaux la Vénus Aphrodite, le centaure des Pélasges, les Théories errantes d'Argo et de l'Ionie, soit que, grossi dans son cours, il se précipite au pied du chêne des Eddas, mêlant son sourd retentissement au croassement funèbre des corbeaux d'Odin, soit qu'épuré par sa chute et roulant sous les forêts des Gaules l'or oublié des Druides, il embrasse de ses replis le château merveilleux de Klingsor et de Merlin, et murmure avec les Ondines des Celtes, avec le cor lointain de Roland et d'Obéron; tous y puisent, tous s'y renouvellent; aucune main n'y peut poser de digues.

Toute épopée nationale remonte dans son germe à la première apparition d'une race dans le genre humain, et c'est l'un de ses caractères de se présenter à la fois sous plusieurs exemplaires différens [1]. Comme avant la Troie d'Homère une main avait gravé sur les murs de Babylone le bas-relief d'une Troie orientale; ainsi, quelle que soit la forme où vous vous arrêtiez dans le poëme héroï-

---

1. Le même cercle de traditions qui se meut dans l'Iliade, éclate ailleurs dans l'Iliade phrygienne de Darès (ÆLIAN., *lib. XI, cap.* 2), dans les poèmes cypriques de Stasinos, l'Éthiopide et la ruine de Troie d'Arktinos, la petite Iliade de Leschès, les Nostoi d'Augias, la Télégonie d'Eugamnon de Cyrène. L'esprit de vie des Nibelungen se développe à la fois dans la vengeance de Chrimhild et dans la rhapsodie de Marner, dans le chant danois de Brunehault, dans les poèmes cycliques de Rosengarten, d'Otniz, d'Alphart et le chant d'Hildebrand. Le cycle celto-breton d'Artus, de la Table ronde, et du S. Graal projette ses rayons chez les Anglo-Saxons dans le Brut de Robert Wace; en France dans Lancelot, Galab,

que, elle est précédée d'une autre forme, qui la contient et l'engendre. Lui-même, formé de la substance d'une race, plus vrai, plus profond que l'histoire, il n'est donné à aucune puissance personnelle de le circonscrire à sa mesure. Au lieu de ramper avec le discours écrit, enchaîné à la pierre ou au bronze, il vole avec le chant d'îles en îles, de forêts en forêts, de montagnes en montagnes. Ce n'est que lorsque l'esprit générateur commence à lui manquer; lorsque, immobile et borné dans son progrès, il s'occupe à se recueillir, qu'il se laisse enchaîner à la lettre

---

Tristan, dans le Titurel de Hyot de Provence et de Chrétien de Troie, dans les rhapsodies de Raoul de Houdant, de Huon de Méri; en Allemagne, dans la Trilogie de Parcival, du Titurel, du Hohengrün d'Eschenbach, etc. Rien ne serait plus à désirer pour l'histoire qu'une édition de quelques-uns de ces derniers poèmes, dont nous avons dans notre langue les originaux en manuscrits. Les Allemands et les Anglais ont publié depuis long-temps les traductions libres, qui en ont été faites vers le 13.ᵉ et le 14.ᵉ siècle. Ce sujet est d'ailleurs repris dans un ouvrage *sur le Génie des races germaniques*, dont l'auteur s'occupe depuis long-temps.

et qu'il termine son aventureuse carrière dans une forme fixe et stable. Le temps venu où la conscience générale, épuisée de génie, ne peut plus ni le supporter, ni l'étendre, est celui où elle le confie à un autre instrument qu'à elle-même; soit que nous entendions par là la simple réunion de parties isolées, comme fit Pisistrate dans Athènes, ou les inspirations des siècles, recueillies une fois dans l'ame d'un poète tel que Ferdoussi ou l'Arioste : dès qu'il a cessé de se mouvoir, il laisse voir en lui-même le travail des âges lointains. Les cendres des générations se superposent lentement et forment l'une après l'autre des couches plus harmonieuses que le marbre des montagnes, quand la mer de Messénie balance leurs gradins au fond de ses flots d'azur. Plus la diversité des siècles y paraît, plus l'unité de la race s'agrandit et domine. C'est même de là que se tire son caractère le plus profond de beauté. Si le passé l'explique, il explique l'avenir. Spontanément émané de l'ame du peuple, son expression la plus intime, il est à la vie civile ce que la construction géométrique est au monde des corps. L'idée du polyèdre, conçue par Pythagore ou Platon, n'a point encore depuis tant de siècles été atteinte par les cristaux les plus purs des montagnes. Depuis que les globes célestes roulent dans leurs orbites, ils n'ont point poli leurs surfaces inégales jusqu'à égaler le type harmonieux de la sphère gravé sur le tombeau d'Archimède. Les formules de Keppler et de Galilée, tout insaisissables, tout invisibles qu'elles sont, plus vieilles que l'univers, n'ont pu encore être obéies, malgré l'éternelle course des astres qui les poursuivent, et la vie de la nature n'est rien autre que son inépuisable effort pour se construire sur ces vérités immuables, éternellement déposées dans l'esprit divin, et tout à coup retrouvées dans le temps par l'intuition de la science. Ainsi en est-il de ces types nécessaires de poésie, conçus à l'origine par l'esprit des peuples. Plus purs que l'expérience qu'ils précèdent et qu'ils gouvernent, le mouvement des choses humaines est de les reproduire dans le réel; mais, quand les annales entières se sont développées, elles n'ont point encore circonscrit et enveloppé pleinement l'idée vivante que l'art a montrée tout d'abord. Il faut tenir compte de mille frottemens qui empêchent la courbe de l'histoire, malgré son approximation indéfinie, d'atteindre à la formule de l'épopée. De là les empires, malgré leur puissance, n'ont pu se défendre de la mort, et ces chants le plus souvent confiés à la garde de vieillards aveugles ou de pâtres errans leur ont survécu, parce qu'ils avaient réellement en eux plus d'être ou plus de ressemblance avec le fond immuable de la raison universelle.

Si une race ne représente qu'une idée particulière dans l'humanité, il en résulte que le poème qui recueille cette idée n'est lui-même qu'un fragment d'un poème universel.

C'est une remarque des anciens[1], que l'épopée est moins achevée dans son tout que la tragédie. En effet, la première ne forme pas plus que la destinée d'un peuple une unité close et fermée; elle s'avance d'un mouvement éternel, sans jamais trouver en soi sa borne nécessaire : son crédule génie, qui croit dès l'abord toucher au terme, s'en distrait dès l'origine. Après avoir recueilli dans son cours la trame des traditions universelles, elle s'arrête, là où la fatigue commence, à un fait particulier qui ne la peut achever. Une inévitable contradiction règne entre son début et sa fin. Le monument qui a pour base la conscience d'une nation, ne peut être pleinement scellé que par l'acte qui les résume tous, c'est-à-dire par sa ruine. Tout autre dénouement est une pierre d'attente à laquelle l'avenir attachera son œuvre. Ni le tombeau d'Hector, ni les noces de Roger,

---

[1]. ARISTOTE.

ni le deuil de Dietrich, ne ferment d'un sceau nécessaire la succession des mythes des Hellènes, des Goths et des Suèves. Ce point qui reste ouvert dans l'organisation du poème, lui donne le caractère illimité de l'immensité qui l'environne; et comme une race ne s'explique pleinement que par l'avénement d'une autre race, toute épopée a pour dénouement réel l'épopée qui la suit.

En effet, pendant qu'une critique supérieure coordonne les monumens en apparence isolés ou d'un Eschyle ou d'un Platon, selon l'idée d'un tout organique qui fait rejaillir sur chacune de ses parties la lumière qu'il en reçoit par traits épars, il serait étonnant que le génie de l'humanité elle-même procédât seul par fragmens. Son ame harmonieuse, qui a construit la vaste trilogie de l'histoire, a enchaîné l'une à l'autre, avec la destinée de ses peuples, les stances de son poème. Avec l'art qu'elle a départi à l'Arioste, soit qu'elle unisse, soit qu'elle divise les fils de son récit, jamais le cours n'en est pleinement interrompu. L'invocation religieuse, la lente consécration aux dieux de la terre et des eaux, occupe la pensée cosmogonique du Mahabaratah de l'Inde, se prolonge dans les chants des Titans d'Orphée et de Linus, et ne fait place à l'action héroïque que dans le poème de l'Ionie. Avec lui commence ce récit abondant et paisible qui n'aura plus de fin. Comment les peuples de l'Italie auraient-ils fermé le cercle de l'Iliade? eux qui marquaient le prolongement du monde grec, ne pouvaient qu'y ajouter un brillant épisode. Ils gravèrent un tableau vivant sur le bouclier d'airain d'un dieu d'Homère. Il fallait un poème qui d'un côté appuyât ses bases profondes jusque dans l'enfer païen, et de l'autre atteignît le ciel du christianisme, qui eût la grandeur sauvage des mythes achéens, et déjà l'empreinte légère de la chevalerie, qui à la force des Titans joignît la douceur des châtelaines, au reste aussi vaste dans son horizon, aussi ancien dans son origine que la destinée d'une famille de peuples appelés à changer l'univers. Ce fut le début d'un nouveau chant. Sur le même rhythme que les premiers, il commença là où ils avaient fini. Comme eux, né du paganisme, mais aussi sombre qu'ils étaient éclatans, aussi dénué d'ornemens qu'ils en étaient prodigues, imitant dans sa rude cadence le bruit du glaive d'Attila, ce fut la réponse des barbares au chant efféminé que l'Italie avait été si longue à produire. En même temps que la race des Germains mettait le sceau à la civilisation grecque, ses héros roulaient du haut des monts la pierre encore informe des Nibelungen à l'entrée du Tartare homérique. Sur le même fondement religieux que les Nibelungen, la race persanne développait le vaste organisme de son épopée[1]. Elle en recu-

---

1. Le *Shanamch.* Voyez la traduction de plusieurs fragmens par M. de Hammer, et du livre des Rois par Gœrres.

lait les bornes jusqu'aux âges des Dschemschid et des Zoroastre, et embrassant dans un unique monument et les temps d'Alexandre et la venue des Sassanides, et jusqu'aux jours de l'oppression arabe, joignant aux péristyles des temples de Persépolis les mille colonnes des mosquées de Damas, mêlant, sans les confondre, et les Izeds du Zend-Avesta et les paroles sanglantes du Coran; elle cernait à l'Orient de sa chaîne enchantée le cours entier du genre humain. De même que le mont Taurus, sorti de l'Inde après avoir brisé son cours aux portes Caspiennes, jette l'un de ses rameaux sur le Danube et les Carpathes, l'autre dans le golfe d'Arabie, qui, par le petit Atlas et les Sierra de Castille, vient rejoindre le premier dans les masses des Pyrénées, et clore le bassin de la Méditerranée, ainsi ces deux mondes épiques, issus d'un même sol, après s'être long-temps partagés, se rencontrent et se pressent dans le cycle de Charlemagne et de Roland de Roncevaux. A ce centre aboutissent les traditions universelles qui se sont jusque là développées isolément. De toutes parts la vie épique recueille à ce foyer ses élémens répandus dans la succession des temps. C'est un point où se croisent et se nouent les récits de toutes les races. Le principe de la chevalerie, qui apparaissait à peine dans les Nibelungen, devient le fond de ce nouveau cycle. En même temps se rouvre la sphère long-temps fermée des fables grecques. Les héros de Troie, se réveillant dans la forêt enchantée, se mêlent aux aventures qui ont suivi leur long sommeil. Le sacerdoce druidique étend ses ombres sur la féerie éclatante et légère de l'Iran et de l'Arabie. Ainsi enrichi de la substance de tous les peuples, le poème poursuit son cours plein de sérieux et de grandeur, toujours plus paisible et plus serein. Tandis qu'il s'accroît des mythes bretons dans le cycle d'Arthur, il étend enfin ses bornes jusqu'à l'Inde, et va chercher à sa source une nouvelle vie. Le vase mystique du S. Graal, où toutes les nations ont étanché leur soif, que l'Égypte a donné à Hermès, la Perse à Dschemschid, la Grèce à Hercule, après avoir passé entre toutes les mains, devient le prix et le but des combats des rhapsodes du moyen âge. Ajoutez que le génie symbolique du christianisme, non point, il est vrai, dans sa pure indépendance, mais encore lié aux destinées de la chevalerie, marque déjà cette dernière épopée d'un caractère allégorique qui ne trouvera son plein développement que dans l'épopée de Dante. Que ce symbole naissant grandisse avec le catholicisme. Assujetti dans le cycle d'Arthur aux traditions nationales, qu'il devienne lui-même le sujet et le fond d'un nouveau monde d'art. Que les bornes du poème, après s'être par degrés étendues du bassin de la Méditerranée à la Perse et au Danube, puis à l'Inde et à l'Islande, portent leurs cercles concentriques jusqu'aux confins même de l'univers créé, que la forme indienne reparaisse et domine au sein des mythes modernes, que les âges divers de l'histoire, classés par degrés, forment eux-mêmes les divisions d'une cosmogonie héroïque ; cette péripétie confuse, où de toutes parts les personnalités des peuples se rencontraient pour se choquer, où les aventures mêlées et confondues ne semblaient plus laisser aucun dénouement possible, va se résoudre dans une harmonie idéale. Ces traditions venues de toutes parts, qui se contredisaient et luttaient entre elles, lorsqu'elles étaient subordonnées aux formes individuelles de la conscience d'une race, affranchies de ce lien, reprendront leur développement et leur ordre naturel dans la conscience poétique de l'humanité même. La comédie divine sera le premier acte d'une sorte de jugement dernier, où s'expliqueront et se reconnaîtront à la lueur de l'esprit universel les méprises, les fausses alliances, les groupes égarés ou confondus d'une action que les siècles ont eux-mêmes compliquée à dessein. Dans son génie abstrait, elle n'aura pour dénouement ni la prise d'une ville, ni la vengeance d'une tribu, ni la migration d'un peuple. La loi progressive du monde civil, une Troie idéale, sera le but héroïque qu'elle se donne à elle-même; dans le même sens que nous disions que les épopées précédentes étaient l'œuvre et l'image d'une nation, celle-ci, qui ouvre un nouveau cycle, nous apparaîtra comme l'œuvre et l'image du genre humain.

Et maintenant, qu'un homme dispose des annales de l'humanité comme Homère de celles du peuple grec, que pour unité il choisisse l'unité de l'histoire et de la nature, qu'il rapproche des êtres réels à travers les siècles, dans la voie merveilleuse de l'infini, que ces scènes se succèdent et s'enchaînent, non plus dans les ombres de l'enfer ou du paradis du moyen âge, mais dans un espace égal, brillant d'une lumière plus complète, il aura atteint la forme possible et nécessaire de l'épopée dans le monde moderne. Moins achevé dans ses contours que les poèmes homériques, il les surpassera en grandeur et en élévation. Sa mission est de dégager des voiles mystiques de la comédie divine et du paradis perdu, et des saints livres du christianisme, le côté réel de l'humanité, comme l'Iliade a extrait la figure grecque du système des épopées symboliques des Achéens et des Pélasges.

NOTES.

Page 139.

Νὰ εἶμουν πουλὶ νὰ πέταγα, νὰ πάω 'ς τὸ Μισολόγγι,
Νὰ ἰδῶ πῶς παίζουν τὸ σπαθί, πῶς ρίχνουν τὸ τουφέκι,
Πῶς πολεμοῦν τῆς Ρούμελης τ' ἀνίκητα ξαφτέρυα!
Μὰ ἕνα πουλὶ χρυσόφτερο κηλαϊδισὰ μοῦ λέγει·
Στάσου, Γεωργάκη, κι ἂν διψᾷς τ' Ἀράπικο τὸ αἷμα·
Εἶναι κ' ἐδῶ Ἀγαρηνοὶ νὰ σφάξῃς ὅσους θέλεις.
Βλέπεις ἐκεῖ 'ς τὰ μακρινά, τὰ τούρκικα καράβια;
Ὁ χάρος ςέκει ἐπάνω τους, καὶ θὰ γενοῦνε ςάχτη!
Πουλάκι μου, πῶς ἔμαθες ἐτοῦτα 'πού μοῦ λέγεις;
Ἐγὼ πουλὶ σοῦ φαίνομαι, ἀλλὰ πουλὶ δὲν εἶμαι·
Εἰς τὸ νησὶ 'πού ξάγναντα εἶναι, τῶν Ναβαρίνων,
Ἐκεῖ τὴν ὕςερην πνοὴν ἄφησα πολεμῶντας,
Ὁ Τσαμαδὸς εἶμαι ἐγώ, καὶ ἦλθα εἰς τὸν κόσμον!
'Σ τοὺς οὐρανοὺς 'πού κάθομαι, καθάρια σᾶς ξανοίγω,
Μὰ νὰ σᾶς διῶ ἀπὸ κοντὰ εἶν' ἡ ἐπιθυμιά μου.
Καὶ τί νὰ διῇς τώρα 'ς ἐμᾶς, 'ς τὸν δύςυχό μας τόπο;
Δὲν ἔμαθες τί γείνηκε καὶ τί 'ναι 'ς τὸν Μωρέα;

. . . .

Γεωργάκη μου, μὴ χάνεσαι, μὴ θέλῃς ν' ἀπελπιέσαι·
Ἂν ὁ Μωριᾶς δὲν πολεμᾷ, καιρὸς πάλιν θὰ ν' ἄλθῃ
Νὰ πολεμήσουν σὰν θεριὰ καὶ τὸν ἐχθρὸν νὰ διώξουν.
Κόκκαλα μαῦρα θὰ σπαρθοῦν ἐμπρὸς 'ς τὸ Μισολόγγι,
Καὶ τὰ λεοντάρια τοῦ Σουλιοῦ ἐκεῖ θὲ νὰ χαροῦνε·
Καὶ τὸ πουλὶ ἐπέταξε, 'ς τοὺς οὐρανοὺς ἀνέβη.

Page 220 en joindre un grand nombre d'autres.[1]

1. Le manque de propriétés a long-temps dispensé de tribunaux. Sur tous les différens, les astinomes prononcent jusques à cent piastres, après eux, les démogérontes, puis le recours est laissé au panhellénium. Le président venait de faire un appel aux éparquies, pour dresser une liste de juges. Dans la plupart le choix avait été impossible, et cette tâche lui avait été renvoyée.

Le revenu de l'État se compose des dîmes et des douanes. Les premières sont affermées, et venaient d'être mises à l'enchère à Tripolitza. Les secondes sont administrées par le gouvernement. Le produit de la Morée a été l'année dernière de quatre millions de piastres; trois millions ont été fournis par Syra; deux par le reste des îles. Pendant l'occupation française, le chiffre d'Égine s'est élevé de 23 à 32.

Dans la même île, le tiers des terres est cultivé, et presque entièrement en orge. Argos défriche les cinq douzièmes de son territoire. La proportion décroit à mesure que l'on s'éloigne du centre du gouvernement, jusqu'à ce qu'elle devienne à peu près nulle en Messénie. Les champs abandonnés, les forêts brûlées, les villes éboulées, ont fait de ce climat ce que l'on sait. Le tiers de la population a péri par les fièvres, autant que par le fer. Quand les anciens arrivèrent dans le Péloponnèse, ils enfermèrent les eaux dans des digues; il faut reprendre leur œuvre, surtout à l'approche des habitations.

Le choix d'une capitale ne peut être douteux. L'opinion populaire est décidément pour Athènes, et c'est au fond le véritable centre d'une puissance maritime. Le Pirée reçoit les frégates de haut bord. Les habitans, de 8000 qu'ils étaient, sont réduits à 5000, dispersés dans les Cyclades. Mais on donnerait le rivage du Pirée à l'une de ces populations qui ont perdu leur territoire, et qui sont aujourd'hui errantes sur leurs tartanes. Une seule y aurait autant de droit que les Psariotes, qui de 30,000, ne sont plus que 5000, et se plaignent d'avoir été sacrifiés aux Hydriotes dans les dernières réductions de la marine militaire. Cette extermination n'a été surpassée que par celle des Chiotes. Croirait-on si on ne l'avait vu, que la belle, la riche, la voluptueuse Chio qui avait 95,000 habitans avant la guerre, en a aujourd'hui 15,000 abrités sous les rochers ; 3000 fugitifs à Marseille et en Angleterre, et que tout le reste, c'est-à-dire 75,000, sont morts ou esclaves en Égypte? On ne se lasse pas d'écrire ces chiffres sanglans. Après cela, croira-t-on davantage que l'île n'a pas même été laissée à ceux qui ont donné de tels gages, et qu'il m'a fallu vivre au milieu des sanglots de ce reste de population, campée sur les grèves de l'Archipel, et qui se pressent dans une continuelle attente autour de chaque étranger, comme s'il allait leur apporter quelque nouvelle, et influer de quelque manière sur leur sort ?

www.ingramcontent.com/pod-product-compliance
Lightning Source LLC
Chambersburg PA
CBHW070534230426
43665CB00014B/1688